中国石油档案故事

中国石油档案馆 编著

石油工业出版社

内 容 提 要

本书以中国石油企业馆藏室藏档案为依据,以石油工业的有关人物、事件、事物为主题,深入挖掘档案背后的故事,用一个个真实的案例展示档案利用的价值;以讲故事的方式,表达档案工作者从业的心得、感悟和思考。

本书可供公司系统档案工作者学习交流,也可作为广大读者了解档案工作的窗口。

图书在版编目(CIP)数据

中国石油档案故事 / 中国石油档案馆编著.
—北京:石油工业出版社,2024.11

ISBN 978-7-5183-4771-1

Ⅰ.①中… Ⅱ.①中… Ⅲ.①石油工程 - 工程档案 - 史料 - 中国 Ⅳ.① G275.3

中国版本图书馆 CIP 数据核字(2021)第 143257 号

出版发行:石油工业出版社
   (北京市朝阳区安华里 2 区 1 号楼 100011)
   网 址:www.petropub.com
   编辑部:(010)64523602
   图书营销中心:(010)64523633
经 销:全国新华书店
印 刷:北京中石油彩色印刷有限责任公司

2024 年 11 月第 1 版 2024 年 11 月第 1 次印刷
787 毫米 ×1092 毫米 开本:1/16 印张:20.75
字数:263 千字

定价:98.00 元
(如发现印装质量问题,我社图书营销中心负责调换)

版权所有,翻印必究

前言

欣逢中国共产党百年华诞,习近平总书记殷殷嘱托:档案工作存史资政育人,是一项利国利民、惠及千秋万代的崇高事业。希望加强党对档案工作的领导,贯彻实施好新修订的档案法,推动档案事业创新发展,特别是要把蕴含党的初心使命的红色档案保管好、利用好,把新时代党领导人民推进实现中华民族伟大复兴的奋斗历史记录好、留存好,更好地服务党和国家工作大局、服务人民群众。

为庆祝建党百年、配合党史学习教育,从我国石油工业波澜壮阔的发展历程中汲取智慧和力量,我们聚焦石油史上典型人物、重大事件、重要荣誉等,深入挖掘中国石油馆藏档案资源,精选铁人王进喜等50组珍贵档案,组织编撰形成《中国石油档案故事》,通过一份份档案,回顾重大历史事件,印证重要史实,重温经典时刻,从浩如烟海的档案史料中汲取力量,在绿色发展、奉献能源的征程中赓续石油精神,激励广大党员干部牢记重大嘱托,践行初心使命,学史明理、学史增信、学史崇德、学史力行,为保障国家能源安全,建设基业长青的世界一流企业作出新的更大贡献!

目录

第一部分　人物篇

铁人王进喜 / 003
劳动英雄朱洪昌 / 012
"新铁人"王启民 / 016
"宝石人"李鹤林院士的黄金岁月 / 023
中国"石油神探"苏永地 / 030
"大国工匠"谭文波 / 035
"北方炉之王"李玉民 / 043

第二部分　会战篇

"长庆"的由来 / 051
"两论"起家基本功 / 055
喇嘛甸油田会战 / 063
铭刻石油史册的吉林"七〇"大会战 / 069
长庆靖安油田大会战不得不说的故事 / 075
冷湖会战冷湖情 / 080
塔里木石油勘探开发指挥部成立 / 086
一本穿越半世纪的会战日记 / 091
"双千"吨井诞生记 / 101
吐哈油田第一枝报春花 / 109

第三部分　开创篇

"国光"牌油品商标的诞生 / 117
承使命因油而生　再出发为国而战 / 123
在亘古荒原寻找生命之源 / 130
"海油陆采"闯新路 / 139
巨龙腾飞　凤凰展翅 / 146
连通长江两岸　天堑变通途 / 152
成功进入可燃冰市场 / 157
"八三"管道工程 / 163
寻找"出生证"和"全家福" / 170
一份"自主研发"的收获 / 175

第四部分　荣誉篇

立足稠油攻关　荣获国家大奖 / 183
减阻剂自主研发走上行业领先之路 / 188
奇迹是怎样创造出来的 / 192
一套特殊而"沉甸甸"的档案 / 199
专利金奖的打造之路 / 205
"铁军"称号的由来 / 209
独山子百年梦圆筑神话 / 216

第五部分 『第一』篇

共和国第一个大油田的发现 / 227
中国第一口页岩气浅井诞生 / 234
全国第一个自动化计量的整装油田 / 239
柴达木盆地第一口油井——泉一井 / 249
"地下珠峰"亚洲第一深井 / 255
中国石油工业史上第一桶海外权益原油 / 260
锦西石化加工第一列大庆原油历史溯源 / 262
中国第一块人工合成顺丁橡胶 / 268
第一套国产超大型地震数据处理解释一体化软件 GeoEast / 274
新中国第一所石油工业学校 / 277

第六部分 其他篇

一个也不能少！/ 287
日侵亲历者档案追踪 / 298
百年油库界碑往事 / 303
一幅苏联油画进馆的传奇故事 / 309
五十年历史镌刻的新档案 / 315
档案室里会说话的乌蒙山"幸福公路"/ 321

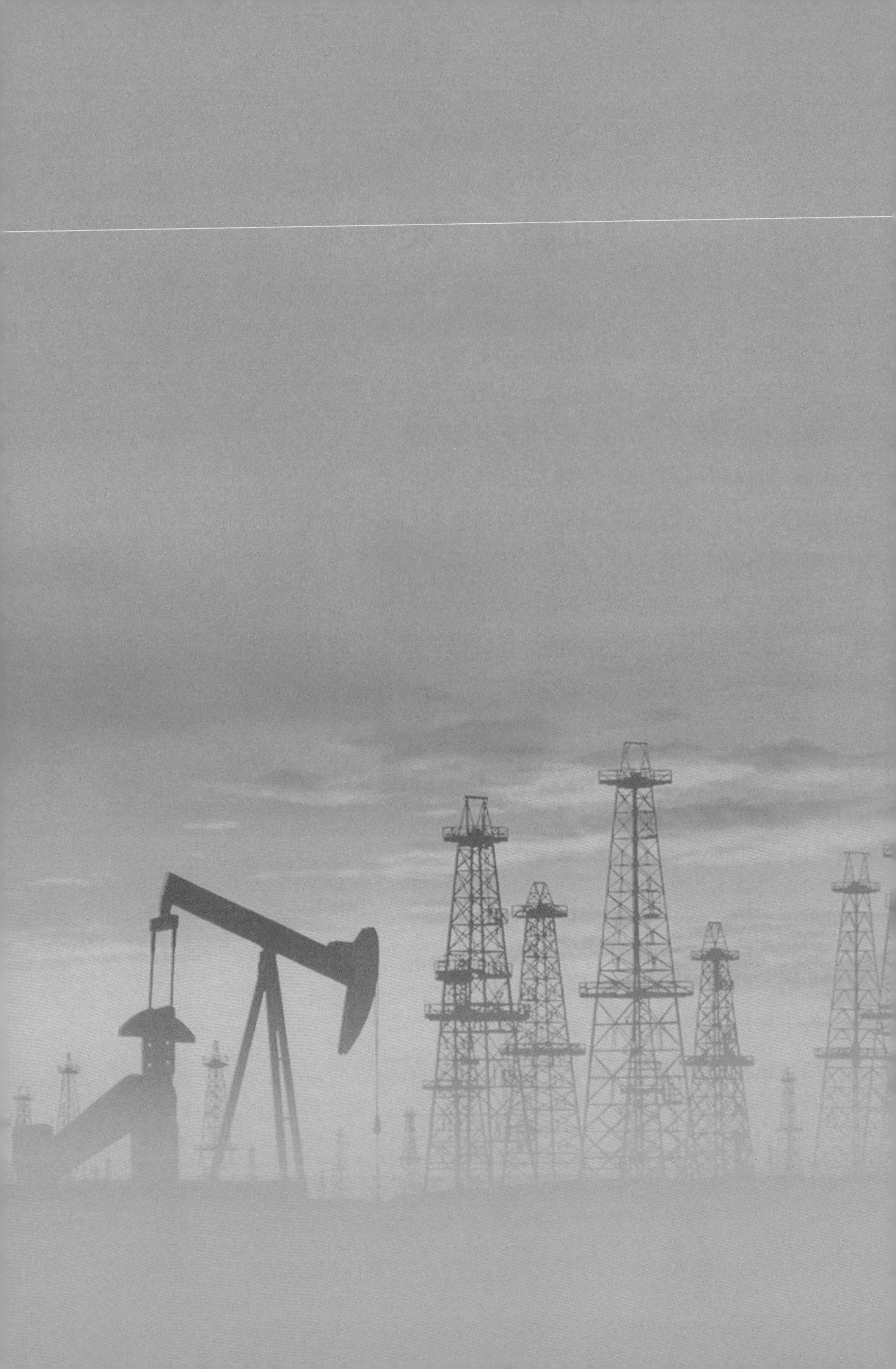

第一部分

人物篇

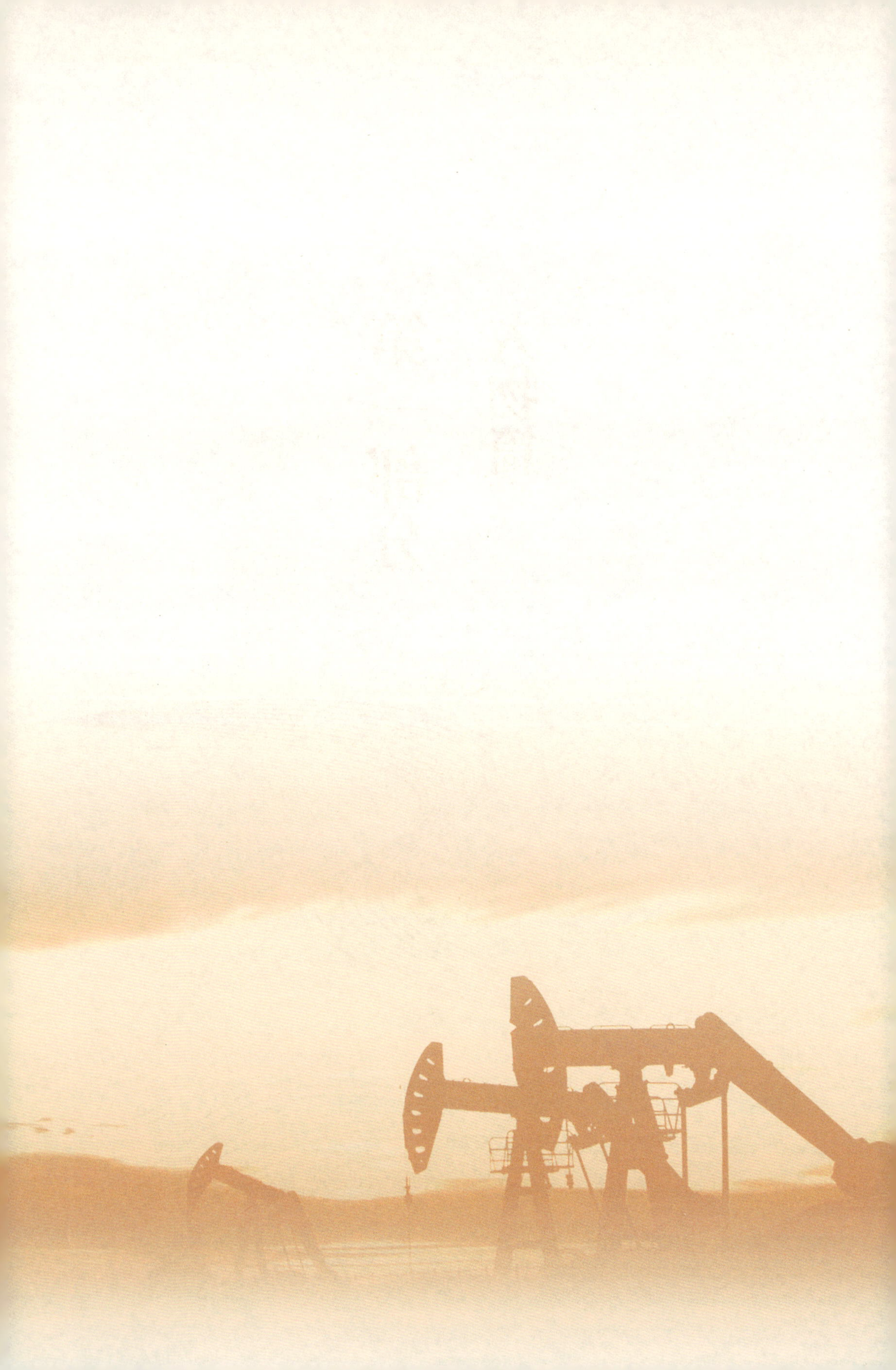

铁人王进喜

王进喜，甘肃玉门人，1923年9月出生于一个贫苦农民家庭。6岁开始讨饭，10岁给地主放牛，14岁到玉门油矿做苦工，直到玉门油矿解放。1950年春，他成为我国第一代钻井工人，先后任司钻、队长等，1956年加入中国共产党。

1958年9月，他率领的贝乌五钻井队月进尺创当时全国最高纪录，荣获钢铁钻井队称号。

1959年9月，王进喜被评为全国劳动模范，到北京参加"群英会"，看到大街上的公共汽车，车顶上背个大气包，他奇怪地问别人："背那家伙干啥？"人们告诉他："因为没有汽油，烧的煤气。"这话像锥子一样刺痛了他。王进喜后来说："北京汽车上的煤气包，把我压醒了，真真切切地感到国家的压力、民族的压力，呼地一下子都落到了自己肩上。"他曾多次向工友们说："一个人没有血液，心脏就会停止跳动。国家没有石油，天上飞的，地上跑的，海上行的，都要瘫痪。没有石油，国家有压力，我们要自觉地替国家承担这个压力，这是我们石油工人的责任！"

玉门石油管理局奖给贝乌五队的锦旗（档号：DQT5906，存放位置：大庆油田铁人纪念馆）

中国石油档案故事

1959年9月26日，松基三井喷出了工业油流，宣告大庆油田诞生，一场规模空前的石油大会战随即在大庆展开。1960年3月，王进喜从玉门油田率队赶来，加入了这场石油大会战。一到大庆，呈现在王进喜面前的是许多难以想象的困难：没有公路，车辆不足，吃住都成问题。但王进喜和他的同事下定决心：有天大的困难也要高速度、高水平地拿下大油田。钻机到了，吊车不够用，几十吨的设备怎么从车上卸下来？王进喜说："咱们一刻也不能等，就是人拉肩扛也要把钻机运到井场。"他们用滚杠加撬杠，靠双手和肩膀，迎着寒风奋战三天三夜，把38米高、22吨重的井架树立在荒原上。这就是会战史上著名的"人拉肩扛运钻机"。

要开钻了，可水管还没有接通。王进喜振臂一呼，带领工人到附近水泡子里破冰取水，硬是用脸盆、水桶，一盆盆、一桶桶地往井场端了50吨水。

王进喜带领职工人拉肩扛运钻机
（档号：DQYT.1-S03-3802，存放位置：大庆油田档案馆）

经过艰苦奋战，王进喜带领1205钻井队仅用5天零4小时就钻完了大庆油田的第一口生产井——萨55井，创造了"三天上千、五天完钻"的当时最高纪录。

王进喜带领职工破冰端水保开钻
（档号：DQYT.1-S03-3803，存放位置：大庆油田档案馆）

庆祝萨55井胜利开钻照片档案
（档号：DQYT.212-S03-2956，存放位置：大庆油田第二采油厂档案室）

中国石油档案故事

萨55井使用的"三刮刀"钻头实物档案
（档号：DQT3262，存放位置：大庆油田铁人纪念馆）

  为了工作，王进喜自己买了一辆摩托车来跑配件。房东赵大娘看到王进喜整天领着工人没有白天黑夜地干，饭做好了也不回来吃，感慨地说："王队长可真是个铁人哪！"

  1205钻井队在往第二口井搬家时，王进喜的右腿被砸伤，但他仍在井场坚持工作。由于地层压力太大，第二口井打到700米时发生了井喷。危急关头，王进喜不顾腿伤，扔掉拐杖，带头跳进泥浆池，用身体搅拌泥浆，最终制服了井喷。

  1960年4月9日，油田召开第一次技术座谈会，会议号召全面开展"六大"运动（以找油、采油为中心，大搞技术革命、大表演、大竞赛、大评比、大检查、大学习毛泽东著作的运动），学习"铁人"王进喜，人人作"铁人"。在4月29日召开的万人誓师大会上，王进喜作为石油大会战中第一个先进典型，被拥上主席台。正是在这次大会上，王进喜喊出了那句经典口号："有条件也上，没有条件创造条件也上"。

  1960年7月28日，石油工业部机关党委作出《关于开展学习"王、马、段、薛、朱"运动的决定》，称赞王进喜、马德仁、段兴枝、薛国邦、朱洪昌

◎ 第一部分 人物篇

王进喜跳进泥浆池穿过的棉工服
（档号：DQT3266，存放位置：大庆油田铁人纪念馆）

《战报》和铁人讲话稿《有也上，没也上》
（档号：DQYT.1-W-41191，0001-0043-0007，存放位置：大庆油田档案馆）

中国石油档案故事

开展学习"五面红旗"的决定
（档号：DQYT.1-W-41191，0001-0041-0001，存放位置：大庆油田档案馆）

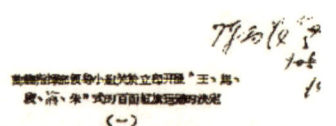

是全战区的"五面红旗"，号召全体参战职工向他们学习。

1964年年初，全国掀起学大庆热潮。为保持清醒头脑，大庆会战工委及时号召全油田干部职工开展"全国学大庆，大庆怎么办？"的大讨论。

1964年12月，王进喜在北京出席第三届全国人民代表大会。会上，王进喜作了《用革命精神建设好油田》的大会发言。12月26日，王进喜被邀请参加毛主席71岁的生日晚宴。毛主席在宴会上和劳模们交谈时，希望他们"不要翘尾巴，要夹着尾巴做人。"王进喜始终牢记毛主席的话，更加谦虚谨慎。他在笔记本上写道："讲进步不要忘了党，讲成绩不要忘了大多数，讲缺点不要忘了自己"。1966年10月4日，在北京人民艺术剧院，他给演员李光复签名时，题写了"五讲"。

王进喜为发展祖国的石油事业日夜操劳，终致积劳成疾。1970年4月，他

◎ 第一部分 人物篇

铁人《用革命精神建设好油田》发言稿
（档号：0001-0001-0332-0002，存放位置：大庆油田档案馆）

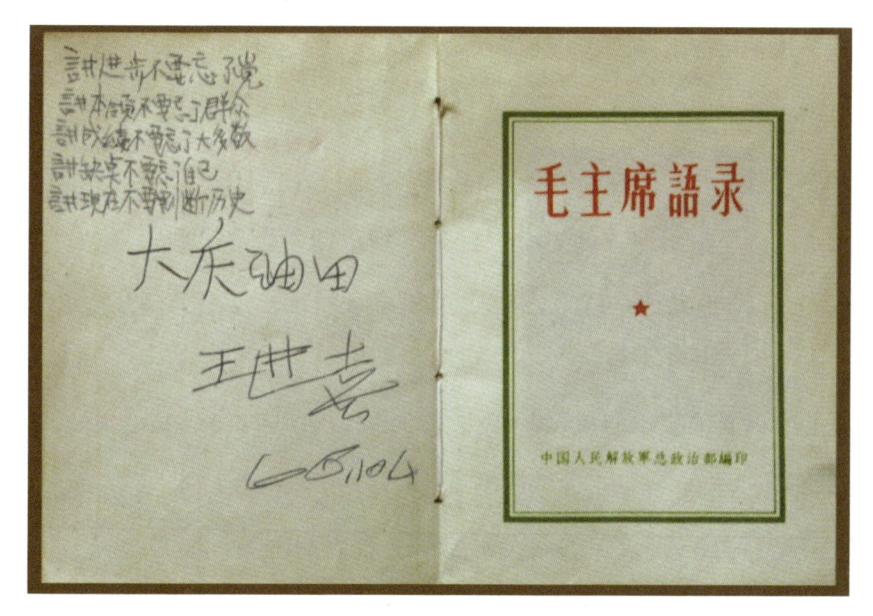

王进喜"五讲"签名语录本
（档号：DQT3170，存放位置：大庆油田铁人纪念馆）

009

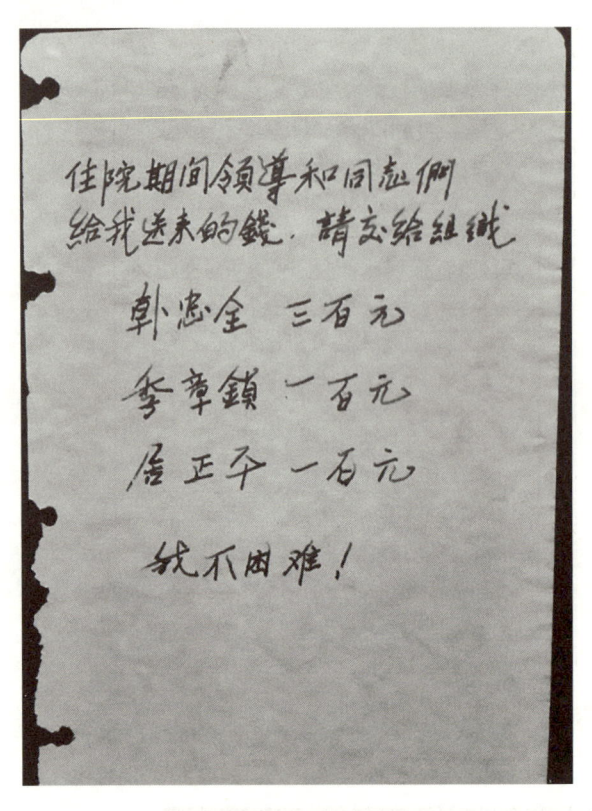

中国石油档案故事

铁人王进喜亲笔书写的记账单
（档号：DQT3268，存放位置：大庆油田铁人纪念馆）

去玉门参加全国石油工业现场会，在归途中胃病发作，被确诊为晚期胃癌。

1970年11月，身患胃癌的铁人王进喜，已经在首都301医院同病魔顽强斗争了近7个月。这时的他，已经20多天水米未进，仅靠输液维持生命，身体处于极度虚弱中。在弥留之际，他用颤抖的手，缓缓地从枕下取出一个小纸包，挣扎着交给前去看望他的领导。看着他艰难的样子，领导急忙接过纸包，当众打开。展现在大家面前的是500元人民币和这个记账单。

记账单是铁人王进喜亲笔书写的，内容是："住院期间领导和同志们给我送来的钱，请交给组织，韩忠全三百元、季章锁一百元、居正平一百元，我不困难！"这500元钱是铁人因病住院和家庭困难，组织上分几次补助给他的钱。

这张小小的记账单所显示的铁人精神与崇高风范，将如日月经天，永照人寰。

1970年11月15日，王进喜病逝，年仅47岁。

铁人王进喜是工人阶级的先锋战士、共产党人的楷模，更是为国分忧、为民族争光、顶天立地的民族英雄。他为加快发展我国石油工业奋力拼搏一辈子，在为我国创造巨大物质财富的同时，还给我们留下了宝贵的精神财富——铁人精神。铁人精神激励了一代代的石油人，王进喜也与其他伟人和英雄人物一道被列为"百年中国十大人物"。

策　划： 郭德洪　田　锋
作　者： 杜　鑫　田连宇

▶ 劳动英雄朱洪昌

朱洪昌的名字在管道局家喻户晓，他不仅是管道局第一任局长、全国人大代表、全国劳动模范、"大庆五大标兵"之一，还是人们心目中当之无愧的劳动英雄。

1960年3月，参加大庆会战的朱洪昌刚下火车，便主动承担为会战技术人员搭建办公帐篷的任务。他带领十几个战友顶风冒雪，每天从天亮干到天黑，搭起了一排排帐篷，而他们自己却睡在天当房地当床的雪地里。

朱洪昌与工友们在一起
（档号：GDJ-S03-ZP-2007-156 存放位置：管道局档案中心）

大庆会战进度猛，用水成了大难题，会战领导小组决定火速抢建一条长17.2千米、直径426毫米的供水管线，任务交给了工程三大队副队长朱洪昌。火车运来了2000多根、每根1吨多重的钢管。朱洪昌第一个拿起绳索和扁担说："钻机和几万人为水急得嗷嗷叫，没有运管车咱们就用肩膀抬！"茫茫雪原上，沿着管沟，他们硬是靠人拉肩扛，整整布了17.2千米的管线。开焊时，唯一的一台拖拉机抛锚了，忙乱中，修车的同志又引燃了拖拉机流出来的油。在救火中，朱洪昌的脸和手被烧出一层层火泡，火扑灭了，他被送进了医院，可他不顾医生的劝阻，伤势稍有好转就出了院。一天，一个青工因操作不当，将朱洪昌的三个指甲盖挤掉，鲜血直流，但他却坚持不离开工地。这时他家来了电报，说孩子因病重抢救无效去世，他强忍悲痛，继续在工地指挥生产。领导买好了火车票劝他回家，朱洪昌却固执地说："孩子死了是一家的事，输水管线建不成，打不出油来是国家大事。不拿下水管线，我死也不离开工地。"

供水管线通水试压时，他带着伤到各处去检查试压情况。当发现螺旋口处被冲开了一尺多长的裂纹口，水柱直往上蹿，在高压下，裂纹怎么也焊不上时，朱洪昌急忙用手压住裂纹喷出的水，命令焊工说："往我手边上焊。"飞溅的焊花刺伤了朱洪昌的手，焊工见此情景，马上停止了补焊，他却说："不能把工期误在我们这儿，今天我就要比一比，是钢铁硬，还是我们共产党员骨头硬。"一个多小时，他忍着焊花的灼痛，一直坚持着把裂纹焊好。供水工程顺利投产，而朱洪昌的手却被电焊烧焦了好几处。

1960年6月，大庆会战指挥部命名朱洪昌为"钢铁队长"，同时，他与王进喜等四位同志，成为大庆会战的"五面红旗"。

1970年，朱洪昌调入"八三"工程会战指挥部，任副指挥。1973年4月，管道局成立，朱洪昌被任命为局长。1978年朱洪昌被石油部命名为"劳动英雄"。在朱洪昌为管道事业奋斗的20年中，他先后组织实施了管道事业的三

大庆会战时期的五面红旗
（档号：GDJ-S03-ZP-2007-0156 存放位置：管道局档案中心）

个发展战略。在实施创建管道事业战略中，朱洪昌具体组织了大庆至抚顺、大庆至秦皇岛等长距离输油管道建设，拉开了中国长输管道建设的序幕。在实施管道事业大发展战略中，朱洪昌组织建设了12条长距离输油气管道，实现了中央、石油化工部"把分布在各地的油田、炼厂、码头连成网"的指示要求。在实施提高管道局管理水平、技术实力和设备自动化程度的发展战略中，朱洪昌领导开展了东黄复线、铁大线的改造扩建工程，实现了管道事业的飞跃发展。

20世纪80年代末，中国石油天然气总公司实施开发西部油田战略，朱洪昌于1990年年初调到塔里木石油会战指挥部任副指挥，直到1993年年初退休。

朱洪昌在石油战线奋斗了37年，尽管他的功劳越来越多，职务越来越高，却始终保持着面对艰难险阻身先士卒、无私奉献的"劳动英雄"本色。

策　划：王　浩　李爱莲
作　者：于建军　戚雪疆　杨　勇　张　南

"新铁人"王启民

王启民，1937年9月26日出生，浙江省湖州市人，1961年8月毕业于北京石油学院地质专业，1978年加入中国共产党，历任大庆油田勘探开发研究院技术员、开发室副主任、地质师、院副总地质师、副院长、院长，大庆油田局长助理、副总地质师，1996年8月起，任中国地质大学、中国石油大学、大庆石油学院（现东北石油大学）兼职教授，1986年被评为国家中青年有突出贡献的专家，1991年国务院批准享受政府特殊津贴，1997年9月，当选为中国共产党第十五次全国代表大会代表。

他以铁人王进喜为榜样，以"宁肯把心血熬干，也要让油田稳产再高产"的英雄气概，被誉为大庆"新时期铁人"。

1960年4月，王启民从北京石油学院来到大庆油田实习，在松辽石油勘探局第一探区担任葡四井试油队技术员。当时会战条件十分艰苦，但铁人王进喜"这困难那困难，国家缺油才是最大的困难""宁肯少活二十年，拼命也要拿下大油田"的忘我拼搏精神极大地感染和激励着他。从那时起，他就立下誓言，一辈子只做一件事，就是为党和人民多找油、多拿油，彻底甩掉我国"贫油"落后的帽子。当年，王启民就被授予"松辽石油大会战红旗手"称号。

1961年8月大学一毕业，王启民毫不犹豫地选择重返大庆油田。怀着一腔献身祖国石油事业的热血，他来到了"荒原一片篝火红"的石油会战工地，开始了攀登油田开发科技高峰的艰辛征程。当时，开发非均质多油层大型陆相砂岩油田国内尚无成功先例，外国专家断言，中国靠自己的力量开发不了这么复杂的油田，他们甚至挖苦说，凝点、含蜡量这么高，除非搬到赤道上去开采。刚刚分配到地质指挥所的王启民，内心受到极大震动。王启民说："我们就是要靠自己的力量，闯出中国自己的油田开发之路！"

他先后主持和参与了大庆油田实现高产稳产的8项重大开发试验项目，参加并组织了40多项科研攻关课题和油田"七五""八五""九五"开发规划编制研究等工作，先后获得全国科学大会奖、国家科技进步特等奖、"九五"中国十大科技奖、国家科技成果特等奖等多项奖励。20世纪60年代，他提出的"高效注水开采方法"，打破了当时国内外普遍采用的"温和注水"开采方式。20世纪70年代，他主持进行的"分层开采、接替稳产"开发试验，使水驱采收率提高了10%～15%。20世纪90年代，他组织实施的"大庆油田高含水期稳油控水系统工程"结构调整技术，创立了油田高含水后期"控液稳产"的新模式。这些研究和试验有力地指导了大庆油田开发建设。

截至2019年年末，大庆油田累计生产原油24.03亿吨、天然气1365.45亿

1960年王启民获"松辽石油大会战红旗手"证书
（档号：DQYT.1-S03-2880，存放位置：大庆油田档案馆）

立方米，上缴税费及各种资金2.9万亿元；实现原油产量5000万吨以上连续27年高产稳产，4000万吨以上12年持续稳产；主力油田采收率突破50%，比国内外同类油田高出10%～15%，创造了领先世界的陆相油田开发水平。大庆油田的勘探开发成果与"两弹一星"共同载入了我国科技发展史册。

1978年全国科学大会奖状
（档号：DQYT.1-S03-2869，存放位置：大庆油田档案馆）

大庆油田长期高产稳产的注水开发技术、大庆油田高含水期"稳油控水"系统工程、大庆油田高含水后期4000万吨以上持续稳产高效勘探开发技术，分别于1985年、1996年和2010年获得国家科技进步奖特等奖。

不仅如此，2007年，大庆油田荣获我国工业领域的综合性最高奖项——中国工业大奖。2008年，大庆油田荣获"中国最具创新力企业"称号。"十二五"期间，国家重大科技专项"大庆油田高含水提高采收率示范工程"，在国家组织的历年年度评估中，都位列"大型油气田及煤层气开发"专项首位。

国家科技进步奖特等奖证书
（档号：0020-R000108、R000118、R0000154，存放位置：大庆油田档案馆）

大庆油田获得首批"中国工业大奖"
（档号：DQL4693，存放位置：大庆油田历史陈列馆）

中国石油天然气总公司授予王启民"新时期铁人"奖牌
（档号：DQL4148，存放位置：大庆油田历史陈列馆）

2008年7月12日奥运圣火在大庆传递，王启民手持火炬照片
（档号：DQYT.1-S03-2871，存放位置：大庆油田档案馆）

在这些重大成果的背后，凝聚着以王启民为代表的大庆科技人员和工人的血汗，集中体现了"爱国、创业、求实、奉献"的大庆精神、铁人精神。

1997年1月15日，中国石油天然气总公司党组授予王启民"新时期铁人"光荣称号。

作为石油之子，王启民把自己的生命融进了大庆油田之中。2008年，他有幸成为奥运火炬大庆站传递活动的火炬手。这令他终生难忘。在谈到高举神圣的奥运火炬的那一刻时，王启民说，作为中国石油的一名员工，能够有幸成为奥运会火炬手，这不仅是他个人的荣誉，更是中国石油和大庆油田的荣誉。他将用手中的圣火感染每个石油人，把奥林匹克永不言败、团结互助和超越自我的精神传递给身边的每一个人，让奥运圣火永不熄灭，让奥运精神永放光芒。

为了宣传石油榜样，弘扬石油精神，大庆油田、铁人学院、大庆市文联和石油工业出版社共同编写了《改

◎ 第一部分 人物篇

《改革先锋——王启民》图书首发式
（档号：DQYT.1-S03-2645，存放位置：大庆油田档案馆）

王启民"人民楷模"国家荣誉称号证书和奖章
（档号：DQYT.1-R01-0615，存放位置：大庆油田档案馆）

革先锋——王启民》一书。2019年8月6日,《改革先锋——王启民》图书首发仪式在大庆油田图书馆举行。仪式上,王启民与大家分享了"我为祖国献石油"的心路历程,并向油田基层单位代表、基层员工代表现场赠书。

2019年9月17日,王启民获得"人民楷模"国家荣誉称号,是全国石油系统和黑龙江省唯一一人。9月29日上午10时,国家勋章和国家荣誉称号颁授仪式在人民大会堂隆重举行。

策　划:王春江　杜　鑫
作　者:李　冬　冯　博　张文征

"宝石人"李鹤林院士的黄金岁月

李鹤林,中国工程院院士,机械工程材料和石油管工程专家,我国石油机械用钢和石油管工程领域的开拓者和主要奠基者之一,为石油工业的发展做出了重要贡献。

翻看李鹤林院士的履历,在他50多年的科研实践中,有24年,是在被誉为我国石油装备制造"母机厂"的宝石机械公司度过的。在此工作期间,李鹤

2011年12月,李鹤林院士(右二)到宝石机械参观访问的照片
(档号:Bomco-S03-2011-1862,存放位置:宝石机械档案室)

林长期从事石油机械金属材料及材料强度试验研究、技术攻关等工作，曾任原宝鸡石油机械厂副总工程师兼冶金研究所所长、石油管材试验中心主任等职。

非常巧合的是，李鹤林院士与始建于1937年的宝石机械同龄。在这里，他从一个初出茅庐的青年技术员，锤炼为成就显赫的专家学者，他的人生际遇、奋斗历程，与宝石机械的发展紧密相连。

宝石机械公司档案室和厂史展厅至今仍珍藏着李鹤林院士在企业工作期间的亲笔手稿、先进事迹材料等资料，这些穿越了数十年时光的珍贵资料，就像散落在历史长河中一颗颗闪亮的珍珠，折射出了"宝石人"李鹤林院士人生中那段难忘的黄金岁月。

1961年，李鹤林从西安交通大学金属材料及热处理专业毕业后，分配至位于宝鸡的石油工业部钻采机械研究所。随着大庆油田的发现和开发，1964年，石油工业部开始战略东移，研究所奉命迁往大庆，李鹤林等部分骨干则留在了宝鸡，调至石油工业部第一机械厂（宝石机械前身），组建工厂设计科。时年27岁、风华正茂的李鹤林，开启了他作为一名"宝石人"的生涯。

20世纪60年代，中国石油工业茁壮成长，但我国石油机械一般比较笨重，寿命不长且性能不高，与国外存在很大差距。作为《石油机械用钢手册》的主编、石油工业部公认的"钢铁发言人"，李鹤林看在眼里急在心里，他认为"主要原因之一，是石油机械设计人员对选择材料重视不够，在设计机件时，不大考虑或很少考虑正确选用材料以及如何发挥材料的强度潜力问题。"李鹤林立志要"把知识还给人民"，在他近两年不舍昼夜的努力下，1965年年底，《石油机械用钢手册》的几个分册陆续在石油工业出版社出版了，他起草的《石油机械钢铁革命规划》也已完成。

机遇总是青睐有准备的人。伴随着李鹤林人生中一次历史性的见面，一个重大的使命不期而至。

燃化工业部第一机械厂第三届活学活用
毛泽东思想积极分子代表大会讲用材料

听毛主席的话　同工人结合一辈子
——生产组技术员　李鹤林

从1966年上半年开始，我遵循伟大领袖毛主席关于知识分子"一定要和广大的工农群众结合在一块"的教导，走出办公室，同工人师付一起劳动，不断改变自己的旧思想、旧习气，并和师付们一起活学活用毛主席著作，进行科学实验，搞成了十几项技术革新，其中有些项目达到了世界先进水平。工人同志们亲切地说："老李，你的路子走对了，今后要永远走下去！"工人同志们这句话，是对我很大的鼓励和鞭策，同时也是对我提出的更高的要求。

我是1961年由学校毕业参加工作的，是从旧学校培养出来的知识分子。

我出身于剥削阶级家庭，1949年，党把我从这个罪恶的家庭里拯救了出来，并且培养我长大成人。由小学到大学，我每年都享受着最高等级的助学金和奖学金（这些都是工人阶级和贫下中农的心血）。我懂得的革命道理，我的业务知识、工作能力等等，都是毛主席和共产党给予我的。1960年冬季，我在兰州某厂实习，不幸得了一场很严重的疾病，威胁着我的生命。当时，兰州地区物资供应极端紧张，但党组织还是千方百计弄来很多营养品和药物，并给予良好的医疗和休养条件，使我死里得生，迅速恢复了健康。毛主席给了我第二次生命，真是"天大地大不如党的恩情大，河深海深没有毛主席的恩情深"。1958年

· 1 ·

1970年8月，李鹤林院士的讲话稿
（档号：387-18，存放位置：宝石机械档案室）

那是1966年2月的一天，抽调北京工作的李鹤林得知"铁人"王进喜进京的消息后，立即登门拜访，他迫不及待地想听听"铁人"对试验新钢种、改进石油机械的意见。一个中国最著名的钻井队队长，一个研究钻井工具的青年技术人员，两人相谈甚欢，这次见面持续了整整3个小时。

后来，李鹤林在"工业学大庆"的发言稿里，这样记述了"铁人"对他的嘱托："你们搞新钢种，我举双手赞成。石油机械就是要大大减轻重量才行。吊环、吊卡、吊钳这几样钻井工具，我们简称'三吊'，是油田常用的、大量的工具，钻井工人天天同它们打交道。但直到现在，还是苏修、美帝的'三吊'统治着我们的钻台。这些洋东西肥头大耳，我们三十来岁就用不动了，希望你们把那些'傻、大、笨、粗'的洋玩意儿赶下我们的钻台！"

"铁人"的一番话，代表着钻井工人们对减轻"三吊"重量的迫切心愿，也点亮了李鹤林前行的方向："我认识到，我国石油工业迫切需要的，不光是我日夜拼命编写的《石油机械用钢手册》，而是研制新钢种，造出我们中国式的'三吊'，减轻钻井工人的劳动强度。"

在强烈的使命感和责任感驱使下，1966年3月底，李鹤林义无反顾地从北京回到宝鸡生产科研一线，组织实施轻型"三吊"的研制工作。他面前是荆棘丛生的荒野，身上是不能放下的重担，唯有披荆斩棘，步履不停地开拓着心中的理想。这一干，就是17个年头。在"宝石人"校忠仁创作的、科学出版社出版的《李鹤林传》里，可以清晰地查找到四代吊环更新换代的时间线：1966年年底，采用20SiMnVB钢制成50吨低碳马氏体轻型吊环，赠送大庆油田1205钻井队两副，受到王进喜同志高度评价；1971年，第二代轻型吊环（75吨、150吨、250吨、350吨）陆续研制成功；1975年10月，第三代轻型吊环试制成功；1980年，第四代轻型吊环研制完成；1982年3月1日，李鹤林主持研制的轻型吊环获API会标使用权，4月，轻型吊环获国家金质奖。

◎ 第一部分 人物篇

轻型吊环及其获得国家金质奖奖牌和证书的照片
（档号：BOMCO-S03-1989-0930，存放位置：宝石机械公司档案室）

步入世界领先行列的轻型吊环，堪称我国石油机械制造业崛起的奇迹。轻型吊环自重只有仿苏产品的1/3，寿命比号称"王牌"的美国BJ公司同类产品提高50%，两度斩获"国家金质奖"，在行业内是绝无仅有的，同时是我国第一个获美国石油学会API会标使用权的产品。

用户对吊环给出的好评，也记录在了宝石机械公司1981年5月留存的一份技术资料里。

我们无从得知，为了这份趋于完美的品质，李鹤林和他的团队经历了多少次设计、取材、试验，遭遇了多少次失败、挫折、坎坷，熬了多少夜，加了多少班，但他们呕心沥血、倾其所有的奉献精神，在李鹤林的一封亲笔手稿里可以略窥一二：在试验防磁钢的关键时刻，全组同志豪迈地提出，不完成任务决不下火线。有的连续奋战48小时，有的带病加班苦干半个月，有的放弃了假日休息，有的推后了婚期……有一次，高频炉击穿，钢水急喷，在这千钧一发之际，高频炉炼钢工人、共产党员朱善文临危不惧，冒着生命危险冲上前去，他的衣服着火了，腿烧伤了，手烫坏了，但是，他咬紧牙关，忍受着极大的疼痛，坚持到完全排除了故障……

李鹤林曾说：我自己头脑谈不上多聪明，但我干一件事，就一定要坚持

轻型吊环技术资料
（档号：GY82-002，
存放位置：宝石机械公司
档案室）

到成功，绝不半途而废。

　　凭借这份坚定，李鹤林深深地把自己的年华刻在了祖国发展的年轮中，始终与祖国同向而行。在宝石机械的24年间，他瞄准国家战略需求和石油工业中的实际问题，下车间劳动，跑油田调研，刻苦钻研业务技术，摘取了一项项成果：由他主持及参与的"轻型三吊"和另外3项成果全部获得1978年全国科学大会成果奖；他带领课题组对200多起钻杆事故进行分析研究，澄清了钻杆失效领域的疑点，并通过这些研究成果，一举敲开了API的大门；他主持研制高强度高韧性结构钢、无镍低铬无磁钢等12种新型钢铁材料，并充分发挥现有材料的性能潜力，使一大批石油机械产品减轻了自重、改善了服役性能、延长了使用寿命，跃居国际领先水平……

　　1981年，上级党组织拟越级提拔李鹤林担任中共宝鸡市委副书记。站在人生的十字路口，李鹤林十分感激党组织在政治上的充分信任，但他的石油机械材料工程和石油专用管情结又太深太深，考虑到当时国内石油用钢和石油管技术落后的现实，他更加难以割舍，最终谢绝了仕途，选择了终生以科技报国。

1988年，李鹤林所在的石油管材料试验中心由宝石机械划归中国石油天然气总公司直接领导。

1997年11月，李鹤林当选中国工程院院士。

长期不断地积累，坚韧不拔地耕耘，锐意拓新地进取，一片丹心地报国，成就了李鹤林院士的精彩人生，也鼓舞着新一代的"宝石人"去创造更加美好的明天。

策　划：郭孟齐　辛红志
作　者：焦丽倩　杨亚青

中国石油档案故事

▶ 中国"石油神探"苏永地

2005年4月30日上午,北京人民大会堂举行了全国劳动模范表彰大会,中国石油科技楷模、集团公司特等劳动模范、首批铁人奖章获得者苏永地光荣地接受了全国劳动模范表彰。

苏永地从1997年到苏丹,8年的时间里,为中国石油国际业务的发展做出了巨大贡献。他参与了苏丹1/2/4区所有三维地震资料、大部分二维地震资料和4区部分二维地震资料的解释成图,精细解释了3万多千米的二维地震资料和1730平方千米的三维地震资料。截至2004年年底,苏永地直接确定评价井15口,成功率100%;直接确定预探井41口,成功率超过了80%,发现了

苏永地(左三)向大尼罗石油作业公司勘探部同事介绍断层侧向封堵研究成果(档号:CNODC.NILH-R04-0001,存放位置:尼罗河公司喀土穆档案库房)

33个断块油藏，探明石油地质储量约11亿桶，折合可采储量3.5亿桶，相当于1/2/4区总可采储量的30%，占勘探所发现储量的一半以上。他参与完成的"苏丹1/2/4区项目Muglad盆地高效勘探的技术与实践"，荣获2003年度国家科技进步一等奖。这一成果是一座里程碑，是中国人应用自己的技术在海外找油获得的成功和突破。

时间的指针回拨到1996年11月，当时非洲石油项目进行国际招标，12家国际知名公司参加竞标。中国石油天然气集团公司一举中标，这是中国石油工业步入国际石油市场的第一个大型勘探开发项目。

20世纪70年代，西方一些国际大公司曾在这里进行过勘探，投资巨大，但成效甚微，撤走了。考虑到分散风险，中国石油天然气集团公司选择三家国外石油公司，组建了联合公司。苏永地被派往非洲，任中国石油天然气勘探开发公司海外非洲项目副总地质师。

当时，西方一家石油公司总裁曾断言："把这个项目交给中国石油公司是个错误选择。"作为课题的主要技术负责人之一，苏永地深知自己是代表着中国石油的海外形象。

令人惊奇的是，苏永地首战告捷。在联合公司第一轮探井开钻中，一家合作方确定的预探井接连失利两口。另一合作方确定的两口预探井失利一口。而苏永地代表中方提出的9口预探井，口口出油，成功率100%！这使中国石油赢得了主动权，苏永地被点名调入联合公司勘探部，奠定了他的技术权威地位，"以后凡是苏永地制作的构造图一律免检"。

在海外，打一口探井投资至少几百万美元，一口井打完不见油是常事，风险很高。而苏永地练就了神探的功夫，点到哪里，哪里就有油藏。

当时，非洲项目的勘探主战场是AB区，但这里竟连区域构造图都没有，这就像一个城市只知道盖楼房，却没有城市的整体规划布局。因为困难大，

中国石油档案故事

苏永地（左二）在6区井场
（档号：CNODC.NILH-R04-0002，存放位置：尼罗河公司喀土穆档案库房）

这块"硬骨头"交给了苏永地。

一天深夜，苏永地的腰部作痛。同事提醒他："你有肾病，不能总这样拼呀！"但他的头没有从图纸曲线中离开过。连续一个多月熬夜，苏永地病倒了。化验结果，几项肾功能指标严重超标，医生劝他回国休养，但是病情稍好转，他就回到岗位。

一个多月后，一幅囊括AB区主体部位的油层构造图完成了，这成为联合公司组建以来的第一张区域构造图。勘探部外方经理喜出望外，逢人就讲："你们看，这张图是CNPC（中国石油）苏永地做的，图上标明了66个有利圈闭，谢天谢地，勘探部今后的工作方向一目了然了！"很快，按图制订的勘探开发计划实施，区内原油可采储量翻了一番多！就连当初在1/2/4区竞标落选的法国道达尔公司总裁也改变了态度，诚恳地说："只有中国人才能把这个项目做好。"

8年海外石油创业的经历，使苏永地深刻地认识到，在石油科技领域，

◎ 第一部分 人物篇

非常需要复合型人才，海外事业的快速发展，对科技人员提出了更高的要求。他始终不懈地朝这个方向努力，博采众长，不断更新自己的知识。苏永地通过系统学习，除了精通地球物理技术外，还比较全面地掌握了有关的地质、测井、试油等学科的知识，熟练驾驭Gepquest等多种地震解释软件，遇到困

苏永地在查阅1/2/4区
有关地质资料
（档号：CNODC.NILH-R04-0004，
存放位置：尼罗河公司喀土穆档案库房）

苏永地在认真研究
NEEM地区探井部署
（档号：CNODC.NILH-R04-0005，
存放位置：尼罗河公司喀土穆档案库房）

033

难和问题，能够灵活运用不同方法去解决，在苏丹项目的科技攻关与生产实践中发挥了积极的作用。

国际化经营需要伙伴之间理解和包容，需要互相学习、取长补短、共同创造和谐的工作环境。多年来，中外方同事经常来找苏永地探讨技术问题，他总是毫无保留地把经验传授给他们，帮助他们解决了很多难题。苏永地热心帮助资源国培养石油地质专门人才，如今，他们都在苏丹石油勘探开发中发挥着越来越重要的作用。2001年11月，加拿大方的勘探部经理郑重地给勘探开发公司领导写了一封信。信中说："苏永地先生谦虚谨慎，严细认真，刻苦钻研，技术熟练，热心帮助同事，为联合公司做了大量扎扎实实的工作……这些优良品质也为我们多元文化的公司树立了团结协作、努力工作的榜样。"马来西亚国家石油公司苏丹地区总裁多次高度评价苏永地的工作。他说："CNPC应为有你这样杰出的、忠诚的地球物理师和勘探专家而感到无比自豪。"

看到苏永地的工作表现，马来西亚等一些石油公司想以高薪聘请他，但被他婉言谢绝了。对此，他们很不理解。他说："我是靠国家助学金读完大学的，是党和国家培养了我。走出校门的时候，我就立志当一名出色的地质师，用知识报效祖国。我庆幸赶上了中国石油海外谋求发展的大好机遇。现在，我国海外事业蒸蒸日上，正需要大量人才，我怎么能在祖国最需要的时候离开呢？CNPC需要我，这里才是我用武的广阔天地，才是实现自我价值的真正所在，我的事业在CNPC！"

策　划： 魏　巍

作　者： 崔　茉

"大国工匠"谭文波

"这不就是有公司要花200万元购买谭文波发明专利的证书吗?"我不禁惊叹道。

2019年1月11日,我刚来到档案室不久,接过古丽米热从系统里查询出的档号,按着档号到荣誉室取出三张证书,递给为申报国家科技成果奖前来借阅档案的小钱。其中,一张专利证书上面赫然写着"电动液压桥塞坐封装置",敬佩之情油然而生。

"是呀,就是这项发明!"古丽米热说。

我的思绪回荡在关于谭文波的记忆里,耳畔回响起他受访时说的"2012年启动,2013年完成,2015年推广应用……"

2012年,由于传统火工品作为动力源的桥塞坐封方式,存在火工品使用的安全隐患,这么多年来也是行业面临的难题。为降低生产安全风险、节约作业成本,谭文波带领他的工作室成员开始着手研究替代火工品的动力。

如何在一个拳头大的油管直径中,设计一个瞬间产生30吨动力的结构,成了他日思夜想的事情,他是一位勤于思考的人。功夫不负有心人,2013年年初,他在机电市场正专注看着千斤顶工作,"能量放大原理……活塞面积与压强的关系……"脑海里突发灵感,他急速回工作室,图纸,计算,思考……细思多年的问题在那个夜晚一一解锁。工作室的灯光在戈壁基地漆黑一片的夜晚温暖如橘,柔和地照在活塞联动工作图纸上,格外清晰明亮。清晨,工作室迎来了第一道朝霞,一上班他就拿着图纸加工,晚上实验套管桥塞。初步思路的测试验证了采用多级结构放大活塞做功面积可以产生几何级的拉力，突破了有限空间动力源制约的瓶颈，实现电能至坐封拉力的转换。接下来就是夜以继日地查资料、拆解、请教、再拆解……反复琢磨，为验证液压技术的可行性，手工设计出了一台实验设备。实验前，他找来门卫杨师傅，在手机拨号界面上输入"120"，郑重交代道："杨叔，你就站在这个隔离墙的后面，看着我。如果我启动电流，让工具运转的时候产生爆炸，那你赶紧摁一下就行了！"

一切安排妥当后，他屏住呼吸启动了装置，压力一点点增加，时间凝固了，血液凝固了，整个世界也仿佛凝固了，50兆帕、70兆帕、100兆帕……当压力表指针指向120兆帕时，装置安然无恙，空气瞬间如释放了氧气，成功了！收集数据，填写实验记录，他握笔的手在激动地颤抖，鼻子止不住地发酸。

手中这张专利发明证书就是他冒着生命危险研制出的电动液压地层封闭技术，不仅提升了西部钻探试油公司在国内地层封闭技术的核心竞争力，而且该技术具有独立的自主知识产权。2015年，这项新技术正式在国内油田广泛推广应用，不仅实现了井下坐封桥塞封闭地层的目的，而且操作人员无须进行特种作业上岗培训，只需通过观察和操控控制装置即可，降低了生产成本和操作人员的劳动强度，还提高了施工的安全性和成功率，创造经济效益过亿元。同时，消除了火药在采购运输和使用储存管理过程中的安全风险，社会效益十分显著。

正是这项技术发明，打破了地层封闭工具都要从国外引进的局面，实现了中国自主技术产权，也是世界上首创的新技术，为世界石油技术实现了一次重大革新，"就像电动车代替了燃油车，这是历史性的变革"。该项目获得授权发明专利3件、实用新型专利1件，发表论文1篇。最终，就是这项发明专利让他获得了"大国工匠"称号。

电动液压桥塞坐封装置发明专利证书
（档号：WDEC.18-R01－0261，存放位置：西部钻探试油公司档案室荣誉室）

当专利证书就这样真实地在摆在面前，我的心情是震撼的。不仅是档案资料的真实感、珍贵性，也更认识到自己从事档案工作的重要性和责任感。看上去不起眼的一张一页纸的档案证书，却承载着"大国工匠"当年持之以恒的坚持、汗水和梦想，以及他精彩的人生片段。

在一次"七一党员活动日"中，谭文波同我们一起在厂房干活。

"电动桥塞坐封工具经历了多次更新升级，目前你还在研究它吗？"我问他。

"当别人在考虑明天时,我们要考虑后天,使自己的技术水平永远领先一步,才能保证团队生命力,而不被竞争市场吃掉。"他边擦着工具略带所思地说。

透过这段意味深长的话,我看到他的"精于工,匠于心,品于行"精神。是呀,他将个人目标化为公司的目标,只有不停地学习和努力才能立于不败之地。看着他略带"石油黑"的脸庞,明亮的眼神里透露出的坚毅,让我看到他身上石油人的铁人基因,大国工匠迎难而上的创新精神,敬佩之情油然而生。

工作中,我们的"大国工匠"小发明小革新有很多,他就一个目的,创新增效,解决施工现场中的小难题。这一切都源于他心中装着他的团队——班组、车间队、公司及祖国。

2008年,谭文波在南疆塔河油田工作,施工期间一辆装载着德国力士乐液压系统的电缆车液压泵发生了故障,国外专家检查后,耸耸肩,摊摊手,傲慢地说:"泵坏了!换新的,等着吧。"说完甩手走人。从德国进泵运到沙漠至少半年,每耽搁一天试油公司就要遭受巨大的经济损失。半年!可能上百万、上千万的损失!

看着老外远去的背影,那一刻,谭文波的民族自尊心和不服输的精神瞬间迸发。"科长,让我试试!"他主动请战。"外国人说修不好,咱中国工人就真的修不好吗?"这不服输的倔劲,让他在厂房里足足憋了三天——查阅资料,拆解、加工、更换……利用废旧材料排除了故障,使液压泵继续作业,为试油公司挽回经济损失一百多万元。

2015年4月21日清早,天色还没亮,谭文波被一阵叮叮当当的金属敲打声吵醒。走出休息室,循着声音走去,原来是电桥班的工友们正在检修设备,他们发现电测车上一个非常重要的核心部件损坏。工友说在用丝锥修复时,不小心丝锥又折断在机器里，他心想断丝要是不取出来，工件报废不说，还耽误了生产任务，损失就大了！看到大伙儿束手无策、焦急的样子，观察了一阵的他说："让我来试试吧！"大家半信半疑，把一线希望寄托在了他身上。

谭文波从他工作室那堆"破烂"里找出一个篮球气嘴、一节输液软管、一个直流电源，又从鱼缸上拆下一个水泵，经过他的手一阵组合、联结、对接，按下电源，手持输液管对准故障部位用水柱进行冲洗。

大家一头雾水地看着他，甚至有些不屑："谭师傅，你是在耍魔术、开玩笑吧？我们用榔头敲、用电钻钻，都取不出来，你用水能把它冲出来？"

谭文波不作声，埋头冲洗着，时间一点点过去。40分钟后断在机器里的残余工具神奇般地不见了。惊喜之余，又迷惑不解，在他的讲解下，大伙才恍然大悟，生动地上了一堂"简易电解发生装置的原理在工作中实践应用"课，工友们竖起大拇指笑着说："你真牛，你应该去挑战魔术师——刘谦！"

随着新环保法的出台，解决抽汲环境污染成了迫在眉睫的急事。2017年6月，谭文波围绕"抽汲防喷盒"的加工改造日夜忙碌着，连续三天吃、喝、住在工作室。他先后尝试了四种改造方案，但都被他自己一一否定。第三天深夜，他在厂房外抽着烟，脑子里一直在思考如何实现"防喷盒与抽汲绳完全动态密封"的问题，新想法终于抵不住他大脑的穷追猛索，现形蹦了出来：既然要密封，围堵不行，可否疏浚？

正如他在给我们党支部上党课——"创新思路及原则"时说的，他的创新来源于"三上"：床上，厕上，马上。想到这他"马上"就去干！打开厂房灯、启动电焊机，按新思路连夜加工工具，经过反复试压和动态模拟试验，6月28日他带着"新型抽汲防喷盒"来到井上进行首次试验。随着抽子的快速上提，紧盯着防喷盒的他心都提到了嗓子眼。"方罐罐口出油了！"试油队员工大声报告，他紧锁多日的眉头慢慢舒展开来。整个抽汲过程安全环保，无油滴落地，又一项革新发明工具诞生了，解决了西部钻探试油公司施工现场安全环保难题，赢得了甲方的表扬。

这就是我们身边的"大国工匠"——谭文波，躺在床上临睡觉时，甚至在卫生间时他都盯着墙砖"发呆"。他不仅在工作中，在他的生活起居里，他的大脑满是如何解决工作中的问题、难题的思索，满是如何改进提质增效的新奇想法，满是如何为公司提质增效加油注力。截至2020年7月，他和工作室成员立足一线，攻坚克难，解决生产疑难问题50余项，完成4项发明专利，12项实用新型技术专利，其中，具有自主知识产权的新型桥塞坐封工具被誉为世界首创。

谭文波用他坚守执着、专业专注、精益求精、追求极致、一丝不苟、自

2018年4月，谭文波被中华全国总工会授予"全国五一劳动奖章"
（档号：WDEC.18-S03-1187，存放位置：西部钻探试油公司档案系统）

◎ 第一部分　人物篇

2019年1月18日，谭文波当选全国总工会、中央广播电视总台联合举办2018年"大国工匠年度人物"发布活动现场
（档号：WDEC.18-S03-1186，存放位置：西部钻探试油公司档案系统）

2018年10月15日，谭文波（右二）作为优秀产业工人代表走进国务院新闻发布厅现场
（档号：WDEC.18-S03-1185，存放位置：西部钻探试油公司档案系统）

律自省的工匠品质，从一位普通的技术工人历经二十多个春秋，从"最美试油人""最美克拉玛依人""最美丽新疆人"到"全国最美职工"，胸前带着"全国五一劳动奖章"一路走进了全国总工会、中央广播电视总台联合举办的2018年"大国工匠年度人物"发布活动现场。同时，他作为优秀产业工人代表，2018年10月15日走进国务院新闻发布厅现场，成为第一位走进国务院新闻办公室的中国石油工人。

如今我们的"大国工匠"带着他的伙伴们在工作室为试油作业现场排忧解难，为西部钻探试油公司的生产提质增效，并培育着更多创新技术型人才。他用他的工匠精神给我们上党课，给中国石油大学（北京）克拉玛依校区的大学生们扬帆起航添动力，用他的"大国工匠"精神影响周围的人，感召着后来者。

策　划：唐青隽　朱　丹
作　者：罗　燕　王　鑫

▸ "北方炉之王"李玉民

1988年10月,辽阳石油化纤公司(中国石油辽阳石化公司的前身)化工一厂总工程师李玉民带领工程技术人员,自主开发与引进消化吸收相结合,吃透"洋设备",打破旧框框,在世界重质油裂解工艺领域首次采用二级急冷工艺和二次配汽技术,比引进裂解炉的两年建设周期缩短8个月,建成国内第一台自行设计、自行施工的2万吨/年GBL-Ⅰ型

李玉民工作照
(档号:LYSH-S03-1995-0003,
存放位置:辽阳石化档案馆)

炉(俗称中国北方炉),填补了我国石油裂解装置国产化的空白,被誉为"北方炉之王"。如今,李玉民的"北方炉精神"已经成为辽化人"锐意进取、求真务实、大胆实践、敢于突破"的真实写照。

李玉民是辽阳石化公司首批晋升的高级工程师,被石化系统同行们誉为"建炉专家"。他曾担任烯烃厂(原化工一厂)总工程师和副厂长。从1979年起,他相继被评为辽阳石化公司、辽阳市、辽宁省劳动模范;1986年被中华全国总工会授予"五一劳动奖章";1989年被国务院授予"八五"科技攻

关先进个人；1999年获全国优秀科技工作者称号，获国家科技进步二等奖；2011年被评为"感动辽化"十大人物。

1961年，李玉民以优秀的成绩毕业分配到抚顺石油三厂。参加工作时，正是三年困难时期，国家的经济困难，外国人卡我们的脖子，种种困难都激发了他为国家经济建设做贡献的决心。1975年，他调入辽阳石油化纤化工一厂工作，1978年，李玉民由副总工程师提拔为总工程师，晋升为高级工程师职称，并于1981年光荣地加入了中国共产党。

李玉民把党的信任化作无穷的力量，把对党的无限感激之情全部倾注在工作上。1987年，为了加速烯烃厂的技术改造，他呕心沥血，结合生产实践，先后写出4篇高质量、高水平的技术论文。其中《化工一厂裂解装置F108、103、102焊接工艺汇编》《施密特急冷锅炉损坏与维修》被《辽化科技》《石油化工》杂志采用发表。这些论文不仅在整个生产过程中发挥了有效的指导作用，而且也填补了国内空白，使该厂生产技术水平达到了一个新的高度。

随着对外开放的不断深入，李玉民把眼光瞄在世界先进水平上。石化行业设备复杂，现代化程度高，不乏引进设备，因此与外国的"洋专家"打交道是常有的事。但在李玉民身上，总有一股中国人虽谦虚但不唯唯诺诺，虽借鉴洋专家但绝不唯命是从的凛然正气。由于李玉民敢于坚持自己的正确见解，往往一项工程就为国家节资几万、十几万元。李玉民和老外打赌的故事，在辽阳石化一直被传为佳话。

1986年，辽阳石化由荷兰引进设备，筹建裂解装置F108裂解炉。按中法工程合同规定，需建炉380天。为了抢进度、压缩工期，李玉民经过了多少个不眠之夜的周密计算，认为212天就可完成。谈判桌上，李玉民大胆地提出这一设想。当时，法国德希尼布公司总代表勒贝尔，这位走遍世界曾建了40多台裂解炉的专家一听，马上站起来，趾高气扬地将双肩一耸，两手在胸

李玉民（左二）在F108裂解炉改造施工现场
（档号：LYSH-S03-1995-0003，存放位置：辽阳石化档案馆）

前一摊，说道："贵方是否大胆了，鄙人建了这么多炉子，还没遇过像贵国这样的设想呢？如果能按您的计划完成，我甘愿输给你一瓶威士忌酒。"李玉民沉稳地坐在沙发上，郑重地说："勒贝尔先生，您在世界上建了不少炉，但是，您还是没在中国建过嘛。那您看看在中国究竟能用多少时间建好，如果按我方计划完成不了，我输给你一瓶茅台酒！"说完，他看勒贝尔那副惊疑的面孔，自信地笑了。他相信自己的技术水平，更相信中国技术工人的力量。

施工中，李玉民采用网络技术，他与工程技术人员在现场办公，与外国专家密切配合，随时随地解决问题。全体参战职工怀着为国争光的激情，决心在最短的时间内建一台高质量的大型裂解炉，创国内一流水平。F108裂解炉仅用148天就全部竣工，比法方要求提前232天，按我方计划又提前64天竣工。质量标准之高，建设速度之快，出乎外国专家意料。装置顺利建成投产。就在竣工的那天晚上，外国专家找到李玉民，竖起大拇指："中国人了不起！我输给李先生一瓶威士忌。"说着从皮包里拿出一瓶精装的威士忌酒递给李玉民。

在20世纪80年代，裂解装置主要依靠国外进口，乙烯裂解国产化成为国家重点科技攻关项目。何时才能改变裂解装置全部靠从国外引进的局面？李玉民对此进行了长时间的不懈追求与探索。多年来，李玉民在建炉方面已经显示出他的才华，经他手改造过F103、F104裂解炉，亲自指挥建起F108裂解炉。1988年，他直接参与指挥的我国自行设计、自行施工、年产2万吨的"北方炉-Ⅰ型"，经过7个月的奋战，在辽化烯烃厂提前建成。"北方炉"的建成，填补了乙烯国产化的空白，李玉民也被石化系统同行们誉为"北方炉之王"。1993年末，李玉民到了退休的年龄，许多单位以优厚的工资、住房等条件请他去工作。此时，辽阳石化公司正筹建年产4万吨"北方炉-Ⅱ型"裂解炉。李玉民被公司返聘后，婉言谢绝了其他单位的聘请，全身心地投入到建这台炉的工作上。他认真熟悉图纸，抓总体安排，凭借多年建炉的工作经验，亲自指挥建起了又一

"北方炉-Ⅱ型"于1995年11月8日一次投料成功
（档号：LYSH-S03-1995-0003，
存放位置：辽阳石化档案馆）

台"北方炉-Ⅱ型"裂解炉，为辽化的发展做出了突出的贡献。

"北方炉-Ⅱ型"于1995年11月8日一次投料成功，至今一直运转正常，该项目被评为国家"八五"科技攻关重大科技成果奖。在欢庆胜利的时候，职工们谁也不会忘记李玉民为建设"北方炉"立下的功绩。

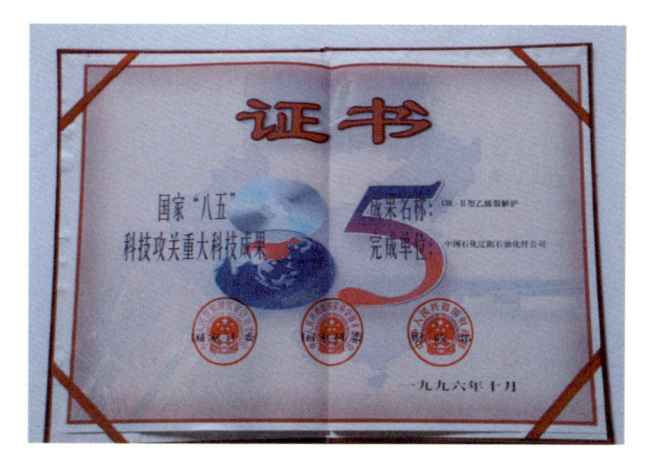

科技成果证书
（档号：1996ZS-6，存放位置：辽阳石化档案馆）

如今，李玉民虽已光荣退休，但他像那熊熊燃烧的炉火，仍放射着耀眼的光芒。他始终不忘辽阳石化建设，不断给厂里提出许多合理化建议，并精心梳理，写出了27篇近50万字的、蕴含着几十年的经验和心血的技术报告及论文，将他多年积累的丰富经验毫不保留地奉献给他工作一生的辽阳石化。

"生命不息，战斗不止"，这句话在老劳模李玉民的身上得到了充分体现。今天，他仍然为辽阳石化的发展、企业的振兴默默地奉献。"北方炉之王"李玉民——我们辽化人的骄傲！

策 划：黄朝晖 杨晓林
作 者：徐振江 康晓琴 邱庆欢 王立新

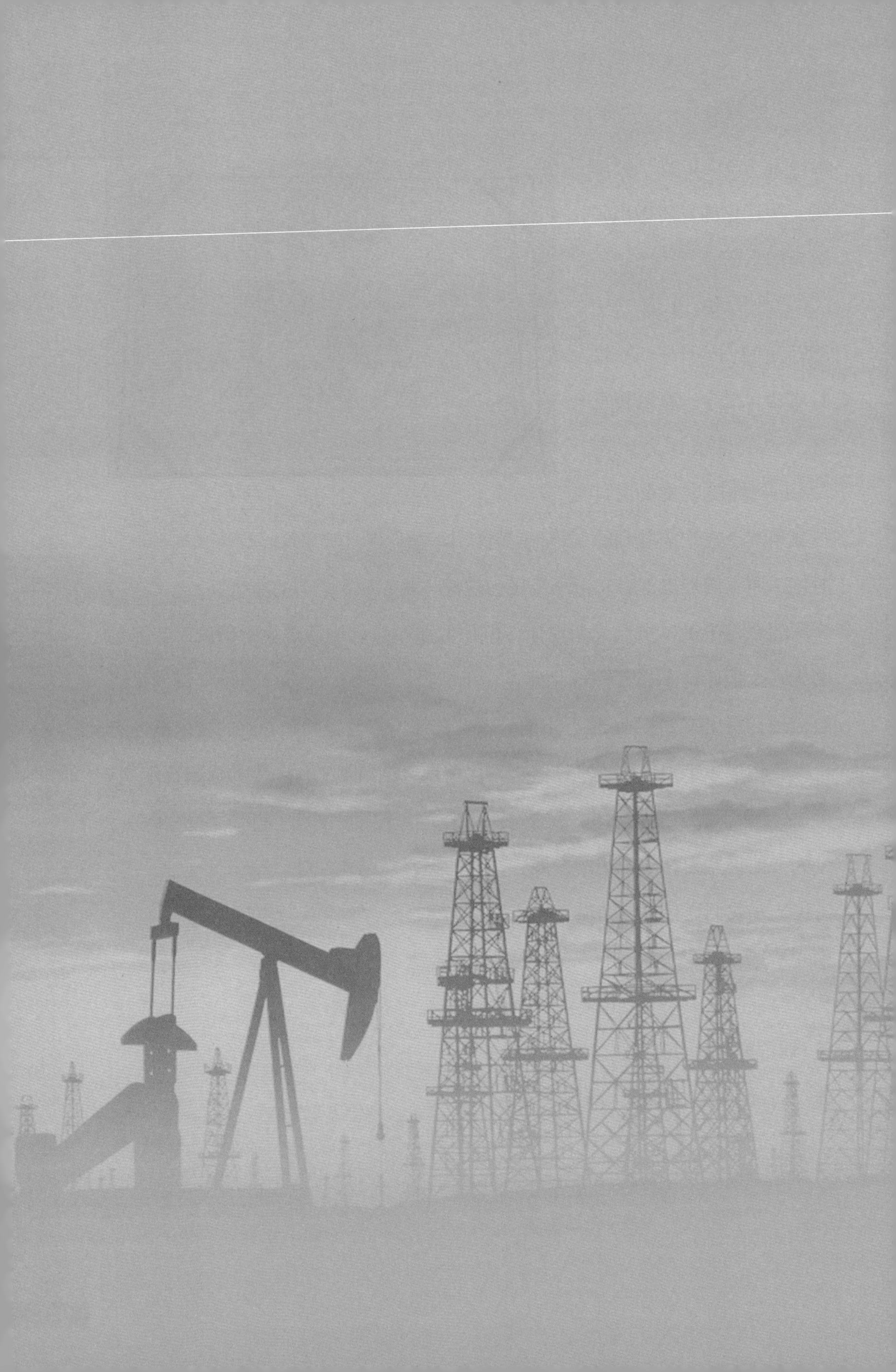

第二部分

会战篇

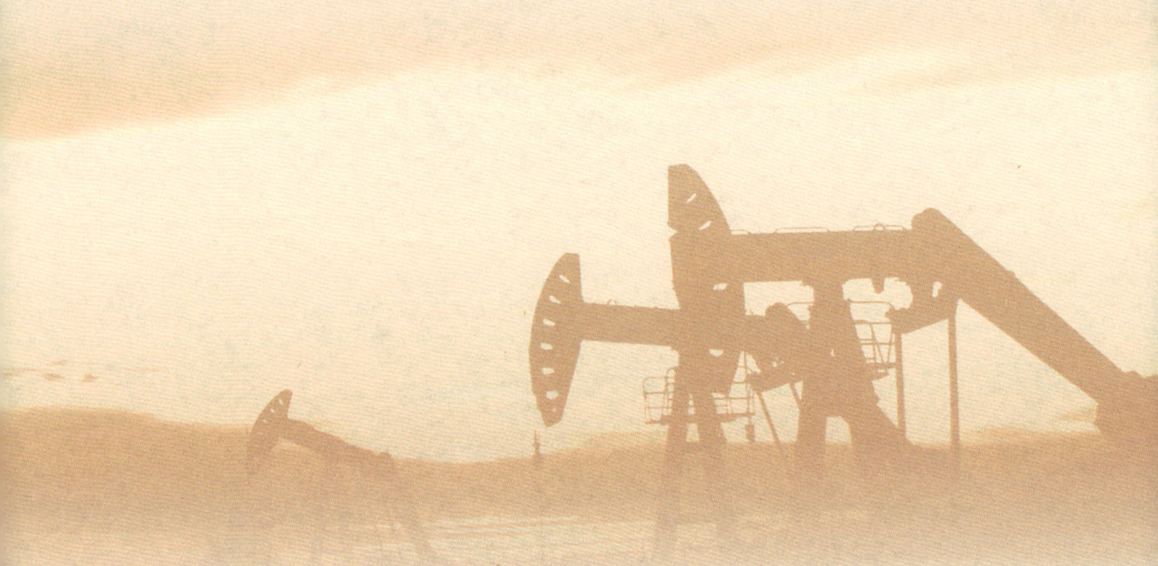

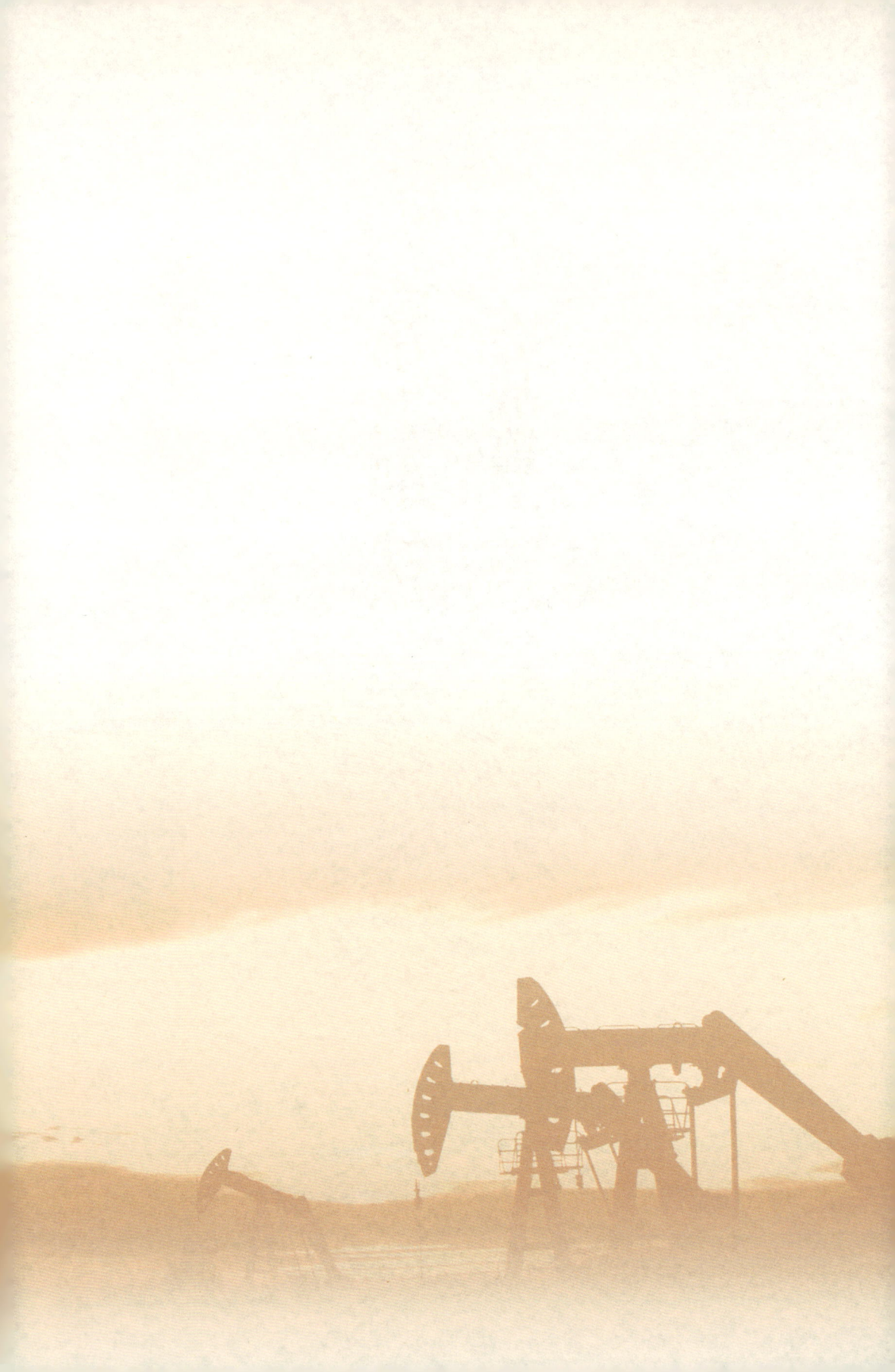

▶ "长庆"的由来

玉门油田、大庆油田、克拉玛依油田（后改称新疆油田），大家都耳熟能详，这些名字不仅出现在小学的课本里、各大广播电视媒体上，而且还是一个地方行政区域，比如玉门市、大庆市、克拉玛依市。然而，说起长庆油田，大家可能并不熟悉。即使在陕西境内，也被坊间误以为长庆油田就是延长油田，闹出很大的笑话。但是在甘肃陇东地区，长庆油田却是人尽皆知。为什么呢？这就离不开长庆油田这个名称的由来。

1970年年初，燃料化学工业部决定，由玉门石油管理局先期组织陇东地区的石油勘探会战，成立陇东石油勘探指挥部。指挥部机关设在什么地方呢？按照"靠山、分散、隐蔽"的原则，经多方考虑，长庆桥靠山临河，交通相对方便，又在陇东和渭北两个勘探区域之间，因此，陇东石油勘探指挥部机关就设在了长庆桥。

长庆桥是甘肃省庆阳市宁县泾河岸边的一个乡村小镇。很早以前叫郭家村，后改名红星村，归宁县管辖。1961年国家为改善陇东老区的六通条件、发展陇东老区的经济，在泾河上架起了一座连接甘肃、陕西的大桥，取名"长庆桥"。"长庆"为"吉祥""希望"之意，它饱含着陇东老区人民对党的无限感激之情和建设发展陇东老区的雄心壮志。主大桥建成后，红星村被命名为长庆桥镇，人们习惯上称作长庆桥。

随着勘探形势的发展，在陇东地区陆续钻探的庆1井、庆3井等14口井获得了中高产量，勘探形势喜人。1970年10月12日，国务院、中央军委发

中国石油档案故事

1970年10月5日至10日陕甘宁石油会战协作会议在兰州召开（档号：80060ZP7002 存放位置：长庆油田分公司档案馆）

出〔1970〕81号文件，由兰州军区负责组织陕甘宁盆地石油大会战，组成了兰州军区陕甘宁地区石油勘探指挥部。1970年11月15日，兰州军区陕甘宁石油勘探会战指挥部在兰州军区干部招待所召开会议。会议的主要任务是解决会战急需的运输车辆等问题，并向国务院、中央军委及燃料化学工业部递交一份请示报告。然而在落款署名时，一个突出的难题摆在眼前：给油田起个什么名字呢？

在当时，油田的名称可不是随随便便就能起的。根据当时的形势和其他新油田命名的惯例，新油田必须保密，既不能暴露油田的具体位置，又不能暴露油田的规模和储量。正在大家一筹莫展之际，指挥部领导首先提出："陇东石油勘探部的机关驻扎在长庆桥，就以长庆桥这个地名来命名，叫长庆油田吧！"大家都认为，长庆和大庆都有一个共同的"庆"字，意味着向大庆学习，就一定能找到一个像大庆那样的大油田。名称一经讨论，得到大家一致认可，最终以"兰州军区长庆油田会战指挥部"在请示报告上落款署名。经过一些筹备工作，1970年11月17日，兰州军区党委决定，陕甘宁地区石油勘探指挥部设在甘肃省宁县长庆桥，其番号为"中国人民解放军兰州军区长庆油田会战指挥部"，从此，新中国又一个新油田——长庆油田登上了中国石油的历史舞台，拉开了陕甘宁盆地石油大会战的序幕。

此后，随着国家深化改革举措，适应油田发展实际的需求，长庆油田会战指挥部先后改为长庆石油勘探局（1983年9月28日）、中国石油长庆油田分公司（1999年9月18日）等名称，机关驻地也先后由长庆桥搬迁至甘肃庆阳、陕西西安，但名字依旧冠以"长庆"二字。

50年来，经过几代长庆人的艰苦创业、不懈努力，依靠科技创新，解决了一个又一个难题，攻克了一个又一个难关，在鄂尔多斯盆地创造了举世闻名的石油天然气勘探开发奇迹。2009年，油气当量突破3000万吨；2013年突破5000万吨，建成西部大

国务院、中央军委批转燃料化学工业部关于兰州军区（原）组织
陕甘宁地区石油勘探指挥部的请示报告
（档号：80060A011970 存放位置：长庆油田分公司档案馆）

长庆油田会战指挥部成立大会
（档号：80060ZP7010　存放位置：长庆油田分公司档案馆）

庆；2020年油气当量突破6000万吨，建成我国首个年产6000万吨级别的特大型油气田，开创了中国石油工业发展史上的新纪元。

水有源，树有根，长庆桥就是长庆人的源和根，是长庆人的石油圣地！

策　划：文才斌　慕　博
作　者：郭　贤　卢晓东

▶ "两论"起家基本功

大庆石油会战是石油战线老一辈领导人和广大石油职工在困难的时候、困难的地方、困难的条件下开始的。当时，国外敌对势力对我国实行经济封锁和军事威胁，国内连续三年遭受自然灾害，国民经济出现严重困难，资金短缺、物资匮乏，粮食和副食供应严重不足。

1960年2月，中央同意抽调各方面力量，进行大会战。3月，几万人的会战队伍一下子集中到只有几处牧场、几百户人家的萨尔图草原。天寒地冻，会战职工们一无房屋二无床铺，有的寄住在牧场的牛棚马圈里，有的挤在自己修的地窝子、马架子里；吃饭也很困难，少粮缺菜，连锅灶、炊具都非常

会战职工自建"干打垒"解决过冬问题
（档号：0020-S030000073，存放位置：大庆油田档案馆）

会战职工野外就餐
（档号：0020-S030000091，存放位置：大庆油田档案馆）

少，有的职工用铝盔盛饭，用脸盆熬汤。

1960年10月，素有"北大仓"之称的黑龙江粮食储备越过了"危险线"，大庆会战人员的粮食定量也大幅下调，最严重的时候只能"五两保三餐"。因为长期缺乏营养，有四千多人患上了严重的浮肿病，看着虚胖，走几步路就出汗，身上用手轻轻一按就出现一个"坑"，半天都弹不回去。

生产上设备不配套，汽车、吊车严重不足，钻机设备在铁道两边，好几天运不走。为了尽早开钻，会战职工采取人拉肩扛的办法搬运设备和材料，棕绳把手勒出了血，肩膀被压得又肿又痛，可是谁都不在乎，许多人都脱掉了棉袄，只穿一件衬衣，大家脸上、身上全是汗水，热气腾腾。没有工业水源，靠农村的土井，连生活用水都保证不了，生产用水只能到水泡子里破冰取水。公路不通，电话不灵，指挥生产常常要靠步行……

面对巨大的矛盾和困难，会议小组一致认为，要抓住主要矛盾和矛盾的主要方面。此后，余秋里、康世恩在部党组会上多次强调，要认真学习"两

会战指挥部直属机关党委扩大会议
关于消灭浮肿病的决议

目前机关现有一度二度的浮肿病30人，可疑的27名，总计占全体职工的15.5%。浮肿病的主要原因是劳逸结合的不好，一部分同志加班加点过多保证不了八小时的睡眠。这种情况如不严格加以制止，势必将逐步扩大。因此，党委认为：对机关现有的浮肿病必须采取坚决的态度，加以消灭。经党委扩大会议的充分讨论，一致通过下列决议，各总支、支部必须坚决贯彻执行：

一、在一昼夜24小时内，保证每个职工有八小时的睡眠。

二、加班加点工作到夜间12点的，必须经主管局长亲文字批准，并直属党委备此给夜餐证。

三、进一步办好大灶食堂，保证每个就餐的职工每天吃到蔬菜1.5斤，豆腐0.2两，豆付1.2两，豆付粉1两，每个月0.5斤鱼。

四、扩大营养灶就餐人员，可疑的浮肿病人经支部病委员报直属工会批准营养灶就餐。

五、在家吃饭的职工，由每人每月5斤黄豆中——除12月份发给每人黄豆3斤外——从62年元月份起，按月发给每人豆油2两，豆付3.5斤，豆付粉3斤。

六、各单位凡有一度二度的浮肿病人，从即日起一律停止工作，给予充分地休息，医生一天检查一次，待恢复健康后参加工作。

1961年12月4日

抄送：各总支、支部、政治部、党委委员，存档。

检索编码 61231

会战指挥部直属机关党委关于消灭浮肿病的决议
（档号：0001-0001-0123-0011，存放位置：大庆油田档案馆）

人拉肩扛搬运设备材料
(档号：0020-S030000097，
存放位置：大庆油田档案馆)

论",用以解决会战中遇到的困难。

1960年4月10日,石油工业部机关党委作出了《关于学习毛泽东同志所著〈实践论〉和〈矛盾论〉的决定》(以下简称《决定》),4月13日《决定》全文刊载在《战报》创刊号上。《决定》指出,学习"两论",我们要把别人的经验学到手,但又不迷信别人的经验,不迷信书本,我们要勇于实践,发扬敢想、敢说、敢干的作风,闯出自己的经验。同时,我们在实践中不迷失方向,就要掌握马列主义的理论武器。《决定》号召,全体职工都要学习"两论",用"两论"的立场、观点、方法来指导大会战的全部工作。

《决定》下发以后,会战领导小组把组织干部、职工和技术人员学习"两论"当成一件大事来抓。一开始,没有那么多书,不到两天,当地新华书店的"两论"全部卖完了,就派人到安达县书店去买,安达县书店没有了,就到哈尔滨去买,这些地区书店的"两论"也都卖完了,会战工委又派人到北京去买,一下子就买了五万册"两论"单行本,保证了四万多名会战职工人手一册。

  一时间，全战区迅速掀起了学习"两论"的热潮。干部读，技术人员读，工人也读。有文化的读，没文化的就听别人读。职工们都把"两论"带在身上，放在枕边，有时间就读一段。技术人员下现场、到工地，都随身带着小书包，里边总是装有"两论"。各级干部更是带头学习，开会时学，总结工作时学，遇到问题和矛盾时结合实际深入学，并逐渐成立了各级领导班子的中心学习小组，建立了学习日制度。除了个人自学、领导班子集体学习之外，各级领导成员还经常深入基层讲解辅导，畅谈学习心得，了解基层的学习情况，总结推广职工的学习经验。每到夜幕降临，人们便围着篝火学"两论"，

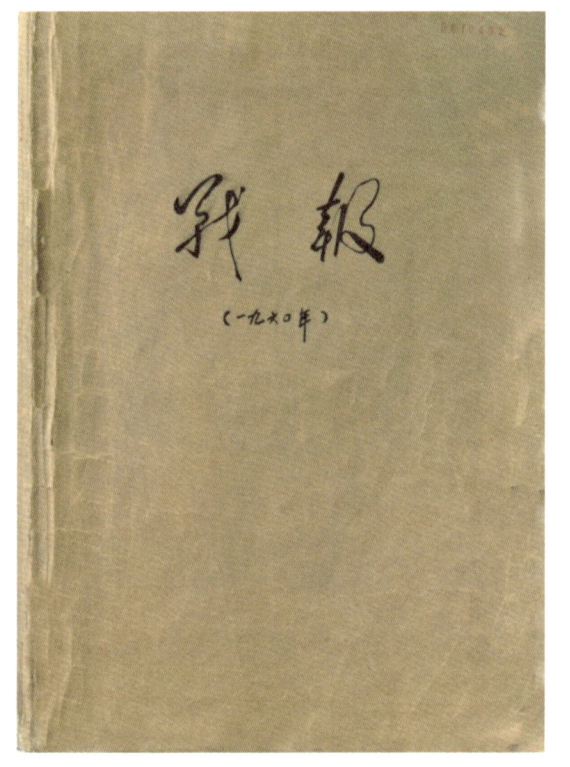

《战报》刊载学习"两论"的决定
（档号：DQYT.1-W-41191，存放位置：大庆油田档案馆）

中国石油档案故事

会战职工围着篝火学
"两论"照片档案
（档号：0001-S03000019，
存放位置：大庆油田档案馆）

铁人王进喜读过的"两论"实物档案
（档号：DQT1959，存放位置：铁人王进喜纪念馆）

整个会战现场出现了"青天一顶星星亮，草原一片篝火红；人人手里捧毛选，'两论'学习方向明"的动人画面。

人们不仅认真地学，还热切地议、实际地用。遇到困难和问题，懂得运用辩证唯物主义的观点和方法去分析、去判断、去解决。穷苦出身的王进喜没有多少文化，但他坚持学习"两论"。"这困难，那困难，国家缺油是最大的困难；这矛盾，那矛盾，国家建设等油用是最主要矛盾。"从他的身上可以看出，"两论"已经深入到会战职工的内心，增强了他们战胜困难打好会战的决心和信心。

"文革"期间，由于注水不足，油田地下形势恶化，大庆油田的开发建设出现了"两降一升"（油层压力下降，油井产量下降，原油含水上升）的被动局面。1970年3月11日，王进喜到北京向国务院和石油工业部汇报大庆油田的情况。国务院作了"大庆要恢复'两论'起家的基本功"重要批示。这一批示极大地鼓舞了大庆广大职工，为处在困难时期的大庆油田迅速恢复正常的生产生活秩序、保障石油生产起到了决定性的作用。按照指示，大庆油田排除干扰、克服困难，1976年原油产量突破了5000万吨，进入世界特大型油田的行列，为共和国经济发展提供了源源不断的能源供给。

大庆油田采油二部49队1964年12月成立，建队以来，他们坚持学习"两论"，运用唯物辩证法指导实践，处理各种关系，调动各方面的积极因素，工作年年迈大步，全队油水井利用率连年保持100%；设备、井场、值班房清洁，地面无油污、无杂草、无明火、无易燃物，各种设备不漏油、不漏气、不漏水、不漏电；井下无落物，安全生产无事故；"红旗井"和"一类井"占总井数的80%。他们所管的区域是大庆油田的高压样板区，多次受到表扬。1972年以来，连续五年被评为大庆油田"抓革命促生产标杆单位"；1973年，被评为黑龙江省先进集体；1978年，被石油工业部授予"两论起家勇攀高峰的采油队"称号；1980年，获黑龙江省政府通令嘉奖；1985年，被石油工业部授予"社会主义劳动竞赛奖"；2013年，被评为全国"工人先锋号"、集团公司基层建设"百个标杆单位"。

"两论起家勇攀高峰的采油队"锦旗和"社会主义劳动竞赛奖"证书
（档号：DQL4620，存放位置：大庆油田第二采油厂档案室）

大庆石油会战的辉煌胜利和油田多年的发展历程都证明，学习"两论"这一决定不但正确，而且意义极其重大和深远，学习、应用"两论"，对于会战干部职工战胜各种困难，高速度、高水平地拿下大庆油田，发挥了至关重要的指导作用。"两论"起家，是在党的领导下，在石油大会战伟大实践中创造的宝贵精神财富。

策　划：郭德洪　田　锋
作　者：陈晨　刘媛　王岩

▶ 喇嘛甸油田会战

1960年7月，石油工业部党组在讨论1961年生产安排时，讨论了大庆油田的开发问题，提出：为了保证实现长期稳定高产的目标，在大庆油田的开发上，必须坚持实事求是、留有余地的原则。当时，根据余秋里和李人俊等领导建议，决定将喇嘛甸油田作为后备储量，暂不开发。1961年3月，石油工业部余秋里部长和康世恩副部长向中央领导作了汇报，得到中共中央和国务院批准。

但是，为了适应国内外形势和石油工业发展需要，国家要求迅速增加大庆油田原油产量，到1975年大庆油田要建成4500万吨的生产能力。1972年10月，根据上级指示精神，大庆油田组建了以生产指挥部主任、地质师杨万里为首，由钻井、采油、井下指挥部和研究院等单位组成的喇嘛甸油田开发方案编制攻关队。攻关队共计60多人，对喇嘛甸油田的地质情况进行了深入分析研究，对萨尔图、杏树岗油田和国内外同类油田的开发经验进行了调查总结，形成了13个专题报告，提出了开发方案的初步意见。1973年1月，完成了开发方案编制，决定采用两套层系一套半井网、反九点法面积注水方式进行开采；设计油井750口、注水井294口；地面按照年产800万吨原油、含水40%的生产规模设计建设。1973年3月8日，喇嘛甸油田开发方案得到燃料化学工业部批准。3月18日，大庆党委在喇嘛甸油田总部前线召开现场会议，讨论审定了喇嘛甸油田的开发和建设方案。

1973年3月26日，根据国务院及国家计委关于"全面开发大庆油田，1973—1974年两年建成喇嘛甸油田，组建大庆喇嘛甸油田会战指挥部"的决

中国石油档案故事

喇嘛甸油田开发第一次现场会
（档号：DQYT.216-W700001，存放位置：大庆油田第六采油厂档案室）

关于成立大庆喇嘛甸油田会战指挥部的决定
（档号：1000010658.030.0，存放位置：大庆油田档案馆）

定精神,由燃料化学工业部工作组和大庆党委联合成立喇嘛甸油田会战指挥部,由张鸿飞任总指挥,李玉生任政委,负责组织喇嘛甸油田的开发建设,由此拉开了喇嘛甸油田会战序幕。

1973年4月11日,喇嘛甸油田第一口生产井喇2-丙352井开钻。该井于1973年5月1日完钻,7月18日投产出油。

1973年6月21日,大庆油田党委在喇嘛甸油田的一片荒原上,召开了万人誓师动员大会,号召参加喇嘛甸油田会战的广大干部工人、科技人员,坚持"两论"起家,发扬铁人精神,加速新油田的开发和建设,为全面发展大庆油田做出新贡献。会上,宣布了大庆油田党委决定:成立大庆第六采油指挥部。成立第六采油指挥部对于加速新油田开发,支援当时的国民经济发展,具有重要作用。

1973年4月,喇嘛甸油田第一口油井喇2-丙352井开钻
(档号:DQYT.216-W700001,存放位置:大庆油田第六采油厂档案室)

中国石油档案故事

喇嘛甸油田万人誓师动员大会
（档号：DQYT.216-S03-0781，
存放位置：大庆油田第六采油厂档案室）

喇嘛甸油田会战现场
（档号：DQYT.216-W700001，
存放位置：大庆油田第六采油厂档案室）

1973年7月18日，喇嘛甸油田6号和10号计量站所辖油井首先投产。8月8日，第一口注水井喇7-342井转注。

在当时的困难条件下，广大会战职工顶住"文革"的干扰，坚持"四个大干"，实现了当年设计、当年生产。到1973年底，喇嘛甸油田共钻井464

口，投产计量站23座，投产油井226口，转注注水井62口，并建成喇1号联合站；动用含油面积33.7平方千米，按方案设计指标计算，建成年生产能力250万吨，当年采油125.4万吨。

喇嘛甸油田会战阶段，科技人员克服重重困难现场办公，研究开发方案。为了进一步研究喇嘛甸油田的油层发育状况，在喇嘛甸油田北块靠近中块部位部署了由12口井组成的"十字剖面"井，并进行了连续取心，录取了大量宝贵的地质资料，这在大庆油田极具特殊性。

喇嘛甸油田会战科技先行
（档号：DQYT.216-W700001，
存放位置：大庆油田第六采油厂档案室）

1974年底，喇嘛甸油田会战胜利结束，完成了开发方案设计的全部油水井钻井1044口，当年生产原油644.3万吨。

1975年，喇嘛甸油田全面投入开发，共建成投产计量转油站64座、联合站3座、注水站4座，当年产油量达到1099.2万吨，占大庆油田当年原油产量的四分之一，占全国当年原油产量的七分之一，超过设计生产能力近300万吨，使全油田当年生产能力达到4443万吨。

1976年，喇嘛甸油田原油年产量达到1326万吨最高峰，有力地保证了大庆油田实现原油上产5000万吨目标。

喇嘛甸油田成为大庆油田第一个用一个开发方案、一次全面钻井建设投入开发的整装油田，它是我国开发的第一个带气顶的大型油气藏，在地面建设和采油工艺上，油气集输采用了新的流程——喇嘛甸流程。

喇嘛甸油田开发创出了较高水平。从1975年开始年产1000万吨以上，保持了连续十四年的高产稳产，为大庆油田实现"年产5000万吨，稳产再十年"目标做出了重大贡献，在国民经济建设和大庆油田持续高产稳产中发挥了重要作用。

策　划：李庆伟　鞠九达
作　者：曹文静　谢晓莉　张　莹

铭刻石油史册的吉林"七〇"大会战

时间：1970年5月2日

地点：吉林油田原运输公司停车场

喧天的锣鼓声、冲锋的号角声、近万人的宣誓声直冲云霄，震得大地直颤……一场盛况空前的誓师大会在这里隆重召开。伴随"宁可筋骨断，誓夺一百万"的豪迈誓言，历时三年、享誉全国的吉林扶余油田"七〇"大会战拉开序幕……

20世纪50年代末，在庆祝中华人民共和国成立十周年前夕，吉林扶余油田扶27井喜喷工业油流。自1961年正式建矿后，扶余油田原油年产高速增长，到1969年年末年产上升至22万吨，经当时石油工业部工作组评估，油田生产规模完全可以达到年产100万吨。

如何让这一簇希望的火苗迅速形成燎原之势？吉林省召开国民经济跃进会议，为了弥补"文革"造成的经济衰退，实现工业跃进发展高潮，决定组织全省性石油大会战。于是，吉林石油发展史上最负盛名的"七〇"大会战酝酿成型。

打这样一场会战，首先要解决的是人的问题。吉林省承诺派1000名解放军官兵支援会战。为了防止部队随时调走，又从下乡知青中优中选优，抽调10000余人到油田参加会战。

打这样一场会战，需要22部钻机、上百辆汽车、上万吨钢材和大量的粮食及其他物资。当时吉林省能力有限，想方设法拨出四千万元资金，并由吉

吉林省扶余油化厂军管会、革委会关于组织一九七〇年油田生产建设大会战的决定
（档号：JLYT-W-01-1970-0007，存放位置：吉林油田公司档案馆）

林省委出面向全省各行业借钻机、调汽车，筹备钢材、木材、水泥、成品油、玻璃棉以及粮食等物资。

即便如此，也远远不能满足会战的需要。为了筹集所需物资，一支由4人组成的物资供应小组，在大会战前夕，踏上了进京求援的列车。让人们没有想到的是，这次求援不仅惊动了石油工业部，也惊动了国务院。

当一行人星夜兼程乘火车赶到北京，国务院的接站车早已等候在站外，将他们直接送到北京二里沟一号——国务院招待所。第二天，在北京秦老胡同19号院，国务院领导听取了4人小组的工作汇报。

当国务院领导听说会战缺12台压裂设备、二三百台柴油机时，当即表示

专用设备由石油工业部解决，所需钢材一线没有就从三线调。

吉林石油大会战，不但得到了中央领导的高度重视，也得到了铁人王进喜的大力支持。

当时患病住院的铁人王进喜听说吉林石油大会战缺少射孔弹，就给大庆石油管理局领导写信：局政委你好，吉林扶余会战，急需射孔弹，请帮助解决……

就在4人小组为会战物资奔走时，吉林油田已成为吉林省人民关注的焦点。

1970年4月28日、29日两日，第一批知青来到吉林油田。

几乎与此同时，大批解放军官兵，正与吉林石油人一道，在茫茫荒原上摆下战场；全省从6个地区、100多个单位，包括国有大企业、街道小企业、商店、学校和人民公社选调的近两万人，也正走在支援大会战的路上。

在接下来的日子里，一台台设备、一车车物资、一队队人马，如百川归海一般涌来。扶余——这个百年荒凉小城，一时间万马奔腾、尘土飞扬。

人们惊异地望着眼前的一切，仿佛又看到了古夫余国的金戈铁马，听到了辽金明清时期的鼓角争鸣。

人们并不知道，一幕铁马冰河、战旗猎猎的历史大剧，即将在这个历史悠久的小城隆重上演。

冲锋的号角撼人心魄，一时间，浩浩百里油区，到处都是"钻机隆隆震天响，战旗猎猎迎风扬"的繁忙景象，场面蔚为壮观。

新组建的钻井大军高呼"誓死拿下百万"的口号，一马当先，浩浩荡荡开进扶余油田，在茫茫荒原摆开了战场。吉林省黄金公司、水文地质队、长春地质学院、长春冶金地质学校的大力支援，更让钻井大军如虎添翼。

会战指挥部坚持猛打出油关，仅仅18天，就投产新井21口，压裂71井次，修井100井次，扶余油田原油日产从会战前的1000吨，骤然上升至1843吨，几乎翻了一番。

钻井队长曹长信带领钻工们冒着零下30多度的严寒，用简陋的C1000钻机，一只钻头、一天之内、打出一口500米深的生产井（当时称作"三一井"），创造了当年钻井史上的神话。而这样的神话，在这场大会战中"遍地开花"。

当年扶余油田木头油库两座5000立方米的战备式地下大油罐，就是参战工人一锹一锹锉、一车一车推、一块一块抬堆积起的。现年近80岁的老石油人孙廷林说，当时机械工具很少，绝大部分工作量都需人拉肩扛来完成，大家每天工作十二三个小时，最长时间连续工作36个小时，有些工人困的实在不行了，打一小会儿盹儿又出现在工作现场……

这年8月初，会战指挥部要在松花江一处名为西大嘴子的地方修建一条长800米、总重约48吨的穿江管线，用于原油输送。会战指挥部动用了数十台拖拉机、上千名解放军官兵和会战青年——两人一根扁担，距离两米一个，一对一对排成一字长龙，扛着管线、高唱着石油号子，硬是用肩膀把这条钢铁巨龙抬到指定位置……

那是一个承载找油使命、超越痛苦前行、革命加拼命的时代。数万人参加的大会战，吃住成了难题。会战指挥部组织人员挖地窨子、搭马架子和柳条席棚子解决住宿问题，春秋沙尘覆盖、冬天滴水成冰、夏季闷热潮湿……每月25元的会战津贴，除去上交10元伙食费、买点日用品所剩无几。一日三餐玉米面窝头、高粱米饭、白菜汤加咸菜仅可饱腹，一周一顿的混合面馒头算是改善生活。就在这样艰苦卓绝的环境下，吉林油田女人修井队、女子钻井队诞生了，涌现出一大批"巾帼不让须眉"的优秀石油女工。她们高喊"蓝天当被地当床，狂风呼啸我乘凉"等豪言壮语，学铁人，战严寒，刨冰化水不停钻,顶风冒雨抬钻具,寒天手搅泥浆战井喷,以巾帼不让须眉的气概仅用9个月时间打完35口井,创造了钻井史上的奇迹。女子钻井队队长国荣、副队长侯小维分别当选党的第十次、第十一次代表大会代表,队员赵恩生的照片刊登在《人民画报》封面、罗美丽成为《中央电视台》特别节目的嘉宾……

那是一场将人力发挥到极限的大会战,也是一场智慧大比拼、技术大革新的石油大会战。

以工人为主体的"三结合"革新小组,发扬不怕疲劳连续作战的精神,经过实践认识再实践再认识的反复试验,终于以三公斤的东方红射流泵代替了四吨多重的陈旧机器。此外,吉林石油人还创造性地研制出了液压修井机、红旗钻机等先进设备,为赢得"七〇"大会战全面胜利奠定了坚实基础。

通过这场石油大会战,吉林石油人用自己的青春与汗水、勇气与智慧、奉献与牺牲,锻造了薪火相传至今的"五上"精神:解放思想,打破框框上;土法上马,因陋就简上;争分夺秒,抢着时间上;没有条件,创造条件上;遇到困难,迎着困难上。

在"五上"精神的推动下,1970年,吉林油田年产增至80多万吨;1971年,年产量突破100万吨大关;1972年达到123万吨。三年会战使油田由一个"名不见经传"的试采区,一跃成为年产超百万的中型油田,生产计划纳入了国家管理序列。

与此同时,"七〇"大会战也培养、锻炼了一大批领导干部、技术带头人和英雄模范,他们逐渐成长为吉林油田发展的骨干和中坚力量,他们的革命精神、高贵品质和领导风范,至今仍为人们津津乐道。

三年会战告捷后,为了加速发展步伐,油田指挥部适时提出了"东打前沿带,西打超覆盖,稳定湖湾区,突破萨尔图顶部出油关"开发新策略,相继开发了红岗、新木、新北等油田，使吉林油田的幅员领地得到了迅速扩大。省级石油大会战，变成了国家级石油大会战，国家石油部、燃化部从玉门、江汉、大庆等地，成建制调动石油大军支援吉林油田开发建设，到1978年，吉林油田年产原油上升到185万吨。

"七〇"油田大会战祝捷大会
（档号：JLYT-S03-ZP-0316，存放位置：吉林油田公司档案馆）

而就在这一年，沐浴着改革开放的春风，中国人为之奋斗多年的石油产量突破了一亿吨。我国由此摘掉了贫油的帽子，进入了世界石油大国行列。

策　划：于香兰　梁立志
作　者：柳智青

▶ 长庆靖安油田大会战不得不说的故事

50年来,在长庆油田这片雄壮的土地上,肆虐的风沙与摇曳的灯火交相辉映,勾勒出一幅幅醉人的画卷,讲述着一个个扣人心弦的故事……

而今天故事的主角就是靖安油田。

作为中国陆上最大的整装特低渗透油田,靖安油田孕育出了陕92井这样的天之骄子,它的横空出世更是让采油三厂(长庆油田公司第三采油厂)这个名字响彻万里油区,奠定了中国石油第四大采油厂的基石,翻开了长庆人艰苦奋斗的华丽篇章。

陕92井完井资料
(档号:11006K1110104277,存放位置:长庆油田分公司银川档案中心)

"报告！有巨大发现！"

在20世纪五六十年代，采油三厂就像一个年幼的孩童，在宁夏李庄子油田和马家滩油田蹒跚学步。由于油田主力区块含水率上升加快、递减率逐年加大，原油生产举步维艰，1993年原油产量仅有20万吨。如果再没有新的区块补充，没有新的储量接替，谁也无法打破产量下降的规律。1993年8月23日，作为天然气预探井的陕92井顺利完井，意外地在三叠系长6油层获得日产17.4吨的工业油流，这一巨大发现掀开了采油三厂大发展的序幕。陕92井由此成为靖安油田的功勋井，带领采油三厂走出困境，产量领跑长庆油田足足17年。从这一年起，采油三厂迅速调整战略布局，由宁夏老区向陕北新区靖安油田转移。

陕92井功勋井证书
（档号：CQYT.11006-R01-QT-0039，存放位置：长庆油田分公司银川档案中心）

终于能住铁皮房了！

会战伊始，面对百里绵延的黄土高原、沟壑纵横的陕北大山，采油三厂人义无反顾地踏上征程。

早期的前线指挥部设立在志丹县周河乡巡检寺村，距顺宁桥12千米、周河乡8千米。从顺宁桥往北至靖边的整个油区没有一条柏油路。前线指挥部仅有26间土木结构的"干打垒"房子，潮湿不透气，三四个人挤在一间房里。"天上无飞鸟，地上不长草""喝窖水，住干打垒"是当时艰苦生活环境的真实写照。

我的一名老领导，他叫李文会，是靖安大会战时期参战的一员，时任产能建设项目组综合办公室秘书，他总是对我讲起那段难忘的岁月……

"1996年，我刚到项目组，为了让大家有房子住，稍微改善一下住宿条件，领导安排我去运送铁皮房，路线是从马家滩、大水坑到ZJ4井18-41井，一共8间铁皮房，都是专门从钻井三处机修厂定制的。在当时来看，铁皮房可是很多人梦寐以求的住所。

"还记得那天正好是正月十五，天空刮着沙尘暴，沙子就像雨点一样漫天袭来，打在脸上生生地疼。司机师傅看了看天，又看了看我，怯懦地问：'可不可以缓过这天气再走？今儿可是十五啊！'望着师傅的眼神，我差点儿就妥协了，但是转念想到前指的将士，多少人眼巴巴地盼着这批铁皮房，晚一天事小，失望事大。权衡再三，我硬着头皮，催促司机师傅赶紧上路。

"一上路我就后悔了，坐在车里压根就看不见路，挡风玻璃被滚滚黄沙遮住，方向盘都不知道打哪边，好不容易慢腾腾地挪到红柳沟，还好路边有树，只能摇下车窗用树做参照，这时候车内跟车外已经混为一体，眼睛只有眯成一条缝才能勉强辨别道路，尤其不敢说话，一张嘴就被沙子灌满口腔，发不出声。就这样我们走走停停，一路坚持到了驻地，200多千米的路程走了一整天，到达时天都黑了，连夜吊装房子。让我尤为动容的是很多人点着灯在等我们，看到我们安全到达，甚至激动得开始欢呼，我知道，这哪是给我们欢呼啊，这是给铁皮房欢呼呢。

"靖北作业区,就是现在的郝坨梁采油作业区,因地势险峻孤立,人们很形象地叫它'布达拉宫',要在陡峭的山头上修建联合站作业区,就要修路,遇到雨天人就成了泥人。地处黄土高原的陕北,下大雨常常和泥石流连在一起。在一次大雨中,一间铁皮房被泥石流裹挟着冲到了山下,好在当时住在房子的人巡查在外,才避免了一场灾难。房子冲跑了,人没有地方住,就住在临时挖的菜窖里。这些铁皮房四处透风,到了冬天,寒风吹着哨子会让人整晚都睡不着觉,但一个月一个月慢慢习惯下来,也就适应了这样的生活。"

路是走出来的!

正应了鲁迅先生所说,"其实地上本没有路,走的人多了,也便成了路"。

在这样的环境下,长庆人成功开发了中国陆上最大整装特低渗透油田——靖安油田,支撑了采油三厂跨越式发展。大靖安从陕92井出发,奇迹般地崛起在大山深处,建成了五里湾一区、五里湾二区、盘古梁、郝坨梁、虎狼峁五个主力油田,年原油产量由创业初期的1万吨上升到2006年的200.6045万吨。靖安油田属于典型的低渗、低压、低丰度的"三低"油藏,连续多年稳产200万吨以上,成为特低渗透油田科学开发的典范,五次被中国石油天然

长庆油田第三采油厂盘古梁作业区陕92井区

靖安油田2006年度国家优质工程银质奖
（档号：CQYT.11006-R01-QT-0040、11006L0520400132001，
存放位置：长庆油田分公司银川档案中心）

气集团公司评为"高效开发油田"，成为长庆油田三大主力油田之一，采油三厂也跻身中国石油第四大采油厂，为建设"西部大庆"和推动宁夏经济发展注入了力量。

今天，陕92功勋井依然屹立在靖安大地，雄望靖安油田的快速发展，从"喝雨水、睡土坡，住干打垒、啃干馒头、三个石头一个锅"的年代，到现在标准化、科学化、先进化、数字化的"四化"大型现代低渗透油田，靖安人一步一个脚印，踏踏实实走好每一步创业、守业之路，秉承长庆油田"攻坚啃硬、拼搏进取"的大无畏精神。

策　划：郭彦中　查　军
作　者：李　燕　章占强

▸ 冷湖会战冷湖情

青海油田档案馆有一张珍贵的报纸,这张报纸是1956年9月5日的《人民日报》,上面有一篇重磅社论——《支援克拉玛依和柴达木油区》。

社论指出在柴达木盆地冷湖四号构造和茫崖地区的油泉子构造

1956年9月5日的《人民日报》社论
(档号:QHYT-S03-DZ-0107,存放位置:青海油田档案馆)

上,经浅井钻探喷出了原油,但这两个油田还需继续进行钻探,尤其中深井的钻探,以进一步查明储油情况,柴达木的其他地区也正在扩展钻探。要完成上述钻探任务,钻探队的工程条件和生活条件都存在着不少困难。要求各有关方面给予必要的支援。这篇重磅的社论像插上了翅膀一样,传遍祖国各地,很多人第一次在报纸上得知了"柴达木"这一地名,得知了那里是一个聚宝盆,那里有盐、芒硝、铜、金,更是一个"石油与天然气的海洋"。

这篇社论很快引起了党和国家以及社会各界的广泛关注。国家陆续从部队组织复员、转业军人参加油田建设,从其他油田和厂矿抽调技术骨干支援勘探开发,从上海、山东等地招收社会青年和技术工人加入勘探队伍。1955

年，原地质部632地质队在地质普查中发现了冷湖一号到七号7个地质构造，并形成一个构造带。

1958年，一支由30名队员组成的石油勘探队穿越茫茫戈壁，来到了冷湖地区的赛什腾山下，在湖边安营扎寨。因为湖水冰凉，所以叫它冷湖。巧合的是，当地的游牧的蒙古族叫它"奎屯诺儿"，翻译成汉语就是"冷湖"。从此，在祖国的版图上诞生了"冷湖"这个地名。

1958年9月13日，由冷湖勘探大队大队长胡振民率工作组驻队指挥的1219钻井队承钻的冷湖五号构造一高点的地中四井在钻至650米后发生井喷，一股巨大的油流从井口喷涌而出，喷高达几十米，喷势异常猛烈，封也封不住，堵又堵不上，一天喷油量，经测算就有800多吨。冷湖勘探大队一方面调来试油队抢装井口装置，一方面调来职工、普工赶来挖油池，堵堤坝，把喷出的原油控制在一定范围内。因喷势太猛，油量过大，原油还是一个劲地往外冲，甚至几次都把堤坝冲垮了，连续三天三夜喷势不减，地中4井北坡成了一片油海。

很多职工还是第一次见到原油猛烈的喷势，飘浮在空中浓郁的油气味逼得人透不过气来。大伙儿急忙拿起铁锹挖油池子，用麻袋、面袋装满沙子，在指定的地点码成围墙，挡住流动的原油。由于地中4井喷势猛，油量大，一开始围成的池子小，很快围挡的墙被冲开，不得不从更大的范围挡。油池方圆有几百米，油池如一面明镜，在阳光的照耀下，波光粼粼，天空上飞过的野鸭子误以为看到了湖水，一头扎进"油湖"。

冷湖沸腾了，全国沸腾了。地中四井喜获高产油流，对青海油田具有里程碑式的重大意义。1959年4月28日，青海省副省长李芳远陪同铁道部现场会议90人的参观团到冷湖参观，他亲自为地中4井立碑，并题写"英雄地中四，美名天下扬。东风浩荡时，油龙逐浪飞"的碑文。从此，英雄的地中四

中国石油档案故事

1960年7月20日，冷湖油田职工在地中四井纪念碑前留影
（档号：QHYT-S03-DZ-0113 存放位置：青海油田档案馆）

井就巍然屹立于柴达木盆地北缘，成为"柴达木石油精神"的一个里程碑。自此，盆地石油勘探的工作重点开始从西部战略东移。

1959年元旦，青海石油勘探局改为青海石油管理局。1958年12月13日，局机关从茫崖东迁大柴旦，1959年3月12日又迁至冷湖，一驻就是33年。1959年2月20日，青海油田首批原油从冷湖开始外运，举行了隆重的原油外运典礼仪式，柴达木工委、行委的领导以及京剧团的演职人员纷纷前来祝贺，局长李铁轮为其剪了彩。装满原油的罐车长龙般一字排开，浩浩荡荡地开出冷湖，从此，冷湖到安西近500千米的公路上，装满原油的罐车一字排开，浩浩荡荡，蜿蜒迤逦，长龙般日夜奔驰，成为一道亮丽的风景。

1959年3月，石油工业部主要领导先后到冷湖探区视察，明确指示要拿下冷湖油田，为柴达木石油工业大发展打下基础，确定"收缩茫崖、马海，加强冷湖地区勘探"的勘探方针。很快，青海石油管理局党委陆续抽调一万多精兵强将、40多部钻机、30台各类作业机、500余辆车辆在冷湖开展轰轰烈烈的石油大会战。冷湖很快建成集生产、生活为一体的综合性石油工业基地。

那是激情燃烧的岁月，在几百平方千米的构造带上，来自油泉子、油砂山、茫崖、马海等探区1219队、1213队、1406队等的几十部钻机，汇聚在冷湖五号构造上，日夜轰鸣。人们骄傲地称这次会战为"淮海战役"。地中6、地中18……相继喷油，冷湖五号成了油的海洋。炼油厂、水电厂等四项重点工程的工地上，工人们也正在加紧施工，冷湖展开了一场新的大会战。当年冷湖油田年产原油近30万吨，约占全国的12%，成为继玉门、新疆、四川之后的第四大油田。由于石油矿区的发展，冷湖成为当时柴达木盆地人员最多的地区之一，来自全国各地的石油人在这里生火做饭、结婚生子、繁衍生息。1959年9月，国务院批准设立冷湖市。冷湖原油与玉门油田、四川油田、克拉玛依油田一起，成为全国四大油田之一。

石油会战期间，石油工业部指示青海石油管理局加快3万吨储油池、四号至五号输水管线、20万吨炼油厂以及两台发电机组的建设。一年时间，四

1959年冷湖会战大场景
（档号：QHYT-S03-DZ-0111，存放位置：青海油田档案馆）

项工程全部完工投入生产。职工食堂、医院、礼堂等生活配套设施快马加鞭，石油城的模型初具规模。

1960年是青海油田产油最多的一年，这一年共生产原油31.48万吨，原油加工17.51万吨，钻井进尺17.9万米。这是当时建局以来年产油量、年原油加工量和年钻井进尺最高的一年。因天然气和石油是双生姊妹，这一年在创造原油生产纪录的同时，还找到了几个较大气田。气井的喷势也如火山爆发，几里之外都能听到呜呜声，喷出来的巨大气柱直插云霄。由冷湖炼油厂生产的成品油被运往西藏边防，在中印边境自卫反击战中发挥了作用。

冷湖会战期间，三号、四号、五号地区挤满了人，冷湖石油城的职工家属人数从不足1万人猛增至3万多人。矿务局开通了通往三区的班车，两小时一趟。五号地区，当时集中了大约一万人，全是帐篷，蔚为壮观。冷湖的会战是很艰苦的，由于人多又上得急，加之从1959年下半年起，生活物资供应紧张，尤其是1960年至1961年，天灾人祸，定量一减再减，不少了人得了浮肿病、败血病。管理局为解决职工吃饱肚子的问题，组织了打猎队进昆仑山打猎、捕鱼队去青海湖捕鱼，去草滩捋草籽、挖锁阳，有条件的地方开办农场种菜种粮。

随着冷湖高产区的产量递减而没有新的油区发现，加之油田重点西移，冷湖日渐荒芜，人去楼空，残垣断壁，仅余冷湖四号公墓长眠着400多位为柴达木石油事业献身的英烈。烈士陵园大门两边的"志在戈壁寻宝，业绩与祁连同在；献身石油事业，英名与昆仑并存"的挽联，是后人对他们的敬仰和缅怀。

1962年，青海省人民委员会报请国务院批转，撤销冷湖市，设立冷湖镇。

1992年，青海省人民政府报请国务院批准，撤销冷湖镇，设立冷湖行政委员会。

2018年，茫崖、冷湖合并，成立茫崖市，冷湖成为茫崖工业园区，依然保留冷湖镇的建制。冷湖工业园区作为柴达木循环经济试验区"一区多园"的重要组成部分，将填补试验区在天文科普和文化旅游等产业体系上的许多空白，担负起资源枯竭型地区转型发展的重要使命，将成为试验区建设和循环经济发展又一处新的主战场。

冷湖，因石油兴起的一座城市，由兴到衰，再由衰到兴，青海石油人梦牵魂萦70载，承载了无数光荣与梦想，未来还将继续迎接它灿烂的辉煌。

策　划：王卫军　曹建川
作　者：樊文宏　郑志斌　谢杏文　袁嘉阳　梁泽祥

▶ 塔里木石油勘探开发指挥部成立

1987—1988年,轮南1井和轮南2井喷出高产油气流,同一时期,地矿部西北石油局部署在塔北地区的沙14井、沙17井、沙5井也相继获得高产油气流,这表明,塔北地区是油气富集区。中国石油天然气总公司(以下简称总公司)讨论了塔里木盆地的勘探形势,认为加快塔里木盆地油气勘探步伐的时机已经成熟。1988年11月28日,总公司将刊登轮南2井获高产油气流信息的《石油简报》第七期报送党中央、国务院,国家领导人做出批示,对这一重大突破给予充分肯定,要求继续努力,争取在塔里木盆地拿下一个较大的油田。

1988年12月19日,中国石油天然气总公司向党中央、国务院呈递了《关于加快塔里木盆地油气勘探的报告》,总公司党组认为,塔里木盆地在进一步进行区域勘探的同时,已有条件在一些地区,以寻找大型或特大型油气田为目标,加快钻探几个已基本查明的巨型或大型构造,使勘探工作进入一个继续区域开展勘探的同时,局部地区进行拿面积、拿储量的新阶段。这对在短期内加快陆上石油工业发展,增加原油、天然气生产,缓解国家油气供需紧张状况,具有十分重要的意义。为此,总公司决定从1989年起,进一步加强领导,增加队伍,采用新的工艺技术和新的管理体制,在塔里木盆地组织开展一场高水平、高效益的石油勘探开发会战。党中央、国务院批准了总公司的报告。

1988年12月20日,总公司召开加强加快塔里木盆地勘探工作电话会议,宣布关于动员全国部分油田的力量，组织开展塔里木盆地石油勘探开发会战的重大决策。新疆石油管理局、四川石油管理局、中原石油管理局、大庆石油管理局、辽河石油勘探局、大港石油管理局、北京石油勘探开发科学研究院、石油物探局、长途运输公司、总公司物资公司和装备部11家油田和单位负责人参加会议。会议做了会战前的总动员，同时，总公司利用1989年春节期间铁路货运较为空闲的时机，从大庆、中原、华北、四川等油田运输一批装备和物资到塔里木探区。

1989年3月6日，总公司组建了塔里木石油勘探开发指挥部首届领导班子。3月9日，塔里木石油勘探开发指挥部领导班子和首批总公司机关、科研机构参加会战的人员计30多人，从北京一同乘机抵达库尔勒市。经过一个月的紧张筹备，1989年4月10日，总公司在库尔勒市召开大会，正式宣告塔里木勘探开发指挥部成立。大会对塔里木盆地自1950年以来，特别是10年物探、3年钻探工作进行总结，对"大上塔里木"进行总动员。总公司党组书记、总经理王涛在大会上发表重要讲话。王涛指出，这次塔里木石油会战，是事关中国石油工业发展全局的一次重大战略行动，决定要建立新的油公司管理体制，不搞大而全、小而全，要广泛采用新工艺、新技术，力求打出高水平、高效益，"我们一定要按照党中央、国务院的要求，在这次会战中，以改革统揽全局，勇于开拓，积极探索，敢于创新，发挥集体的智慧和力量，克服一切困难，不断积累新的经验，努力实现'两新两高'，使塔里木油区成为推动整个石油工业深化改革、建立新的管理体制的样板。"

指挥部由中国石油天然气总公司直接领导，主要任务是根据国务院关于塔里木盆地油气勘探、开发立足于依靠自己力量的方针，开展塔里木盆地油气勘探、开发工作，代表总公司对塔里木石油勘探开发工作行使决策、监督、协调和管理职能。根据总公司的指示，1989年中国陆上石油系统有20个局级

中国石油天然气总公司文件

(89) 中油劳字第160号

关于成立塔里木石油勘探开发指挥部的决定

塔里木石油勘探开发指挥部：

新疆塔里木盆地是我国石油工业发展重要的战略接替地区。加速这个地区的油气勘探、开发工作，对增加近期全国储量和产量，安排好油气资源的长远接替，都具有极为重要的意义。根据国务院关于塔里木盆地油气勘探、开发立足于依靠自己力量的方针，为了加强对这一地区工作的领导，经征得新疆维吾尔自治区党委、政府同意，总公司决定在新疆石油管理局南疆石油勘探公司的基础上，成立塔里木石油勘探开发指挥部，由总公司直接领导。指挥

—1—

关于成立塔里木石油勘探开发指挥部的决定
（档号：TLMYT-W01-9173，存放位置：塔里木油田公司档案中心）

塔里木石油勘探开发
指挥部成立大会场外宣传车
档号：TLMYT-S03-4546，
字放位置：塔里木油田公司
档案中心）

单位派出精干队伍参加会战。

　　总公司在做出加快塔里木石油勘探步伐、开展塔里木石油会战决定之初即确立一个明确的指导思想：加快塔里木石油勘探开发，打的不仅是一场生产仗、经济仗，也是一场维护全国稳定大局、建设和繁荣边疆的政治仗。总公司要求会战队伍要将这一指导思想贯彻到会战的整个过程中。1989年4月12日，总公司和自治区领导召开座谈会，商谈在塔里木石油会战中，油地相互支持、共同发展的问题。双方认为，改革开放以来，油地关系也面临新课题。特别是这次塔里木石油会战，坚持"两新两高"工作方针，起点很高。在市场经济条件下，新型油地关系已不是简单的谁依靠谁、谁帮助谁，而是相互融合、共同发展的大问题。双方协商制定了油地关系"二十字"方针，即：依靠行业主力，依托社会基础，统筹规划，共同发展。

　　从1989年4月起，自治区和南疆各地州、县、市政府均成立支援石油领导小组、支油办公室，配备了专职工作人员，各级领导亲自过问并解决塔里木石油会战中发现的问题。塔里木石油会战初始，即形成了"石油勘探开发离不开地方支援，地方经济建设离不开石油"的舆论氛围。在"综合平衡、统筹规划、有偿服务、互惠互利"的原则指导下，探区周边地州、县、市积极参与塔里木石油会战，寻找发展机遇。

塔里木石油会战，是中国改革开放以来，中国石油工业动员力量最多、涉及范围最大，对外开放程度最高、声势浩大、影响最为深远的一次石油勘探开发会战。

策　划：梁洲际　刘绪秋
作　者：朱　岚　李明坤

▶ 一本穿越半世纪的会战日记

在吉林油田公司扶余采油厂企业精神教育基地、扶余采油厂采油十四队A5井组院内的地窖子里，临墙一张斑驳老旧的书桌上，静静躺着一本日记，这本日记是这个厂档案室2014年征集来的珍贵老档案。

日记摊开摆放着，纸页已经泛黄，但摊开那页上，蓝黑墨水写就的钢笔字清晰可见：

> 一九七〇年四月二十八日　星期二
>
> 经过几天的准备，于今日早晨离开了自己战斗过2年多时间的部队，离开了亲人，离开了同志，为革命需要踏上了新的征途。我们满载着广大贫下中农的希望，去扶余参加石油大会战，为夺取七〇年工农业生产大跃进贡献自己的力量，在此时刻我心情十分激动。石油是国家建设的命脉，一定要为国家多生产石油。

这本日记的主人白玉章，1950年出生于长春，18岁在当时的农安镇某部队当兵，1970年所在部队响应省委号召，支援扶余油矿建设，白玉章主动请缨，作为班长，带领人民子弟兵来到松花江畔，投身到了吉林油田历史中最闪亮的一章——"七〇"大会战。

修复遗址，老石油送来珍藏物件

2014年，为隆重庆祝吉林油田发现55周年，作为吉林油田发源地的扶余

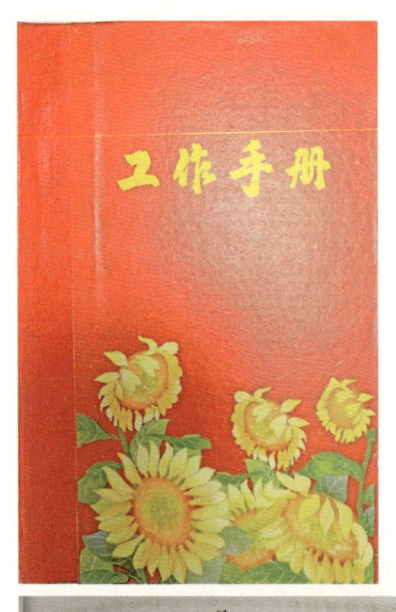

采油厂按照公司对扶余采油厂提出的"文化领先"要求，以及公司党委的相关部署，启动了以"一复原、一修缮、一本书、一手册、一展厅、一纲要、一报告"为内容的"七个一"创业文化建设工程，深入挖掘整理和传承发扬创业文化。"一复原"即对"七〇"年代石油前辈们居住过的地窨子，按照老石油追忆和历史资料复原其内部陈设和功能，真实地再现在当时物资匮乏、生产资料不足的困难面前，石油前

白玉章日记
（档号：JLYT.1-R04-2014-0001，存放位置：吉林油田扶余采油厂档案室）

辈们因陋就简、自力更生、艰苦创业的工作和生活场景。

与复原同步进行的是"七〇"会战时期的历史资料、老物件征集。这项工作分配到了扶余采油厂档案室和党群科两个科室。当历史物件征集通知在扶余采油厂基层广泛下发后，一件件物品陆续送到档案室，有大棉衣、炕席子、军用水壶、刊载有重要事件的报纸等。

一天，档案室的王相华接到一个电话："是档案室吗？我是咱厂退休员工，我叫白玉章。听说你们在征集'七〇'会战老物件，我有一本当年写的日记，想捐献出来……"

当天下午，白玉章老师傅拎着个布袋来到了扶余采油厂档案室。从布袋里，白师傅拿出一本16开大小的笔记本。笔记本红色硬封皮，有些破旧，一看就是有些年头。在封面中部印有"工作笔记"四字，里面纸张已经发黄，扉页是印有毛主席全身像及标语的宣传画，体现着那个时代的红色印记。

白师傅介绍说，他是1970年参加"七〇"大会战的会战青年，他有写日记的习惯，这本日记就是他在会战时期写下的，"现在我把它捐献出来，让更多的人了解那段创业历史、为石油事业再贡献老石油的一份力量！"

2014年9月28日，吉林油田发现55周年纪念大会在扶余采油厂俱乐部举行，地窨子遗址作为吉林油田公司企业精神教育基地，同一天揭牌对外开放。

在小小的地窨子里，陈旧书桌上，白师傅的日记赫然摆在上面。

一本日记，再现荡气回肠奋斗史

为了加快吉林油田开发，1970年年初，吉林省和石油工业部决定，组织力量进行石油会战，全面开发扶余油田，同时加强石油勘探工作，给新生的扶余油田下达了完成年产100万吨原油的会战目标。吉林省立即抽调万余名知识青年和近千名解放军官兵从四面八方会师松花江畔，支援石油大会战。

扶余油矿在同年被命名为"七〇油田"。

那是一段荡气回肠、可歌可泣的峥嵘岁月。如今，那段岁月已经整整过去了五十年，可当翻开这本日记，跟随着白师傅的文字，依稀能看到当年百里荒原摆战场的激荡场面，隐约能听到"宁可筋骨断，誓夺一百万"的豪迈誓言。五十年，沧海变桑田，足够改变很多事，不变的，是石油人奉献国家的满腔热忱。

> 四月二十九日　星期三
>
> 汽车经过五个小时的飞驰，经过前郭旗来到松花江边，看到滔滔的松江水。我们经过一阵忙碌，把东西都搬到船上。轮船在一片欢迎的锣鼓声中驶进码头。我们又乘上接我们的汽车来到工地，看到了我们将要工作的工地。到处井架林立、钻机轰鸣，一派会战跃进景象。当看到我们的宿舍时，也是真够艰苦的，住的是半地下结构的地窨子，用芦苇席、油毡纸钉的，真的是太简陋了，当时就有点泄气了。

1970年正是物资匮乏的年代，突然到来的上万参战将士的衣、食、住、行显得更捉襟见肘。当时的条件十分艰苦，大家住的是席棚子和地窨子，吃的是高粱米饭和苞米面窝窝头。那时的会战青年大多20岁左右，正是饭量大的年纪，每人每天定量配额的粮食根本吃不饱，常常饿着肚子从事繁重的体力劳动，条件很艰苦，但这没有击退石油青年为油拼搏的热情。

> 五月八日　星期五
>
> 来到扶余油田已经十天了，在这整整的十天里我的思想又向前迈进了一大步。虽然来这些天因吃不饱、屋子漏雨而思想上有斗争，但

> 我认识到，突破百万大关，搞石油大会战，是党和毛主席交给我们的光荣而艰巨的战斗任务，是形势的需要，是战备的需要，是发展国民经济、工农业生产大跃进的需要，是巩固无产阶级专政的需要。我能有幸参加这场战斗，是政治生活中的一件大事，我感到骄傲和自豪。我决心以最大的热情、最大的干劲、最快的速度，用革命加拼命，一不怕苦二不怕死的革命精神参加战斗。

经过思想斗争，更被周围气氛所感染，白玉章老师傅端正了自己的思想态度，迅速投入到会战中。会战中的广大青年不叫苦、不喊难，学习大庆人"革命加拼命"的精神，每天坚持顶着风沙工作十几个小时以上。打赢这场石油大会战，为国家分忧，为祖国加油，是支撑参战石油人勇往直前的不变信念。

会战打响后，一部部钻机、一台台拖拉机和各种专用设备迅速开进生产现场，地窖子、干打垒等生活辅助设施陆续在会战前线安家落户，浩浩百里油区，到处都是"钻机隆隆震天响，战旗猎猎迎风扬"的繁忙景象。

白师傅参加会战的第一个战役，就是建设木头油库。

> 五月十五日　星期五
> 今天我满怀激动的心情，乘汽车过江，来到我们的新战场——木头车站，准备在这里修建两个大油罐，每个油罐直径将是50米，高3～4米，看情况是够累的了，但革命战士岂能被这点困难吓倒，我要做好吃苦受累的准备，排除万难去争取胜利。

> 五月十八日　星期一
>
> 　　星期日没有休息，今天又紧张地劳动一天。今天我们的任务是挑土方，天又偏下起雨来，我们冒雨冲锋，没有一个人停下来。小雨把每个人仅有的一两件衣服都淋透了，小风一吹，大家牙咯咯地响，但大家继续战斗，终于胜利完成了今天的任务。
>
> 　　收工时候雨越下越大，大家在屋檐下等雨停收工。这时指挥部又来了新的战斗任务，要一部分人去帮忙拉车。原来由于道路被雨水冲坏，好几辆拉运物资的汽车陷进泥坑里出不来。我们排的全体同志奋勇当先，拿起铁锹登上车就直奔现场执行任务。到现场一看，只听见车轰轰直响就是不动。我们用绳子拴住汽车头部，大家齐用力往外拉，一辆接一辆，慢慢地拉。绳子拉断了就换一条，在洪亮的号声中，汽车全部被拉出来了。困难大如天，人定胜天。当我们排着整齐的队伍、唱着嘹亮的歌声、迈着矫健的步伐回到宿地时，已经过饭点两个多小时了，可大家都不觉得累，更不觉得饿。

　　木头储油库建设中，会战青年曾连续工作36小时不休息，后来在会战指挥部的命令下，在工作人员的监督下，强制到临时帐篷里休息。当领导来休息现场检查时，发现他们都偷偷从帐篷后的空隙跑到会战现场继续工作。所有人都抢着干、比着干，身体稍弱的挑四只土篮，班长挑六只，身体强壮的挑八只，他们的肩膀磨起了泡，渐渐地泡磨破了压成死肉，直到失去知觉不知道疼。

> 五月二十二日　星期五
>
> 　　昨天病了一天，今天我没休息又去参加抢建油罐的战斗。由于昨

天感冒了今天干活浑身没劲。但我想到，油罐是突破百万吨的关键，油罐修不成，油就输不过江来，就运不出去，原油运不出去就不能支援世界革命，就会影响社会主义建设。轻伤不下火线、重伤不叫苦。要为革命需要挑重担、越重越要挑，磨炼自己的革命意志，锻炼自己的铁臂膀，一直把革命的担子挑到共产主义。

六月一日　星期一

晚上我们又进行了夜战。会战工地一片沸腾，车水马龙昼夜不停。月光、探照灯光、汽车灯光，汇成一片灯火海洋，工地上数不清的兵团战士，高呼着口号，以最快的速度、最短的时间，抢着修建万吨油罐的器材、物资，为了突破原油百万吨，在紧张忘我地工作着。

六月五日　星期五

虽然我患了急性胃肠炎，但想到石油百万吨，我怎能下火线呢？今天我们的任务是垫道，运输物资的公路由于汽车不断碾压，路面坑洼不平，运输发生障碍。垫道这活干起来不算啥，但意义却是异常重大的。我一直带病坚持到最后，虽然肚子疼得厉害，但我坚持和战友们一起拿着铁锹铲土垫路面。

会战将士们并肩作战，你追我赶，不管多累都没有一个人掉队。

六月二十八日　星期日

今天挖土时遇到塌方，一位同志被埋在土里，大家七手八脚把他扒出来，谁也没想到他第一句话就喊："毛主席万岁"，爬起来继续工作。在场的人都被感动了，参战将士的干劲儿更足了。

> 七月五日　星期日
>
> 今天我们的任务仍然是卸车，从车上抢卸砖、水泥。风大刮得人睁不开眼睛，在战斗中，我的手被砸过、脚也被砸过，手指磨出血泡。但我想起毛主席指示，为革命吃点苦算什么呢？只要思想不滑坡，办法总比困难多。手套磨漏了，就用布条把手缠一下；手指磨出血泡，就用手掌抱砖。

白师傅和当时的广大会战将士一样，都把苦放在心里，不抱怨不懈怠。就是在这种精神力量的支撑下，他们提前完成了木头储油罐的建设。

进入1970年7月份，白玉章老师傅接到了驻站看井的新任务。在一个个单井井场上，在一间间配采间里，开始了他为之奋斗至退休的石油工人生涯。

> 六月二十三日　星期四
>
> 下午快要交接班时，突然下起暴雨，暴雨倾盆，像瓢泼似的，一瞬间快把我们的配采间淹没了。我看到有房倒屋塌的危险，我和同志们高呼口号、手拿铁锹冲了出去，用铁锹挖土垫坝挡水。但洪水像放缰的野马，挡也挡不住，水继续往里流，我和同志们边挡水，边从屋里往外抢救东西。大家最先从屋里拿出的，不是自己的东西而是我们伟大领袖毛主席的画像。我们把毛主席像高高地立在屋旁的一个高地上。接着又抢出工具及其他物资。雨不停地下，怎么堵也堵不住，大

> 家继续堵水，避免井受到损失，避免造成停产事故。正在这时预料的可怕事情发生了，墙倒了。说时迟那时快，大家奋不顾身地用身体顶墙，但毕竟人少力单，墙还是倒了，但由于大家用身体挡了一下，所以机器没有被砸坏，油井正常生产。正在大家为油井正常生产而松口气时，泵站的高压油泵又停了，高压泵一停就有呛油的危险。我们冒着齐胸深的水把高压闸门在短时间内都关闭了。虽然水很深很凉，还飘着油花，沾满了衣服，但大家都为完成一件大事而高兴。

"七〇"会战期间，老一辈扶余石油人就这样凭着一腔热血和冲天的干劲儿，仅用8个多月时间，原油年产就攀上了百万吨高峰，为了建设油田、发展油田，他们加班加点连续奋战，一年干出了十年的工作量，为吉林油田的腾飞发展打牢了根基。

"七〇"会战期间，英勇无畏的石油前辈们硬是用人拉肩扛建成了跨江管线和穿江输油管线；石油女工们巾帼不让须眉，成立全国第一支女子钻井队，成为当时中国石油工业战线上一道独特的风景。女子钻井队从成立到1979年退出历史舞台的9年时间里，钻进18万米多，相当于钻透了20座珠穆朗玛峰。当时成立的还有女子修井队，她们不仅是生产中一支与男队相比毫不逊色的娘子军，更在很多方面让男队刮目相看，创造一个又一个纪录，书写一个又一个传奇。

"七〇"会战期间，还留下了宝贵的精神财富。会战队伍喊出了"解放思想，打破框框上；土法上马，因陋就简上；争分夺秒，抢着时间上；没有条件，创造条件上；遇到困难，迎着困难上"的口号，这就是吉林油田历史上赫赫有名的"五上精神"。"宁可筋骨断、势夺一百万"的会战誓言，流芳百世的"五上精神"就像一盏领航的灯塔，引领着扶余石油人不断创造出新的辉煌。

文字无声，石油精神激励后来人

自2014年9月28日地窨子被命名为吉林油田企业精神教育基地后，白师傅的这本日记陪伴着基地，不断发挥教育、引导、传承作用，让优秀的传统石油精神代代相传。

扶余油田优秀的历史文化、创业精神在扶余石油人心中落地生根，创业文化得到全员的认知理解、自主践行，以艰苦奋斗精神为重要支撑的传统石油文化成为全员共同遵循的价值观。六年来，地窨子作为企业文化精神教育基地累计接待油田公司内外各层面干部员工参观300余批次，累计上万人次接受企业文化教育。

持续不断的文化引领，在扶余油田展现出的是员工队伍凝聚力、创新力、战斗力的增强和迸发。2014—2016年三年深化改革，扶余石油人积极响应上级各项号召，发挥聪明才智，主动作为，原油产量连续三年超计划完成，业绩分值在油田公司所有采油单位中连续三年名列第一，实现三年深化改革圆满收官。2017年，扶余采油厂又吹起再三年改革的号角。2018年6月初开始，利用一年半时间在全厂开展以"重拾光荣传统、重振扶余精神、重塑老区形象"为内容的"三重"主题教育实践活动，全员践行"苦干实干""三老四严"的核心要义和时代内涵，促进传统意识唤醒和优良作风回归。

在这本日记的见证下，扶余采油厂这个开发逾60年的油田正以稳健的步伐书写着老区持续稳产的新传奇。

策　划：于香兰　王云龙
作　者：刘小宝　徐树玲

▸ "双千"吨井诞生记

1973年,辽河石油勘探局召开"五级三结合"会议,明确提出"西区要继续猛攻沙四段,拿下42井区,大战马圈子,冬季甩开打探井,为明年开辟新战场……"的工作部署。

为加快夺油上产会战步伐,钻井指挥部32154钻井队在辽宁省大洼县前进农场马圈子屯以西约500米处摆开"战场",经过连日紧张的井队搬迁和钻前设备安装,7月26日马20井正式开钻。

在油井钻进过程中,技术人员发现富含高压油气层,气泡布满了泥浆槽面,捞出的岩屑全是油砂,泥浆多次被气侵,相对密度迅速从1.4下降到1.2,井喷的危险始终盘旋在人们心头。

要想抓牢这只"油老虎",必须先了解"虎"性,掌握好规律,处理好钻井液,控制好钻速,才能有效防止井喷。32154钻井队党支部数次召开三结合的"诸葛亮"会,总结分析井下情况,一条条方案措施被反复推敲修改,认真研究既能加快钻速又能保护油层的好办法。

8月中旬,钻机进尺加快,当钻头钻至地层大约2180米时,钻具"唰"的一声下去了。大家都感到有些不正常,又接上一个单根接着往下钻,刹把仍然很难控制,经过认真研究商量后,队里决定循环泥浆,打捞砂样分析井下情况。

井口地质组人员见到捞出的砂样都惊呼起来,一包砂屑几乎都是油砂,用荧光灯一照,全是高级别的含油显示。钻井队立即向辽河石油勘探局总调度室汇报。辽河石油勘探局总地质师张文昭得到消息，立即赶到现场，认真查看砂样后，斩钉截铁地说："这可能又是一口千吨井，千万别打喷了！"

为了钻好这口千吨井，32154钻井队近百人心往一处想，劲往一处使，井越打越深，油气层越打越厚，干劲也越来越足。当时正值盛夏，井场四周全是没膝深的烂泥塘，干部职工白天头顶烈日挥汗如雨，晚上还要忍受成群蚊虫的疯狂叮咬。

指导员赵祖勤爱人生小孩，大家都劝他赶紧回去照顾，可他总惦记队上的工作，只在家待了5天，就心急如焚地赶了回来。有的职工发现队上倒不过班来，就主动连班；有的职工脚被砸伤了，也坚持一瘸一拐地上井劳动；就连炊事员、材料员、卫生员都到生产钻台上工作。

井上最紧张的时候，队干部轮流值班，班班有人顶岗。副队长李河一直衣不解带地盯在泵房，技术员杨兴洲亲自蹲在泥浆槽旁，细心观察泥浆变化，及时采取有效措施，确保油井高速钻进……9月9日，钻头顺利穿过大井段高压油气层，打到2400米，高速优质安全地完成了钻井任务。

电测站及井下作业三队接过32154钻井队完钻的接力棒，立即投入紧张的射孔试油战斗。大井段射孔，对于炮二队、炮三队的职工而言，还是首次尝试，心理压力非常大。

又赶上九月秋雨连绵不断，进场道路泥泞不堪，井场如同一个"大酱缸"，给射孔造成重重困难。大家硬是靠人拉肩扛，踏着过膝的淤泥，将每支重达60余斤、共30多支的射孔枪，一步一滑地抬进井场、搬到井口。

测井和射孔开始后，队干部昼夜不离一步，带领同志们夜以继日、冒雨奋战。队长、共产党员肖干桐虽然年龄最大、身体又不好，但他不分昼夜连续几天泥里水里靠前指挥。在队干部的模范带动下，参加测井和射孔的测井二队、炮二队、炮三队的所有职工，发扬不怕疲劳、连续作战的良好作风，经过40个小时的持续努力，圆满完成电测、射孔任务，取得安全优质测完11条曲线，创造大井段射孔连发35炮，一次成功率达90%以上的好成绩。

在射孔放炮紧张进行的同时，井下作业三队本着"不打无准备之仗"的原则，要求职工做到对地下情况、对本人岗位、对各种措施"三个清楚"，积极做好试油前一切准备。

9月14日，作业三队全体职工投入试油作业，相互默契配合，人人严守岗位，个个奋勇争先，一心想的是争分夺秒抢时间，全然不顾雨水混合着汗水，汗水拌着泥浆沾满全身。大家以"泥浆飞溅换新装，冷雨浇头添风凉，机声隆隆谱战歌，井场为家苦为乐"的斗志豪情，试油一次成功！

在地面工程施工前，承担地面建设的油田建设二大队党委，对担负这口井施工的中队进行了技术交底，当职工听说这是继兴411井后，又一口千吨以上的高产井时，既兴奋又感到身上担子的沉重。参加过该井地面建设的原油建二大队职工张永发回忆道，天刚蒙蒙亮，接到紧急任务通知，队长崔树田一声吆喝，大伙儿赶忙从床上爬起来，穿好衣服，饭都顾不上吃一口。大家都挤在被75号拖拉机拉着用铁管子焊的爬犁上，上边铺些木板，小北风顺着脖领子直往里灌，使劲裹紧衣服都直打哆嗦，到了马圈子手脚都冻麻了。

大家赶到现场一看，连续下了几天雨，整片井场变成一片烂泥塘，在这样的环境搞井场建设，比一般井要多花上几十倍、上百倍的气力。

拉来的管线用车根本运不进去，只能卸在离井场还有二里多远的地方，靠工人们运管线进去，力气大的就一个人扛，劲小的就两个人抬一根。吃完发下来的面包，大家就热火朝天地干起来，挖管沟、上油管、对管线……由于管工少，对口对不过来，起重工自告奋勇参加对口，一边向管工学习，一边琢磨对口，最大限度地满足焊接的需要。

在施工的紧要关头，大家顶着寒意阵阵的秋风冷雨，喊着"大雨当流汗，小雨抢着干,无雨拼命干"的口号,手中紧握焊枪,趴在泥里、滚在水中,全神贯注地进行焊接……1100米的8寸管线焊接任务,仅用一天时间就全部完成。

投产前夕,由于原油流程不适应这口高产油井,需要立即整改,辽河石油勘探局党委把这个任务又交给了油建二大队。已经鏖战了三天三夜的35名共产党员、共青团员组成突击队,刚下井场又返回工作岗位。

队员们连夜抢上,迅速摆开一字长蛇阵,对口的对口,焊接的焊接,整个施工现场紧张有序。铆工老师傅侯爱富在对管线时,看到焊缝上裂开了3毫米,虽然这对于8寸管线来说完全能够进行焊接,但他自觉提高工作标准,立即找来焊枪重新割开,仔细进行焊接,在突击队员的不懈努力下,整个油井流程在12小时内改建完工。

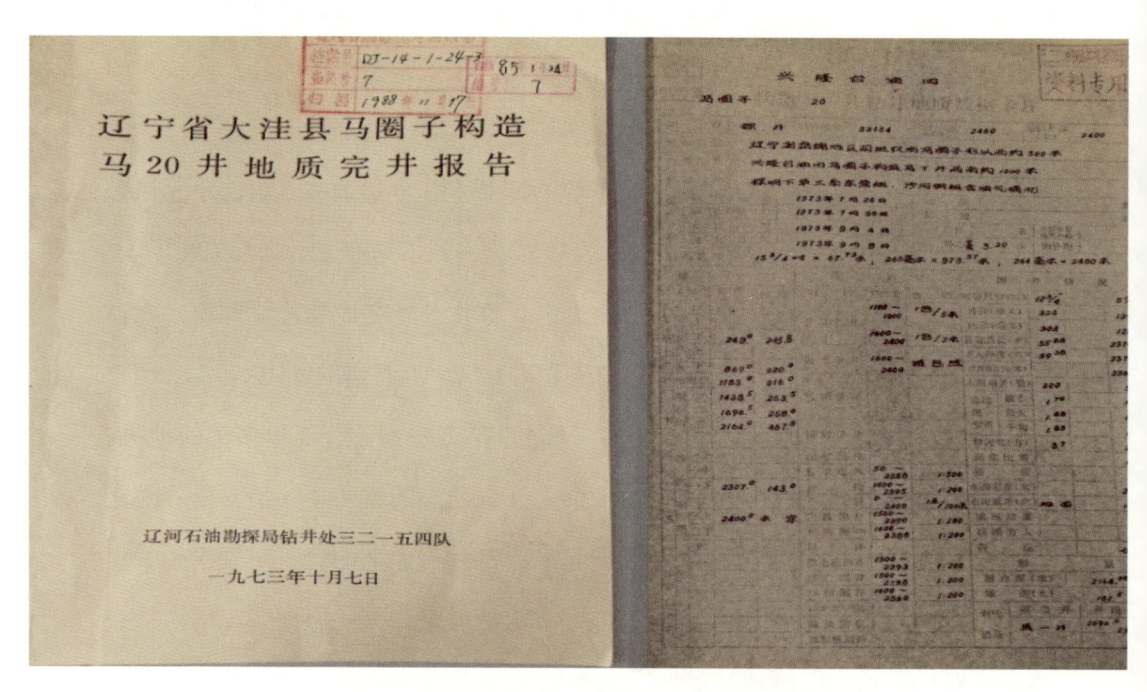

1973年10月,马20井形成完整的归档地质资料
(档号:K14-K090007,存放位置:辽河油田档案馆史料库)

1973年10月，马20井形成的归档地质资料（档号：K14-K090007，存放位置：辽河油田档案馆史料库）

由于马20井各项技术数据非常喜人，辽河石油勘探局把这个大"金娃娃"定为重点井，每一项数据都要随时报告燃料化学工业部。为保证不出一点差错，组织油井投产的重担落到兴隆台采油厂调度长余汉清的肩上。

开井的前几天，他就被嘎斯车送上井场，一干就是4天4夜，充满血丝的双眼，天天盯在油建工人手下的每道焊口上。油建工人12小时两班倒，他就24小时连轴转，实在困极了，就到值班房去打个盹，迷糊一阵就赶忙往井上跑，4个昼夜连工作服都没脱过。

与此同时，在兴隆台采油厂采油八队的简易帐篷里，战前油井分析会正开得热火朝天。千吨井要投产，缺少人手可不行。转油三站站长张德胜说道，宁愿身上掉斤膘，决不让千吨井少产一斤油，把四班倒改为三班倒，抽出一个班参加投产。张德胜的话音刚落，倒小班的职工抢着说，局党委把千吨井交给咱们管，决不能辜负组织的期望，要坚决管好这口井。

在准备投产的4天4夜中，采油八队的职工始终处于"一级战备"状态，不少人都是穿着衣服睡觉，方便随时投入工作。根本不分谁是大班小班，谁是干部工人，谁是接班下班，只要听到帐篷外队上的喊声——井上干活，吃饭的就立刻放下饭碗，睡觉的马上从床上爬起来。

9月23日正式投产当天，局党委书记刘长亮、局长贾皋等领导都赶到现场，燃料化学工业部也派人从北京专程赶来，井场上一片欢腾，四周插满了彩旗，就像举办石油人的盛大节日一样。

上午10点整，随着马20井采油树上两个生产阀门被缓慢地打开，2个套管阀门也同时打开，滚滚原油冲破千米岩层从地下喷涌而出。油流撞上采油树，发出"铛"的一声响后，紧接着采油树和分离器都开始摇晃起来。4个出油通道同时喷出油流，一条8寸粗的管线直通集油站，管线滚烫滚烫的，油流在管线里发着威。

油流越喷越急，采油树摇晃得更加厉害，不断嘶叫着、挣扎着，在里面打着滚儿，有种要挣脱采油树腾空而出的势头，原油产量直线上升，井场上的人们都被惊吓住了。就在这时，霹雷夹着闪电，瓢泼大雨压顶而来。

有人开始担心，采油树会不会被井筒里强大的压力挣裂了，套管会不会

1973年9月23日，马20井试油成功
（档号：TP-1-10-11，存放位置：辽河油田档案馆史料库）

断裂掉。看到这一紧急情况，正在现场指挥的余汉清凭借丰富的生产经验，当机立断："快用钢丝绳把采油树捆住，把钢管砸进地里，牢牢固定住。"

人们一拥而上，用绳子将采油树连捆带绑后，用大铁锤狠狠地把绳头钉进地里，当班的张德胜等人像钉子一样钉在岗位上。终于油龙在管道里安静了下来，现场的人们长舒了一口气，随后欢呼雀跃起来，个个脸上洋溢着喜悦的笑容。

经过24小时连续求产，马20井日产原油达到2000余吨，天然气40余万立方米，成为当时中国第一口"双千"吨高产油井。

1973年9月24日燃料化学工业部给
辽河石油勘探局党委并全局职工发来贺电
（档号：1-5-41，
存放位置：辽河油田档案馆史料库）

捷报传来，辽河石油勘探局党委在西部前线召开祝捷大会，辽宁省石化局、地区党政领导机关和辽宁省军区化工厂负责同志出席大会并祝贺，会上宣读了辽宁省发展计划委员会、1348部队等单位的贺电贺信，来自各条战线的3000余名职工参加了大会。为单井产量庆功，在辽河油田历史上尚属首次。

马20井在自身产量上扬的同时，也激活了周围油区，在兴隆台油田相继发现兴42块、马7块、兴212块、兴58块等高产区块。在油气勘探上，辽河石油勘探局除集中解剖兴隆台油田外，加强了区域甩开勘探，不论是西区还是北区，老油区和新探区都有重大突破，含油面积不断连片扩大，先后发现了一批具有工业开采价值的地层含油构造，为下一步勘探主战场选择提供了充足条件。

如今，这口曾经立下赫赫功勋的"双千"吨井已经光荣退休，近27年累计生产原油64.11万吨，天然气1.87亿立方米。2000年，对马20井进行侧钻生产，以日产液30吨、日产油3.8吨、日产气1400立方米持续发挥着余热。井场边上，一组气势恢宏的奔马群雕非常引人注目，3匹马奋勇向前展现着马圈子油田曾经的辉煌，更象征着马20井的"老骥伏枥"，成为每年新党员入党、外部职工参观学习，新职工入厂教育必来的场所之一。"马20井"仿佛一粒种子，让"石油精神"在一代代辽河石油人心中不断传承、历久弥新。

策　划：刘长江　田　英

作　者：张　强　沈明军　石　坚　刘凤英

▶ 吐哈油田第一枝报春花

在吐哈油田科技展览馆一楼展墙上，挂着一幅中石油天然气总公司王涛总经理1989年的题字："吐哈油田第一枝报春花-台参一井"。"报春花"，意如其字，朝气蓬勃、充满希望，带给人们无限的动力和鼓舞。台参一井就是这样一口送油信使，千呼万唤、披荆斩棘，它终不负众望，喜获工业流油。一花引来百花开，台参一井的重大突破，展示出吐哈盆地良好的勘探前景，钻井队伍迅速在千里戈壁集结，摆开战场，拉开了声势浩大的"新体制、新技术、高水平、高效益"的吐哈石油会战的序幕。因此，台参一井得到王涛总经理这么高的评价，绝对是实至名归。今天，就让我们翻开台参一井的珍贵档案，感受那激情澎湃的往事瞬间。

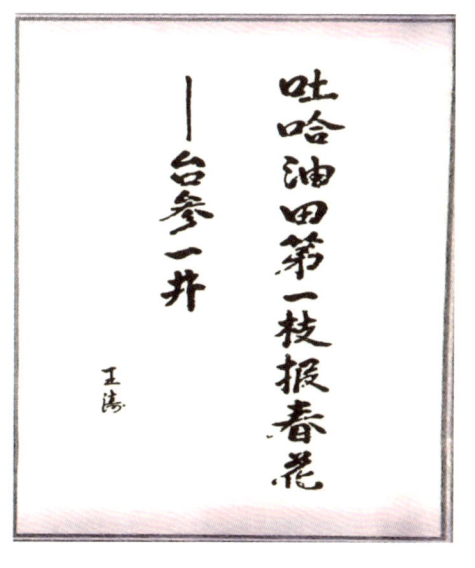

1989年中国石油天然气总公司总经理王涛为台参一井题字
（档号：THYT-R01-0885，存放位置：吐哈油田科技展览馆）

高瞻远瞩，经年勘探。向一度被认为是"不够朋友"的产煤地层、不能生油的侏罗系——吐哈盆地要油疙瘩，无异于自讨苦吃，但石油人就是敢于向侏罗系宣战，不怕吃苦，敢于拼命，用着革命的劲头从1954年到1983年三上吐哈，艰辛探寻。都说金石为开，铁杵磨针，经过几代石油人的不懈努力，终于发现了煤系地层生油，坚定了台参一井的勘探部署。

重托肩负，火洲出征。玉门6052钻井队，这只长期从事探井作业，荣获石油工业部银牌钻井队称号的铁军，成为台参一井钻探的不二人选。1987年5月25日，玉门局钻井处二食堂热气腾腾，锣鼓喧天，这是为6052钻井队赴疆上钻举行欢送大会。怀揣着父老乡亲的千叮万嘱，队员们烈酒激胸膛，眼噙泪花，雄赳赳奔赴戈壁钻井战场。

吐哈盆地鄯善，流传这样一句顺口溜：风吹石头跑，地面不长草，天空无飞鸟，房内似火烧。钻井队员们一到鄯善，果然感受到了地表温度60～75℃的热情，狂风肆虐、飞沙走石的礼遇。望着一无住处，二无食堂，抬头是蓝天、低头是荒凉的戈壁，队员们情绪明显低落。队长陈继鹏，这位平时少言寡语，憨厚敦实的山东大汉，化身全队灵魂，他慷慨激昂鼓舞大家："我们6052钻井队为啥被选中的，不就是我们技术过硬，吃苦耐劳过硬，敢打硬仗吗？我们来新疆是干啥的？不是为玉门油田东山再起找出路吗？这点困难算什么？我们要拿出'铁人'王进喜的精神，有条件要上，没有条件创造条件也要上。"队员们热血沸腾，是啊，台参一井交给我们，就是组织对我们最大的信任。6052钻井队就是在这样极端的环境下喊出了"安下心、扎下根、不出油、不死心"的口号。

戈壁大漠，艰苦创业。1987年9月22日晚9时，经过热烈而简短开钻典礼，台参一井开钻。霎时，鞭炮齐鸣，钻机轰鸣，转盘飞旋，整个井场沸腾了。

万事开头难。"一开井段"钻井进尺不到20米，就给队员们来个下马威，井下漏失，提高钻井液黏度，效果不明显；钻井液中加入堵漏剂，边漏边钻，勉强钻到了23米，钻井液只进不返，所配的100多立方米钻井液所剩无几；想用清水抢钻，水又供应不上，只好停钻，重新组织配制堵漏钻井液。钻台上，队长陈继鹏亲自操作钻机刹车把，活动钻具，以防卡钻；值班房内，工程师杨盛杰、技术员常永铎仔细核对钻具、井深，查找漏点深度，计算堵漏钻井液泵入量；加料台前，书记张瑞庭、副队长陈继光带领钻工们搬运土粉、堵漏剂，紧张而有条不紊地配制堵漏浆。泥浆班班长张晓军正在聚精会神地测量钻井液性能。折腾了大半夜，才将配好的堵漏钻井液打入井内，静置2小时、试钻、井口返出，至天亮时，只打了7米进尺，井深30米，白天继续配浆、堵漏、钻进。就这样，漏了堵，堵了钻，钻了漏，漏了再堵，断断续续钻到井深32米处，开泵，不再有钻井液返出。最后决定打水泥堵漏，一次就成功。台参一井开完钻历时505天，6052钻井队遇到的问题层出不穷：井段严重垮塌，井眼极不规则，测井仪器落井，地层疏松，缩径、坍塌时有发生，遇阻遇卡频繁。队员们齐心协力，战天斗地，克服重重困难，圆满完成任务。

共克时艰，群策群力。石油部对台参一井很重视，在台参一井施工过程中，玉门石油管理局、石油工业部勘探局、北京研究院和物探局等都密切关注，稍有问题，立即召开电话会议，再将解决方案通过电台告知现场。遇到重大问题和特殊施工，上级领导和专家就风尘仆仆赶到井上，研究对策，制定方案，精心组织井队施工，一盯就是一两个月，直至安全完井。

玉门钻井处泥浆工程师兼泥浆站站长李国璋是解决台参一井重难点问题的杰出代表。1987年11月24日，台参一井钻至井深2577米时，由于地层水化膨胀，出现了严重的垮塌缩径，造成复杂井下情况，连续十几天没有进尺。通过与各方多位专家研讨，李国璋严肃提出自己的观点："我个人认为钻井液体系不对号是造成地层泥岩水化膨胀、引起井眼缩径的主要原因。现在唯一的办法就是改变钻井液体系，改变钻井液体系我负责，出了问题，坐牢也可以。"铿锵表态的背后，是李国璋的胸有成竹。意见达成一致，李国璋果断采

中国石油档案故事

取措施,他披着棉袄,蹲在钻井液池旁,亲自加处理剂,细心观察钻井液流动情况,密切注意泵压变化。别人劝他回去休息,他说井下不正常哪里睡得着,一干就是三个班。从调整钻井液体系到克服井眼缩径,经过28小时的连续苦战,起下钻畅通,开泵一次成功,电测3天顺利,创造了全国同类技术套管下到最深的高水平。

重大突破,夙愿终偿。1989年1月4日晚7时50分,井口溢出液中有一点点油花在水面上轻轻浮动。井场上安静极了,生怕一点不小心的响动,就把那点油花给吓回去了。晚8时50分,油花变油线,渐渐地汇集浮向水面,40多名钻工和驻现场的技术人员,屏气凝神围在井口。5日早晨5时50分,油线变成油流,随后犹如脱缰的野马,呼啸着从井口奔腾而出。"台参一井喷油了!"顿时,井场一片欢腾!

从4日晚起一直饿着肚子等待这一时刻到来的钻工们,望着汩汩流淌的原油,激动得热泪盈眶,哭着抱成一团。旋即大家把帽子扔向空中,扑向那

吐哈盆地第一口科学探索井
打开侏罗系煤系地层的功勋井
1989年中国石油工业第一枝报春花
吹响吐哈石油会战的冲锋号

1989年吐哈盆地台参一井喷油
(档号:THYT-S03-13437,
存放位置:中石油档案管理系统)

1989年台参一井喷油，欢呼雀跃的钻井工人们
（档号：THYT-S03-13438，存放位置：中石油档案管理系统）

流油的井口，捧起褐色的石油你往我脸上抹一把，我往你脸上抹一把，井场上一片欢腾。大西北浩瀚的戈壁啊，你真让6052队自豪！

喜讯绽开报春花。1月5日晨，记录员准确计算产量，飞跑着打开电台，"台参一井喷油了！"电波载着喜讯，迅速地从西向东延伸，祁连山下的玉门局沸腾了，共和国的石油总部沸腾了。此时，中国石油天然气总公司一年一度的厂矿长会议正在举行，刚刚得知喜讯的王涛总经理，放下话筒就激动地说："我宣布一个振奋人心的好消息，新疆鄯善台北构造带的台参一井，在侏罗纪地层喜获工业油流，日喷油折算35.4立方米。"他挥动手臂接着说："这是今年我国石油工业的第一枝报春花！"霎时，会场响起雷鸣般的掌声。

策　划： 吕德柱　裴东旗
作　者： 王利利　王　怡

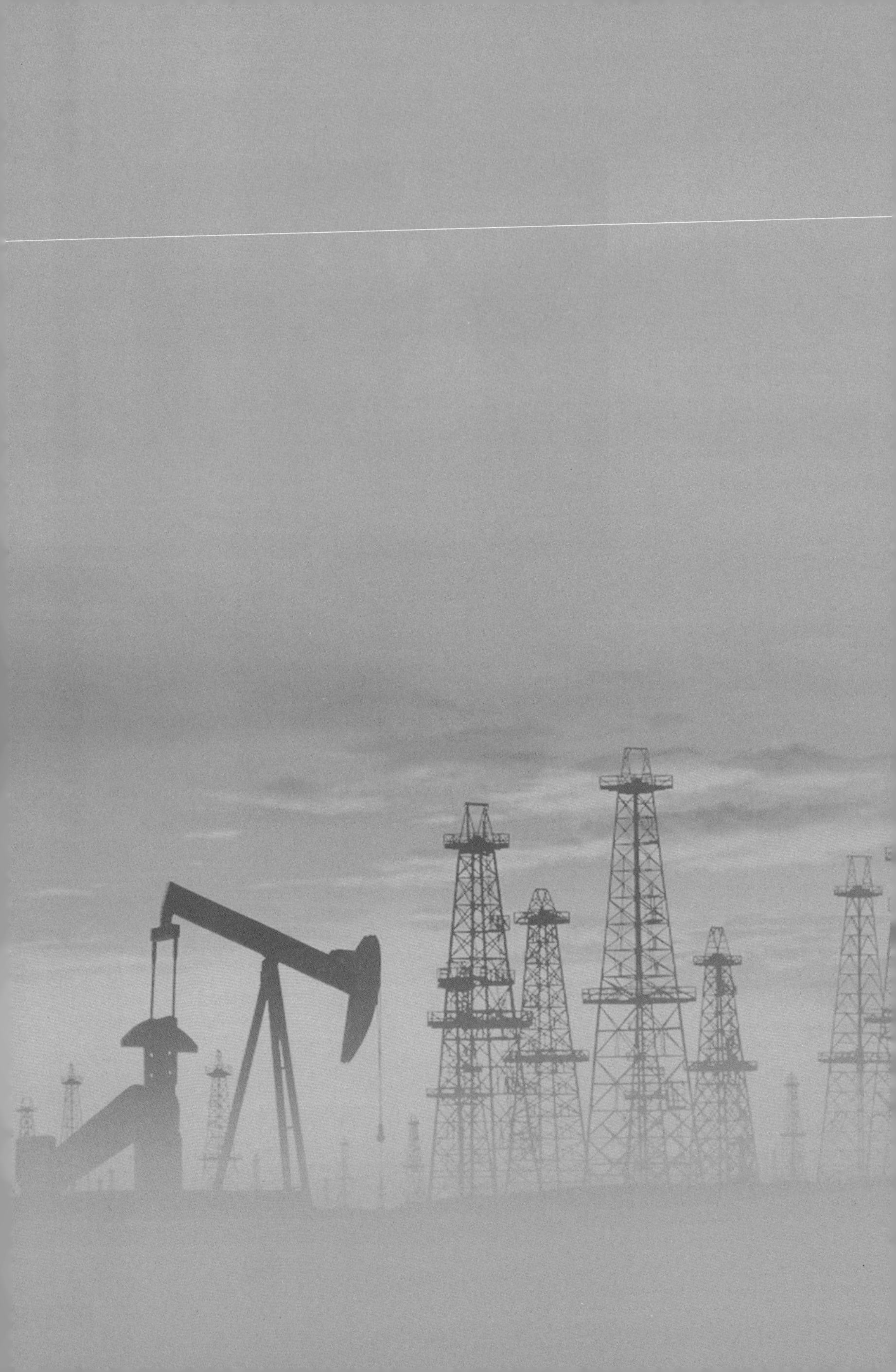

第三部分 开创篇

▶ "国光"牌油品商标的诞生

"国光"牌油品商标的由来，可以从存放在玉门油田档案馆的一张十多名职工在油矿检查站前的合影说起，从照片上，很难看清他们每个人的面庞，但他们身后四根巨大砖柱上的矿徽却格外显眼，其实，这些神秘图标，正是当时的声名远扬的"国光"牌油品商标。这些火炬状图标背后，到底有着怎样不为人知的故事呢？

1941年后，玉门油矿油品出产数量增多，销售活动逐渐开始，重庆作为甘肃油矿局机关总部和大后方的核心地区，是当时油品销售的主要市场。重庆的销售活动最开始由甘肃油矿局业务处营业课代理，油矿曾将其最早的商标定为"建国"牌。1942年后，随着油品销路渐增，甘肃油矿局业务处营业

中国石油公司甘青分公司员工在检查站前的合影
档号：YMYT-S03-0004-90，
存放位置：玉门油田档案馆）

课代理销售有诸多不便，故成立一专门的国产油品机构来进行经营，显得十分迫切。按照最初设想，原想定名为国产油品销售处，但甘肃油矿局在详加考虑后认为，国产油品销售处这一名称虽然可以显示出玉门油品作为国营事业的特点，但抗战非常时期更应保守秘密，不能过于高调。权衡考量，似乎设一油行更为合适，这样既不涉及本局名称，也不冠以国产油品字样。因此，1942年7月1日，甘肃油矿局在重庆设立国光油行，以"国光"二字为商标，国光油行成了油矿局第一个正规的油品销售机构。

国光油行实际存在的历史并不长。因营业以来，国光油行在名义上属于商行，根据政府相关规定，需要接受液体燃料管理委员会的管制，这样一来，油行仅能销售煤油，而不能销售汽油和柴油。因此，甘肃油矿局在综合考虑后，于1943年1月1日起，将重庆国光油行改为甘肃油矿局业务处重庆营业所，这才得以进行各类油品的销售。

国光油行设立的同时，国光牌油品商标的设计与绘制工作也在紧锣密鼓地进行之中。1941年10月甘肃油矿局曾绘制了"建国"牌商标图案，不到一年，1942年7月，资源委员会为了统一各厂矿出品，向甘肃油矿局检发了各矿厂出品共同标记图说一份，要求重新拟定商标，设计中应该力求图案鲜明、简单醒目、寓意深远。甘肃油矿局在接到通知后，重新设计了新的商标图案。新商标依照共同标记图说式样，保留了三层蓝色圆圈，以代表"行政三联制"标记，下方"资"字代表由资源委员会经营。其余设计理念，一是在三层蓝色圆圈中绘以火炬，寓意石油是我国新发现的重要资源，将来国家一切经济建设，几无不恃石油为其动力源泉，火炬也象征着光明，有引领前行的意义，可以表现出油矿油品焕发的光彩；二是因甘肃油矿局为国营事业之一，故将产品名称由之前的建国牌，改为国光牌；三是商标的颜色搭配，外围用蓝色、中为白底、衬以红色火炬，兼采国旗蓝、白、红三色，以表示国产之意。

这一新设计的商标并没有被资源委员会完全认可，1942年8月5日，资源委员会指令甘肃油矿局，同意其将成品改为国光牌，认为这次新设计的商标图样整体上大致可以，但是火炬下横排的六画缺乏意义，故建议改用"甘"字来代替。1943年2月11日，甘肃油矿局总经理孙越崎呈资源委员会主任翁文灏，认为在火炬下改以"甘矿"两字绘成，更为恰当，这一调整后的方案这才得到了双方的认可。

甘肃油矿局"国光"牌石油商标图案
（档号：003-010305-0076，存放位置：台北"国史馆"）

商标图案设计好以后，便是商标的注册。1943年4月24日，甘肃油矿局填具了商标专用权创设甲种申请书，以及联合商标注册申请书，油矿局拟将"火炬及甘矿"部分，作为其出品的正商标，"火炬甘矿及蓝图三道"作为联合商标，并附缴注册费、印花税、制版费等共计国币1459元5角，一并发呈资源委员会，请其转函商标局予以注册。

1943年底，资源委员会呈报的"国光"牌商标图案，经商标局审查后准予备案，同年的《商标公报》第208期公布了第34803号审定结果：商品名称定为国光牌，专用商品为《商标法》第54项矿物油类，包括汽油、煤油、柴油、机油、黄油、矿产石油提炼汽油，及其他动力油料副产品之沥青。此时，"甘矿"字样的"国光"牌石油商标才正式被确立下来。

中国石油档案故事

甘肃油矿局"甘矿"字样"国光"牌
石油商标图案
（档号：003-010305-0076，
存放位置：台北"国史馆"）

中国石油有限公司"中油"字样"国光"牌
石油商标图案
（档号：YMYT-W-伪兰业-0843，
存放位置：玉门油田档案馆）

两年之后，抗日战争取得胜利，国民党政府在接受日伪石油产业的基础上，整合国内资源，成立了中国石油有限公司，原甘肃油矿局改为中国石油有限公司甘青分公司。1945年10月21日，中国石油有限公司以其产品供应全国各地为国家重要资源为由，认为应早日裁定油品新商标图案。这次的新商标设计，也是依照资源委员会在1942年颁布的各厂矿出品共同标记图说式样来进行，新商标基本上沿用了前甘肃油矿局的式样，主要将火炬下放的"甘矿"二字改为"中油"二字，火炬的火焰比之前更为饱满，同时为了不影响一般用户对产品的信誉，品牌名称仍旧为"国光"牌。

1946年6月18日，中国石油有限公司"中油"字样的新商标，经商标局第43623号审定书认为合法，正式注册。此后，中国石油有限公司将新的"国光"牌商标图案样张及作图说明分发给各下属单

◎ 第三部分 开创篇

中国石油有限公司"中油"字样"国光"牌商标作图式样及说明
（档号：YMYT-W-伪兰业-0843，存放位置：玉门油田档案馆）

位，玉门油矿所辖的兰州营业所、运输队、酒泉分所、张掖站、永登站、广元站、宝鸡站、西安分所、武威站、双石铺站、天水站等下属单位也陆续收到这一指示。新式样要求，此后凡使用"国光牌"字样时，只得在规定式样的基础上进行放大或缩小，不得进行其他变更。实际上，本文刚开始所提到的合影老照片中的矿徽图案，即是以"中油"字样为基础的"国光"牌油品商标。

从"国光"牌石油商标的由来，给我们几点启示：一是玉门油矿生产能力的提高和油品销售的日益专业化，促进了油矿商标制度逐步走向正规化，"国光"牌油品商标强烈的商业标识性，为玉门油品的产品信誉奠定了基础；二是强烈的时代性，无论是油矿商标图案的多次调整，还是商标中蓝、白、红色彩的搭配，以及以"资"字来突出资源委员会对其事业的领导角色，都

121

体现出了当时鲜明的时代特点；三是强烈的民族性，"国光"牌商标这一视觉符号，寄托了近代国人在备受压迫的历史中，对强大国家的渴望和对美好生活的向往之情，玉门出产的石油，不仅点燃了石油工业发展的火炬，也照亮了国家自强进步之路。

可以说，玉门油矿小小的"国光"牌油品商标，用无声的符号刻录了近代中国石油工业由弱变强的印记，成为时代变迁的反光镜。

策　划：卢徐明

作　者：梁从晖

◎ 第三部分 开创篇

▶ 承使命因油而生　再出发为国而战

行走在兰州石化高低错落的"炼油塔林"间，塔器林立、管道纵横、干净整洁，一派欣欣向荣之景象，"绿色现场"韵味十足。您能想象这里曾经是一片荒滩，连条像样的路都没有吗？然而，新中国第一座现代化炼厂就是在这里诞生。

环境究竟有多差？条件究竟有多苦？困难究竟有多大？任务究竟有多重？看着初入公司档案管理中心工作的我满脸的疑惑和问号，档案管理中心张春辉主任，小心翼翼地拿出两本馆藏的珍贵资源《石油工业部兰州炼油厂一期工程交工动用准备情况报告》《石油工业部兰州炼油厂一九五六年工程进度影集》交给我，"用心看看吧，你会明白的。"通过反复认真的学习，我深

兰州石化炼厂建设初期
（档号：S-1-3，存放位置：兰州石化档案中心）

石油工业部兰州炼油厂交工动用准备情况报告
(档号: J1-279,存放位置:兰州石化档案中心)

入了解了它们所记载的每一条内容。它们记述了兰州炼油厂建厂概述、基本建设、工程进度、单项工程、投资完成情况、设备供应情况、交工验收、生产准备工作情况、试生产情况等全部内容,折射出建设兰州炼油厂的开拓者们,从策划、评估、设计、施工到竣工验收、投入生产至交付使用整个过程中,从零起步、从无到有、排除万难、敢打硬仗的坚定信念和必胜决心,令人肃然起敬、备受鼓舞。

新中国刚成立时,西方国家把石油产品作为对新中国"禁运"的重要物资。1949—1952年,国内石油产品奇缺,需要依赖进口石油产品才能满足需要,因此发展中国炼油工业成为国家在工业初兴时首先考虑的重点目标之

◎ 第三部分 开创篇

一。"一五"计划的目标是建立社会主义工业化初步基础,建设大型现代化炼油厂,加快能源矿产资源丰裕的内陆地区的开发。此时,我国只有玉门油田规模较大,同时在新疆、青海地区还发现一批有希望的地质构造。"地处酒泉盆地的玉门老君庙油田可采石油储量为4380万吨,占全国原油产量近1/3",1951年5月,在向中央《关于西北石油勘测研究结果和开采意见的报告》中,详细叙述了开发西北石油的设想。1952年1月,中央人民政府燃料工业部石油管理总局和国家财政经济委员会向党中央提出建议,在甘肃省内建设一个大型炼油厂。1953年,炼油厂筹建处由北京迁到兰州,改名为兰州炼油厂筹建处。

勘察厂址是兰州炼油厂筹建处的首要任务。从1952年5月开始,燃料工业部石油管理总局、国家计划委员会、甘肃省和兰州市人民政府分别派出人员,会同苏联专家组成厂址勘探队,用一年多时间,克服交通不便、环境恶劣等困难,调查了甘肃14个区县,先后对16个预选厂址的气象水文、工程地质、交通情况等进行详尽勘探和论证比较。1954年1月18日,筹建处将《选定厂址的意见报告》呈交燃料工业部,报告中详细论述道:"西固区紧临黄河,

厂址勘探
(档号:S-1-13,
存放位置:兰州石化档案中心)

125

地势开阔，水文和工程地质条件比较优越。兰州西距玉门油田800公里，东出600多公里即可进入中、东部地区石油消费市场。同时陇海铁路西段（宝鸡—兰州）于1952年10月建成运营；兰新线（兰州—新疆乌鲁木齐）也向西快速建设，与玉门油田相贯通，油田、炼厂、消费地以及铁路干线连接之势即成，在兰州西固区建设炼油厂比较合理"。1954年3月16日，国家计划委员会批准了兰州炼油厂设计任务书。

拓荒建炼厂，一期工程需要建设16套炼油生产装置及储运和辅助设施，思路早已明确，任务相当艰巨，实施困难重重，攻坚克难、与时间赛跑，一场必赢的战役在1954年春悄然打响。

兰州炼油厂筹建处成立征购土地小组，进行炼厂用地征购，先后从西北、华北、中南等地区调集了一批地县级干部和工程技术人员，扩充完备筹建处，负责建厂准备工作和施工指挥；并从玉门炼油厂、东北石油一厂、东北石油七厂、上海炼油厂等单位抽调数百名技术工人支援兰州炼油厂建设，还招收1900多名新工人送外进行技术培训。1954年10月，石油管理总局从全国各炼油厂和学校毕业生中选拔135名人员，分三批赴苏联进行培训实习；11月，苏联国家设计院向我国交付"兰炼一期工程初步设计方案"；1955年9月，建厂场地平整和基地建设全面展开。

1956年4月28日，兰州炼油厂第一期工程破土动工，在黄河之滨2平方千米厂区范围内开展大规模施工，各路建设大军迈着铿锵的步伐进入工地，兰州市各族各界代表及群众1万多人在西固区古长城边观看了这一历史盛典，在欢呼的巨浪声中，兰州炼油厂建设拉开了恢宏的序幕。

兰州炼油厂一期工程投资1.8亿元，工业与民用建筑及基础面积达40万平方米，需要安装设备1.3万吨，敷设各种管道长达860余千米，土方工程量200多万立方米，地上地下混凝土量14万立方米，最高筑物达73米，单体设备最重170余吨。一期工程需吊装大、小塔60多座，制作安装各类油罐287座，还有大量高温高压容器和管线焊接、保温工程及仪表安装调试等，工程量大，质量要求严格，施工技术难度较高。但是，新中国社会主义制度的优越性就体现出来了，当时全国机械、建筑、交通、商业等多个国家部门和许多省、市上上百家工矿企业，争相从各方面支援兰州炼油厂建设。

建设大军集结，施工拉开序幕
（档号：S-1-14，存放位置：兰州石化档案中心）

兰州炼油厂筹建处和建工部兰州建筑总公司一处、六处、九处等单位数万名职工参加建设施工。建设者们住土坯房、铁皮房、竹板房，喝经沉淀后的黄河水，生活条件十分艰苦。大家夜以继日，人拉肩扛，加紧工程施工。施工建设指挥机构不断总结施工经验教训，改进施工方法和措施，建立计划管理技术管理、调度及有关资料管理竣工验收制度等，加强施工质量教育，认真学习和理解苏联设计，结合现场实际建设条件加以研究，严格执行，同时进行一些必要改进。在技术设计完成之后，认真编制总体施工组织设计，对每个工程项目的投资、工程量、进度、劳动组织及施工方法等统筹安排，做到心中有数。在施工组织及施工方法上，采取多工种混合施工、按工程项目包干、立体交叉流水作业和建立技术责任制等措施。在改进施工方法方面，油罐采取倒装和卷装法施工，提高工效，缩短工期三分之二，积极推行预制化、装配化和工厂化施工，提高工效和技术水平。在整个建厂过程中，工人

中国石油档案故事

人拉肩扛艰苦
奋斗搞建设
（档号：S-1-15，
存放位置：兰州石化
档案中心）

炼厂建设有序推进
（档号：S-1-23，存放位置：兰州石化档案中心）

群众广泛开展技术革新和合理化建议等活动，创新优质快速施工方法，独立制造多种弯头，在加快工程速度、节约资金、促进管理等方面，起了积极作用。

从无到有需要的是敢为人先的勇气，从有到精需要的是勇挑重担的魄力。1956年4月到1958年9月，一期工程用时两年零五个月全部建成，分批投入试运转，比国家计划提前15个月，工程造价比预算降低5.75%，节约投资1055万元。同年9月18日，是炼油厂全体职工感到特别光荣和骄傲的日子，在大家的共同努力下，兰州炼油厂终于出油，生产出第一批合格产品。国家组成验收委员会，检查验收兰炼一期工程，"兰州炼油厂第一期工程总评为优良，兰州炼油厂在技术上是先进的，设备是头等的，经济效益是良好的""予以验收，正式投入生产"。1960年1月20日，甘肃省委书记何承华代表国家验收委员会在验收书上签字。兰州炼油厂的建成，使我国炼油工业在装备水平、技术水平、产品质量等诸多方面得到很大提高，为20世纪60年代以后国家新建炼油厂积累了宝贵经验。

兰州炼油厂国家验收鉴定书
（档号：J1-280，
存放位置：兰州石化档案中心）

策　划：陈爱忠　刘　泉
作　者：巴　芬　张春辉

在亘古荒原寻找生命之源

新疆克拉玛依油田地处祖国大西北,在石油人到来之前,这里是渺无人烟的无际荒原。造物主让准噶尔盆地富集油气资源,却没有赋予她人类宜居的自然条件——典型的温带大陆性荒漠气候让这里极度干旱缺水,"一年一场风,从春刮到冬,风吹石头跑,遍地不长草"是准噶尔盆地极其恶劣的自然环境的形象写照。在准噶尔盆地这片浩瀚荒原,石油人在寻找大油田的同时,也书写了一部可歌可泣的寻找生命之源的光辉历史……

翻阅新疆油田分公司档案中心馆藏的那一卷卷记载着石油人在亘古荒原筚路蓝缕寻找水源的历史档案,仿佛穿越了一条漫长的时光隧道,让我们回到那艰苦卓绝的往昔岁月……

新疆石油工业创业初期,会战工地用的水是汽车从40千米外的玛纳斯河下游的小拐河湾拉运来的。极其有限的水量首先要保障生产,生活用水只能限量供应。一顿饭只发一茶缸水饮用,洗漱用的一盆水先洗脸,再洗脚,沉淀以后再用来洗衣服。若是遇上异常天气,拉水的车出不去或者回不来,在断水的情况下,人们只能饮用又苦又涩的硫化氢水。

没有草、没有水、连鸟儿也不飞的地方,又如何能承担得起为共和国奉献能源的光荣使命?

伴随着石油勘探工作的起步,石油人一步未停地开始了艰苦卓绝的找水历程。

1956年5月,新疆油田地调处水文队在苏联专家苏特林的帮助下,先

玛纳斯河—克拉玛依管线给水工程综合技术文件
（档号：001035B111957C0032-6，存放位置：新疆油田分公司档案中心）

后勘察了包古图河和达尔布图河。7月，新疆油田着手实施包古图河引水工程。但是选定引水口、测定输水管线并开始布设管线后，河水已断流。紧接着，新疆油田决定在玛纳斯河中拐河岸修建水站及输水管线向矿区引水。9月24日，施工队伍开赴中拐，他们天当房、地当床，割几捆芦苇铺上就成了夜晚栖居的"家"，机房是木棍、芦苇搭起来的，机器是靠人拉肩扛安装就位的……次年5月，中拐—克拉玛依全长42千米的输水管线建成通水，结束了新疆油田靠汽车运水的历史。

20世纪50年代后期，新疆油田原油产量跃上了一个新台阶。与此同时，玛纳斯河水源却日渐减少，中拐水站向矿区输送的水远远不能满足油田生产和职工生活的需要。

1957年，新疆油田开始实施百口泉地下水储量和水文地质勘查工作，并在白杨河、克拉苏河、达尔布图河等3条河流建立了17个水文观测站。这些水文站最远的离克拉玛依有200多千米，最近的也有80多千米。水文站测得的数据为日后的引水工程积累了必备的宝贵资料。1959年，新疆油田以

关于开发白杨河、克拉苏河、大布度（达尔布图）河引水工程的报告
（档号：001035B111966C0018-2，存放位置：新疆油田分公司档案中心）

新疆石油管理局关于在白杨河盆地设立水文观测站的通知
（档号：001035B111963C0060-8，存放位置：新疆油田分公司档案中心）

这些资料为依据，决定全面开发百口泉地下水，修建百口泉到克拉玛依的暗渠。

1960年春节前夕，百口泉—克拉玛依暗渠建设工程正式动工，全矿2000多人的队伍开赴工地。当时正值国家困难时期，参战职工勒紧裤带，忍饥挨饿，靠镐头、铁锹、钢钎，一点一点破凿冰封三尺的戈壁冻土。1961年2月，总长100千米、日输水量8000～10000立方米的百口泉—克拉玛依水渠竣工投产。在水渠修建过程中，有11名职工为新疆油田的找水事业献出了宝贵的生命。

1963年，新疆油田决定调查白杨河谷地的新水源。30多名水文工作者先后在北起卡拉干其山、南至艾里克湖、东至白杨河、西到骆驼脖子方圆3600平方千米的地带展开了水源调查。

1966年5月，"文化大革命"开始。新疆油田一面顶住逆流坚持石油生产，一面着手白杨河水库和白杨河—克拉玛依明渠的勘察设计。这项工程分为水库、渠道及净化水厂3部分，输水渠道于1968年10月开工，1972年5月建成，水库于1969年动工，1972年5月建成蓄水；净化水厂于1975年动工，1979年10月投产。自此开辟了克拉玛依第二水源。整个工程投入了4000多人的施工队伍，除了新疆油田的职工外，自治区水利工程处、兵团农十师189团施工队、农七师工建团施工队也参与了施工。在工程施工中，农七师工建团有两名工人在一次排除哑炮时不幸牺牲。

石油人为了让油田富有生机、为了在戈壁播种希望，他们如同夸父逐日一般追寻着生命之源！全长72.8千米的白杨河—克拉玛依明渠像银色的飘带在戈壁滩上婆娑起舞，白杨河水库像一颗璀璨的明珠闪耀在准噶尔盆地西北缘，这不仅满足了当时油田生产、人民生活用水的需要，也为发展农副业和城市绿化提供了水源。

1972年白杨河水库竣工后向乌尔禾地区放水的分水闸
（档号：XJYT-S03-0219，存放位置：新疆油田分公司档案中心）

1978年，党的十一届三中全会实现了全党的工作重点历史性转移，改革开放为新疆油田的发展插上了腾飞的翅膀，也为石油人的引水梦想注入了强大动力。

1979年9月，设计库容为1950万立方米的调节水库在白碱滩建成。此项工程由解放军某部队承建，施工中有两名解放军战士光荣牺牲。此后第一净化水厂、输水首站等配套工程及第二净化水厂相继建成投产。

到1983年，用于新疆油田水利工程建设的投资已达近亿元，相继建成了具有一定规模的水源工程和供排水系统。

然而，石油人并没有止步于此。这一年发生罕见的大旱，让新疆油田的决策者更加坚定了决心：一定要从根本上解决制约新疆油田发展的水资源紧张问题！一定要给生活在戈壁荒原的石油人一个有潺潺流水、有茵茵绿草、有啾啾鸟鸣的栖居之所！

1984年4月，石油工业部下达了北疆油田新水源可行性研究项目的任务。1985年5月，新疆油田经过一年的调查研究后，向石油部呈报了《克拉玛依油田引水工程可行性研究报告》及其设计任务书，提出了新疆油田新水源和建设相应引水工程的方案。

关于解决北疆油田新水源的报告
（档号：001037B111984C0039-5，存放位置：新疆油田分公司档案中心）

    新疆油田追逐生命之源的步伐更加刚毅雄健。他们数次报告自治区人民政府，请求实施跨流域调水方案，同时出资350万元委托自治区水利水电勘测设计院作了跨流域调水规划，并确定了水源开发利用的目标：济福（福海），济海（布伦托海），济克（克拉玛依），"三济"。1985年，经自治区发展计划委员会批准，"三济"首期工程动工，新疆油田参加了工程建设并投资1500万元。1991年工程建成运行，实现了济福、济海目标。新疆油田由此取得了从乌伦古河年引水2亿立方米的权利。

    在实施"三济"工程的同时，新疆油田于1986年9月至1987年4月组织实施了白杨河水源扩建工程可行性研究及勘探，拟定主体工程规模包括引洪闸、引洪干渠、拦洪蓄水库、输水管道。石油工业部于1988年1月14日批准

中国石油档案故事

新疆石油管理局处室文件

新油调[1989]36号

关于申请碘化银降雨弹的报告

自治区人工影响天然办公室:

一九八九年,克拉玛依地区旱情相当严重,生产生活用水的主要来源——白杨河洪期既短又小,洪后,来水甚少,经初步计算,今冬明春将缺水760万m³。对此,我们已开始采取措施,动员职工群众节约用水,积极采取开源措施。

采取的开源措施主要有:

一、目前正积极组织力量完善 白碱滩二油库污水处理装置,争取尽快投入使用,用油田污水顶替好水注入地下,可日节水5000m³。

关于申请碘化银降雨弹的报告
（档号:001049B111989D032-2,
存放位置:新疆油田公司档案中心）

了这一计划,工程总投资约6000万元。1989年9月,白杨河水源扩建工程全面开工,1991年10月试水投产。

与此同时,新疆油田实施了黄羊泉地下水开发工程,1989年投资695万元修建第三净化水厂,增建后山、末段转水站2座5000立方米储水池;投资840万元对百口泉水渠进行改造,将原建暗渠改造为预应力钢筋混凝土管。

为了多途径地开发水资源,新疆油田把眼光瞄向天空,利用人工降水作业增加水源的计划提到油田决策层的议事日程。1984年夏至1986年夏,新疆油田组织民兵高炮班,在自治区人民防控办公室及克拉玛依市气象台的协助下,赴莫合台地区和白杨河上游山区进行人工降雨作业,打响了向天要水的第一炮。用飞机在白杨河上游山区实施人工降雪作业也在这一年冬季开始。1987年10月,供水处正式成立人工影响天气作业队,十多年来,这支队伍转战于雪山峻岭,通过人工降水作业,使白杨河上游山区降水年年有所增加。

1989年11月,新疆油田与武汉空军十三师签订了为期5年的合同,首次租用人工降水飞机进行降雪作业,并对作业云系进行微观探测,使人工降水向着更科学、更有成效方面迈进了一大步。

新疆油田严重缺水问题备受自治区党委、人民政府的关注,到了20世纪90年代,克拉玛依引水工程前期准备工作开始提速。1994年1月,新疆水利水电勘测设计院编报了《新疆供水工程规划报告》，同年2月通过水利部审查并报国家计委审批。根据水利部和国家计委对工程的批复意见，自治区人民政府决定分步实施，并编报了可行性研究报告。同年12月，水利部审查了这个研究报告并报请国家计划委员会审批。国家计划委员会委托中国国际工程咨询公司对此报告进行了评估，之后报国务院审批。

1995年11月至12月，国务院总理办公会议两次研究了新疆引水工程一期工程。会议研究决定实施北疆水源工程，解决新疆油田缺水问题，同时兼顾沿线农牧业供水；工程所需投资由中国石油天然气总公司承担50%，另外50%由中央和地方分担。

1996年6月，新疆水利水电勘测设计院设计完成了《新疆引水工程可行性研究报告》和《输水干渠工程地质报告》，并通过水利部水利水电规划设计总院的审查。同年10月，国家计划委员会批复了《新疆引水工程可行性研究报告》，同意建设新疆引水工程；11月29日，水利部就《新疆引水工程"635"水利枢纽工程初步设计》和《新疆引水工程总干渠、西干渠及尾部调节水库初步设计》做出批复。

在国家部委做出批复的同时，枕戈待旦的新疆油田迅速成立了引水指挥部。次年2月4日，农历的腊月二十七，新疆油田召开引水工程动员大会，号召各单位和各族职工群众积极参加引水工程；5月16日，新疆油田召开引水工程誓师大会，党委书记谢志强向18个会战团授旗。由新疆油田、克拉玛依市属单位组成的18个会战团共6000多人开赴引水西干渠工地参加引水工程大会战。

2000年8月，引水工程全线完工，进入试通蓄水期。

当清澈的河水经过长途跋涉潺潺流入克拉玛依这座石油人在亘古荒原上创造出来的城市时，久等在穿城河边的人们沸腾了！他们终于等到了这一刻——近半个世纪以来，石油人在根本不具备人类生产生活条件的亘古荒原筚路蓝缕、栉风沐沙，他们在为祖国贡献石油的同时，也为共和国创造了一座充满生机活力的英雄城市——克拉玛依！这个当初没有草、没有水、连鸟儿也不飞的荒凉戈壁，如今已然是一幅风情多姿的诗意画卷——荒原之城，有了不屈于自然的石油人，终将成为英雄之城、锦绣之城、诗意之城！

策　划： 王　泓

作　者： 王　泓　冯　军　吕玉琴

▶ "海油陆采"闯新路

在冀东油田,一说起"海油陆采",人人都为之自豪,这是冀东石油人的创举,开创了我国海上石油安全高效勘探开发的新路子。

在冀东油田档案馆的相册里,人工岛吹沙造地,鸟瞰海上人工岛的照片总是那样让人感到震撼,诉说着冀东石油人劈波斩浪的艰苦创业史。

在碧波荡漾的渤海湾上,有几颗明珠散落在大海之上,它们与大海浑然一体,璀璨玉立,它们就是冀东油田"海油陆采"人工岛。这些人工岛全是

2006年冀东油田建设南堡1-1人工岛
(档号:JDYT-S03-2008-0007,存放位置:冀东油田档案馆)

中国石油档案故事

2007年冀东油田采取井口槽布井、模块钻机形式钻井
（档号：JDYT-S03-2009-0003，存放位置：冀东油田档案馆）

吹沙填海造地而成。

2007年，冀东南堡滩海勘探获得重大突破，发现了南堡油田并投入规模开发。十几年来，冀东油田成功应用海油陆采、水平井开发、井口槽钻采等技术，变海上石油平台为人工岛进行勘探开发，有效化解了海洋勘探开发复杂化的问题，开启了冀东油田向南堡滩海进军的崭新篇章。

冀东油田南堡滩海人工岛建设于2006年5月拉开序幕，截至2016年9月，5个人工岛（南堡1-1人工岛、南堡1-2人工岛、南堡1-3人工岛、南堡4-1人工岛、南堡4-2人工岛）和4个陆地平台（南堡2-3平台、南堡3-2平台、堡古2平台、南堡403X1平台）相继建成并投入使用，建筑总面积达到224万平方米。

2009年6月27日，是穆桂松难以忘怀的日子，作为第一批登岛人员，他和刘虎等5人登上了南堡1-3人工岛。当时穆桂松是南堡采油三区集输班的班长。南堡1-3人工岛位于南堡海域、曹妃甸岛西北侧，地处古滦河三角洲前沿和渤海湾中央深槽交界地带，水深5米左右，主要承担南堡油田1-5导管架油气集输功能，整个平台采取气举采油。截至2020年年底，南堡1-3人工岛是我国最大的气举采油生产基地，是一个集采、注、输于一体的海上独立生产模块和综合开发单元。

不过10多年前，南堡1-3人工岛并不如现在这样规范、整洁。穆桂松5人上岛的主要任务是做好前期的投产准备工作。每天早晨，穆桂松和同事们都要去现场查看施工的进度，记录管线的走向和各种设备设施的参数。

南堡1-3人工岛建设初始，条件很艰苦，住的是板房，睡的板床，想洗澡没地方，只能厚着脸皮到钻井队蹭。人工岛由吹沙而成，沙尘极细，随风飘扬，"想吃一碗没有沙子的米饭"都是奢望。

投产的日子忙碌而快乐，作为一名只有两年工作经验的集输工，扫线时该开哪个阀门，走哪条管线，多少流量，温度达到多少度，穆桂松生怕出错，着实下了不少工夫。投产那天，5个人在井场整整忙碌了一天，经过48小时的管线预热，南堡1-5平台来液正式进入三号岛系统。"投产成功了！"在岛上连续奋战了19天的穆桂松兴奋得像个孩子。

夜深沉，岛上机器轰鸣，披着满天星辉，沐浴着习习海风，穆桂松走在

2009年冀东油田建成南堡1-3人工岛
（档号：JDYT-S03-2010-0001，存放位置：冀东油田档案馆）

中国石油档案故事

熟悉的井场上，远处，亮如白昼，望着亮如繁星的钻井井架，望着正小心翼翼下射孔管柱的修井队，望着有序施工的新井组管沟，望着整整齐齐的井组，他的内心深处萌发出一种感动和自豪，因为他是南堡1-3人工岛建设的亲历者和见证人。

2009年，在一个寒冷的冬天，南堡1-3人工岛气举系统压缩机正式投产。由于天气寒冷，8-1井组配气阀组被冻堵无法供气。因查不到具体的冻堵点，技术员刘虎和两位同事被安排利用锅炉车刺注气管线解冻。当时气温零下13度，风夹杂着沙子扑面而来，打在脸上生疼。迎着呼啸的寒风，刘虎仔细排查着每个环节，将冻堵范围缩小到最小。他们轮流紧握发烫的蒸汽刺枪，沿着注气流程，对着可能冻堵的点不停地喷射，不停地转活动阀门，期待着能听到那熟悉的气流通过的声音。

高温蒸汽返回的水滴打在工服上，几分钟后便结了厚厚的一层晶莹剔透的"冰甲"；高处管线的沸水滴下，几分钟的工夫就在低处管线上结成了冰

2009年冀东油田南堡1-3人工岛6-1井组投产
（档号：JDYT-S03-2010-0002，存放位置：冀东油田档案馆）

2009年冀东油田建设南堡1-29
导管架平台
（档号：JDYT-S03-2010-0004，
存放位置：冀东油田档案馆）

锥；脚踩在湿土上，感觉黏黏的，时间一长，脚就仿佛跟泥凝成了一体。

凌晨4时47分，随着"砰"的一声响，配气组阀成功解堵，前后历时8个多小时。在这8个多小时里，刘虎耳旁回荡着风的呼啸、海的浪涌、钻机的轰鸣声，但他最想听的就是那"砰"的一声。在回宿舍的路上，刘虎发现腿已经完全麻木了，只是机械地朝前迈动。此刻已是黎明时分，天边泛起了白肚，新的一天已经到来了。

南堡1-2号人工岛位于唐山市滦南县海域浅海区，距离南堡1-1号人工岛3.5千米，于2007年4月22日开工建设。该岛长604米，宽约416米，面积23万平方米，周围海域水深为0.6～3米。

隶属于南堡1-2人工岛的导管架平台是冀东油田海油陆采的一种方式，也是滩海夺油上产的主战场。现为南堡采油六区地质师的李京洲，回忆起当初在导管架上的日日夜夜，至今历历在目。

"萧风作歌，海鸥为伴，每日碧海蓝天，抑或暴雨狂澜……"这是当初李京洲脑海里的导管架平台形象。

2009年，大学毕业的李京洲来到了南堡1-29导管架平台。平台完全由导管组成，突兀地耸立在波涛中，盯着海面看久了，就感觉看什么都在晃，无酒自醉。

刚上导管架的第一个星期李京洲上夜班，12个小时对倒。那时正值冬季，海上风大，温度达到零下20多度。夜晚在平台上巡检，员工会被大风吹得摇摇晃晃，如果不抓紧身边的扶手，就有被吹到海里的危险。一天深夜，平台上的加热炉进口管线压力高报警，眼看着设备即将停机，原油外输将陷入瘫痪，情况万分危急，李京洲和同伴顾不得寒冷，打着防爆手电查找原因。5层楼高的导管架平台，他俩上上下下地来回攀爬，经过测试和分析，李京洲认为是当夜温度太低，导致管线冻堵，于是李京洲和同伴轮流用开水浇烫管线，开水倒在管线上，由于没有停留的地方，很快便流到了地上，开水解堵这一招并不好使。情急之下，李京洲将自己的棉大衣脱下来裹在管线上，然后不停地向棉大衣上浇开水。同事看到，也脱下棉大衣效仿。深夜，无遮无拦的平台上寒风呼啸，零下20多度的气温冻得李京洲两人浑身打哆嗦，鼻涕直流，但他俩全然不顾，专注于浇水解堵，已忘了身处何处，寒冬的冷月见证了这海上的一幕。下半夜，管线疏通，警报随之解除。但李京洲回到宿舍当即就病倒了，高烧持续不退……

多年后回忆这一段，李京洲仍然感慨，"在海上工作，的确是需要时刻付出和做出牺牲的。海上采油嘛！就是选择了扎根大海，选择了面对艰苦恶劣的环境。虽然吃了一些苦、受了一些累，但我们不后悔、不抱怨，因为我们是人工岛建设的第一批垦荒者，我们见证了油田一个时代的飞速发展。"

"我是导管架上的一颗螺丝钉／紧紧咬住平台上的采油树／让更多的油流／从我的身旁缓缓流过／我喜欢那种声音／因为那是国家经济腾飞的脉搏。"

石油员工的诗，也许称不上真正意义上的诗。但从中听出了一种倾诉，一种表白，是儿女对父母的深深眷念，是石油人对祖国的深情厚爱。

心若在，梦就在。人工岛的建设者们一直没有停止过追逐梦想的脚步，他们逐浪滩海，饮风含沙，用实际行动创造了石油创业史上的一个又一个奇迹。

策　划：刘东宇　孙　瑞
作　者：杨　军

中国石油档案故事

▶ 巨龙腾飞　凤凰展翅

珍藏的照片档案，可以将零散的记忆拼成完整的画面，使尘封的时光汇成历史的长卷。它铭记了岁月的风华，拨动了时间的琴弦，光影之间，定格流年，回首仍如初见。

在华北石化分公司（以下简称"华北石化"）的档案库房中，保存着1700余张照片档案。这一张张照片见证了华北石化从原油年处理量仅15万吨的小型炼油厂，历经三十余载，一步步成长为今天原油年处理量达1000万吨的绿色型、智能型炼化企业。其中有一张照片档案，弥足珍贵：2019年7月30日，河北省发展和改革委员会、中国航空油料集团公司、中国石油的领导共同开启启动球，代表航空煤油油流的光点缓缓点亮，从华北石化蜿蜒前进

华北石化—北京大兴国际机场航煤管道启动
（档号：HBSH-G02-ZP-0594，存放位置：华北石化档案室）

146

到达机场油库。同时，华北石化的航空煤油产品通过华北石化—北京大兴国际机场航煤管道输送进入北京大兴国际机场航煤油库G107储罐，这标志着北京大兴国际机场"能源血脉"全部贯通。

下面就让我们用档案来讲述这条绵延150多公里的"窜山巨龙"从孕育到腾飞的故事。

油地合作，共谱和谐发展赞歌

华北石化地处冀中平原腹地，毗邻京津，距雄安新区直线距离仅12千米，是中国石油距离北京最近的炼化企业，始终致力于高质量发展，在历次油品升级过程中一直走在最前列。2014年，北京大兴国际机场开始筹建，华北石化就开始谋划航煤管道建设，将航煤管道工程作为华北石化千万吨项目配套的生命工程、效益工程、价值工程、核心竞争力工程，同步推进。

航煤管道建设具有工期紧、任务重、线路的走向和位置变化大、区间跨度大、沿途难点多的特点，在跑办核准及相关手续过程中，存在诸多困难，一是2017年4月1日，中共中央、国务院宣布设立国家级新区——雄安新区，雄安新区成立后，周边地价飙升，村民要求补偿的期望值远远超过当地政府补偿标准，致使征地工作困难重重；二是为配合雄安新区总体规划，华北石化以"无条件服从、服务于新区的规划建设"为原则，将原横穿雄安新区的27千米管线路由全部改线，为新区建设让路，航煤管道新路由调整绕避了雄安新区，更改后管线长度增加36.3千米。因调整后新增的文安县、霸州市段路由未纳入两县、市相关规划，廊坊市规划局无法出具规划预审意见，直接影响项目开工手续办理；三是因项目跨沧州和廊坊两个地区，需要两个地区的发改部门分别出具批复意见。

中国石油档案故事

河北省发展和改革委员会文件

冀发改能源核字〔2017〕120号

河北省发展和改革委员会
关于华北石化—北京新机场航煤管道工程项目
核准的批复

中国石油天然气股份有限公司华北石化分公司：

报送《关于华北石化—北京新机场航煤管道工程核准的请示》（华北石化〔2017〕182号）及有关材料收悉。经研究，现就该项目核准事项批复如下：

一、同意建设华北石化—北京新机场航煤管道工程项目，项目建设单位为中国石油天然气股份有限公司华北石化分公司。

河北省发展和改革委员会
《关于华北石化—北京新机场航煤管道工程项目核准的批复》
（档号：HBSH-G01-11635，存放位置：华北石化档案室）

华北石化秉持大局观不动摇、舍小为大、迅速部署的原则，在河北省、中国石油及地方领导的热情帮助、倾力支持下，取得各项核准手续，并最终于2017年12月19日，取得河北省发展和改革委员会下发的《关于华北石化—北京新机场航煤管道工程项目核准的批复》（冀发改能源核字〔2017〕120号）。

匠心筑梦，打造精品绿色工程

2018年2月28日，华北石化—北京大兴国际机场航煤管道工程正式点火开焊，华北石化以及中国石油管道局工程有限公司上千名参战将士群策群力、

华北石化—北京新机场
航煤管道工程焊接
（档号：HBSH-G02-ZP-0592，
存放位置：华北石化档案室）

众志成城，快速高效建设模范工程。

在工程建设期间，参战将士们以"石油工人心向党"的忠诚和"我为祖国献石油"的担当，发扬"苦干实干""三老四严"的石油精神、铁人精神，"5+2""白加黑"，冒风雨、战酷暑，通过科学编排计划、精心组织施工、合理调配资源，严控质量，狠抓安全；全面推行"挂图作战"管理方案，实施预警监测，组织开展"奋战新机场航煤工程，助力新时代管道建设"劳动竞赛活动，开展"我要安全、我懂安全、全员争做安全员"的安全教育活动，克服工期紧、规划频繁调整、暴雨多发等不利因素影响，坚持连续施工，以零伤害、零污染、零事故，焊接一次合格率达到99.2%的喜人成绩，实现了"7.30"主体焊接完工，"9.30"首站交工，"11.30"全线中交的既定目标，成为华北石化首个当年开工、当年完工的EPC项目。

2019年1月9日，实现航煤管道河北段、机场段碰头，管道全线贯通。按照投运计划组织：7月11日至14日，顺利进行两次管道通球试验，完成管道正式投用前最后一项施工复检工作；7月16日18时，管道进水，开始水运；7月17日20时05分管道进油；7月22日11时40分混油头到达机场末站，13时35分切换收混油流程，管道开始浸润。

巨龙腾飞,助力凤凰翱翔九天

华北石化—北京大兴国际机场航煤管道起于华北石化首站,止于北京大兴国际机场末站,长度157.5千米,途经任丘市、文安县、霸州市、固安县和广阳区等五个县市区,线路施工涉及26个乡镇的107个自然村,施工过程中完成河流穿越施工72次,公路穿越施工249处,铁路穿越施工7处。该管道设计年输量170万吨,远期年输量能达到260万吨,是北京大兴国际机场航空煤油的主要保障供应渠道。

航煤管道工程经过三查四定、现场演练、通球试验、水油试运等工作,在2019年7月30日上午10时58分,华北石化—北京大兴国际机场航煤管道投运暨机场油库进油仪式在"外如凤凰展翅、内似如意祥云"的世界第一机场—北京大兴国际机场隆重举行。航煤管道全线贯通、顺利通油,标志着华北石化向北京大兴国际机场充足、稳定、高效、安全供应优质航空煤油的基础全面夯实,打通了一条确保后路畅通、优化产品结构、扩大市场范围、提升企业竞争力的"效益新干线",与中国航油携手向伟大祖国七十华诞献上一份深情厚礼!

能源者,大国之命脉,工业之所依!华北石化作为中国石油唯一直供机场航空煤油的炼化企业,深感责任重大、使命光荣,竭尽全力多产优质航空煤油。2023年华北石化向北京大兴国际机场直供航空煤油突破100万吨,实现产销双赢。华北石化坚决守住产品质量的底线,坚决完成保供任务,以责无旁贷、义不容辞的使命感、责任感,在保障国家能源安全、支持生态文明建设、促进经济社会发展等各领域不断展示"脊梁央企"的时代担当,让中国石油党组放心、让全国人民放心、让党中央、总书记放心!

华北石化向北京大兴国际机场直供航空煤油年度首次突破100万吨庆祝大会
（档号：HBSH-G02-ZP-0685，存放位置：华北石化档案室）

注：因2018年9月北京新机场名称确定为北京大兴国际机场，文中"华北石化—北京新机场航煤管道"与"华北石化—北京大兴国际机场航煤管道"为同一工程项目。

策　划：郑晓云
作　者：刘　爽　范婧宜

▶ 连通长江两岸　天堑变通途

2001年9月26日，在长江南岸的南京市栖霞区靖安镇滨江村三江口，西气东输管道工程的长江盾构穿越工程正式开工。长江是西气东输管道通过的最大河流，长江穿越也是整个工程的最后一次江河大穿越。

回首管道穿越长江的艰辛和努力，参与工程的建设者们感慨万千。一直以来，管道过江是中国石油人的一块心病，长江下游水深流急，江面宽，河床冲淤变化大，地质条件复杂，无论是穿越长度、深度，还是穿越管径、施工难度等，西气东输管道长江穿越工程都将开创中国管道穿越的先河。

为了确保工程建设的顺利进行，确定最佳穿越方案，西气东输管道公司成立了西气东输管道工程通过长江方案研究课题组，就水文地质状况、施工技术性、安全性、经济性、下游市场、施工周期等多种因素，进行了比选分析，提出了跨越、盾构、矿山隧道、定向钻等多种比较方案。从技术可行性、安全可靠性、经济合理性等方面，对方案进行了充分论证，最终确立了管道从三江口以盾构穿越方式通过长江的方案。三江口是南京附近主要的水陆交通要塞，根据南京水利科学院对此处断面所做的冲刷分析，隧道上方的最小覆土厚度应该大于12米，也就是说要在长江河床50米深处穿越近2000米长，其难度可想而知，在世界上也是前所未有的。按照设计要求，隧道里将敷设两条输气管道、一条输油管道、三条光缆套管，考虑到维护检修需要空间，内径要3.8米，建成后，步行半小时就可以从隧道内走到长江对岸。经过招标，最终由台湾中鼎公司总承包，台湾丰顺营造公司和中鼎公司盾构施工队来建造。

长江盾构穿越工程的特点是穿越地层复杂、一次穿越距离长、地层含水丰富，水压大。长江北岸是砂岩，江心有一段卵石，南岸一侧是砂层，复杂的地质结构等重重难关给施工带来了很多困难，这么长距离的一次性盾构穿越长江对盾构机的性能也是一种考验。掘进刚开始，盾构机的进展一度就十分缓慢，举步维艰，每分钟只能前进5～8毫米，每天只能前进1米，最少的一天只掘进了6厘米，几个月的时间总共才掘进100米，按照这个速度贯通遥遥无期。中鼎公司和台湾丰顺营造股份有限公司的两个经理，都因为工程进展太慢而打道回府。祖籍南京的时明德先生是中国台湾中鼎新来的项目技术经理，因为长江盾构隧道项目，他第一次回大陆，第一次和长江零距离接触，对于他，长江穿越有着特殊的意义。时先生不善言语，他的好友透露说，时先生有一个愿望，就是能带着孩子来到长江边，告诉他这儿有一条隧道，是他爸爸在这里修建的。大陆人和台湾人本是同根生，海峡两岸的中国人说的是同一种语言，推崇的是同一种文化观念，有时会为工作发生争执，此时此刻也只有一个目标，就是早日把长江隧道打通。

2003年1月22日，千家万户都在欢天喜地地准备过大年，可西气东输

长江盾构施工现场的石块
（档号：XQDS-QT-R04-0070，存放位置：西气东输管道公司档案中心）

的建设者却没有过年的心思。他们来到北京向集团公司领导汇报了长江盾构穿越的进展情况。究竟上不上备用方案？大家研究的结果是：上不上等二月份视情况而定。如果鹅卵石层顶过去了就不上，顶不过去就上。所谓备用方案就是用定向钻再穿越一条管道，无论如何"十一"向上海进气的目标不能变。从大年初一到初七，从日本引进排泥泵，调整运行参数，盾构机每天能前进8～10米。掘进速度刚刚提高，又碰到卵石层，盾构机一天只能前进一两米，原以为卵石层是55米，实际却将近190米长，后来又出现了胶泥……不知不觉已经过了春节，胶泥层还是没有尽头。2月28日，决定由中国石油天然气管道第二工程公司从北岸用406毫米的小管径向南岸进行定向钻穿越，一个月顺利贯通。备用小管线毕竟只能作为备用，一米粗的主管道不从1920米长的盾构隧道里穿越长江，西气东输就不能画上圆满的句号，大家的压力仍然很大。

通过现场反复调整方案，发现盾构掘进慢是施工步骤不紧凑、熟练程度差、工序不合理等造成的。盾构的环片先后安装是有顺序的，通过有顺序地搬运不同的环片可以提高组装速度，安装环片的同时挪动轨道运输，就可以大大提高掘进速度。为了加快掘进，中国石油举集团之力，专门从大庆石油管理局油田建设公司调来了二十多名高技能工人组装环片，这些工人训练有素，他们向井下搬运环片时按照顺序摆放，按照顺序运输和吊装，大大提高了环片的组装速度。同时，台湾中鼎对当地雇佣的民工从过去的按天付费，改成基本工资加计件累计奖励，提高了工人工作的积极性，过去安装环片需要62分钟，现在只用32分钟就能安装好。工人们分为两班倒，每班18个工人干12小时，昼夜不停，他们分工明确，各司其职，天天一身泥一身水，喷浆压力很大，喷的人满身满脸都是，有时候眼睛会迸进泥浆，水玻璃含碱，特别刺激眼睛，坑下专门备了冲洗水，一旦泥浆溅眼睛就及时冲洗，然后撸起袖子继续干……

2003年7月26日，在南京长江大桥北岸下游40千米处盾构隧道到达井施工现场彩旗飘舞。上午10点钟，史兴全总裁郑重宣布：西气东输长江盾构隧道贯通现在进行最后的掘进。随着盾构机的转动，到达井的井壁渗出了黄色的江水，五分钟后，坚实的井壁轰然倒塌，盾构机头破壁而出。国家西气东输工程建设领导小组就长江三江口隧道顺利贯通发来贺信。长江隧道的顺利贯通，对确保"十一"靖边进气、2004年1月1日向上海商业供气和实现西气东输工程整体建设目标，具有重大意义。这条两千米长的穿越隧道，不仅连通了长江两岸的天然气输送管道，连通了海峡两岸的技术交流，更连通了海峡两岸的情感。这是新一代石油人攻克长江天险的一次伟大创举，也是海峡两岸的中国人协力创造的人间伟业。

2013年7月26日，西气东输长江盾构成功贯通
（档号：XQDS-S03-0652，存放位置：西气东输管道公司档案中心）

2003年7月26日，国家西气东输工程建设领导小组
就长江三江口隧道胜利贯通发来贺信
（档号：1-01-B012003Y143，存放位置：西气东输管道公司档案中心）

策　划：张军强　杨　博
作　者：刘海波　朱静怡

成功进入可燃冰市场

2017年3月,中国石油测井公司天津分公司(原渤海钻探工程有限公司测井分公司)成功中标广州海洋地质调查局"特殊测井数据的处理与解释"项目,打破国外公司垄断,实现了可燃冰市场重大突破。

国际新能源前沿技术——可燃冰勘探开发

可燃冰,学名天然气水合物,作为一种高效绿色新能源,是由水和天然气在一定的温度和压力条件下形成的笼形晶体结构化合物。由于其总资源量相当于全球已知煤、石油和天然气的2倍,被誉为"后石油时代"最有希望的战略资源。但由于其特殊的赋存环境和易分解等性质,使其勘探开

可燃冰实物图
(档号:CPL.19-S03-2017-0001,
存放位置:中国石油集团测井有限公司
天津分公司档案室)

可燃冰实物图
(档号:CPL.19-S03-2017-0001,
存放位置:中国石油集团测井有限公司
天津分公司档案室)

发仍然处于初级阶段。

迄今为止，已经有日本、加拿大、美国、俄罗斯、德国、印度、韩国等多个国家在可燃冰的勘探研究中获得了较大的进展。我国可燃冰研究起步较晚，但近年来随着我国综合国力的增强和科技的进步，我国的地质工作者也非常重视可燃冰的调查与研究，并且已经在我国南海多个区域发现了可燃冰。2007年，广州海洋地质调查局在南海首次实施可燃冰钻探工程，并获得实物样品，这使我国成为继美国、日本、印度之后第4个通过国家级发展计划在海底钻探获得可燃冰实物样品的国家。

可燃冰的测井现状

由于可燃冰赋存在一定的温度、压力条件下，离开这个环境就会分解消失，因此勘探开发难度很大。测井技术是可燃冰勘探研究最有效的方法之一，能够获得原位地层条件下储层的各项地球物理响应特征，且在数据可靠性、连续性和经济性等方面都具有一定优势。

在全球已有的水合物钻孔中，从美国阿拉斯加北部冻土区域，到深海钻探项目DSDP84航次、海洋钻探项目ODP204航次等，基本上都进行了测井作业，在天然气水合物勘探区域内通常会钻数口井，然后在不同阶段分别进行电缆测井、随钻测井和钻探取心等。2016年，广州海洋地质调查局在我国南海的西沙和神狐地区分别进行了多口井的钻探工程，并获得了丰富的随钻测井数据，但这批测井资料来自美国的斯伦贝谢油田技术服务公司，资料采集齐全，后期处理和解释评价部分仍基于常规油气层的评价方法，缺乏可燃冰储层的针对性。因此，广州海洋地质调查局为这批宝贵的测井数据实施了面向国内外的公开招标，以期通过测井数据的精细处理和研究分析，建立一套前所未有的可燃冰测井综合评价方法。

天津分公司全力竞标

2016年10月,在获悉广州海洋地质调查局的招标消息后,中国石油测井天津分公司,本着拓展市场需求以及对该新型能源的关注,第一时间组织技术专家开展对可燃冰的研究工作。解释评价中心成立研究团队,数十名专家与技术人员从文献资料查阅到前往各大高校、科研单位进行实际调研,从内部交流学习到邀请专家授课。一个多月时间,团队深入掌握了可燃冰的性质、成因以及各项勘探方法,重点开展了基于测井资料的可燃冰储层响应特征和评价方法的多次讨论。

2017年新年伊始,广州海洋地质调查局公布招标时间定在2017年3月3日。根据招标方案的具体要求,中国石油测井公司天津分公司针对随钻测井资料,从斯伦贝谢的多种随钻测井仪器着手,收集资料,在最短的时间内掌握了GeoVision、NeoScope、SonicVision等多种随钻测井系列的原理和方法。但是学习别人是远远不够的,利用自己的优势实现更高一级的开发才是企业前进的方向。为了能在诸多同行的竞争中脱颖而出,团队利用公司多年来的科研基础,将多种新型的科研方法体现在可燃冰的研究方案里,最终形成的方案不仅能够提供给甲方关于可燃冰的测井评价成果,还可以提供多项基于随钻测井资料的储层刻画、地层压力预测、主应力方位等关键参数,这些参数在区域上可燃冰的勘探施工过程中意义非凡。功夫不负有心人,在开标评审中,中国石油测井公司天津分公司凭借扎实的解释评价技术、清晰的工作思路和缜密的技术方案,以及近年积累的行业经验和良好信誉,最终脱颖而出,成功中标。

可燃冰的测井研究

可燃冰测井资料解释评价技术目前并没有一套成熟的体系，项目组成员在探索中研究，在研究中探索。可燃冰储层参数定量评价是整个项目的研究重点，其中可燃冰饱和度评价是需要解决的关键性问题。技术人员每周汇报项目研究进程，分公司领导亲自参加会议和技术人员一起研究解决问题，并多次到国内相关机构开展实地调研，请教相关领域的专家，逐步形成多个有关可燃冰储层评价、成藏规律等国内、国际创新性成果。

2017年5月18日，中国海域可燃冰试采成功。这一成果标志着我国在可燃冰能源开采领域取得了全球性的突破，确立了我国在可燃冰开采领域的国际领先地位，也为可燃冰的后续勘探研究提供了可靠依据。可燃冰试采成功使测井公司技术人员坚定信念，扎实做好每个环节的工作，为测井技术在可燃冰领域的良好发展打好基础。

可燃冰试采
（档号：CPL.19-S03-2017-0001，
存放位置：中国石油集团测井有限公司天津分公司档案室）

可燃冰项目验收汇报现场（档号：CPL.19-S03-2017-0001，存放位置：中国石油集团测井有限公司天津分公司档案室）

可燃冰研究成果成功交付

2017年11月30日，广州海洋地质调查局组织有关专家对《特殊测井数据的处理和解释》项目研究成果进行验收。天津分公司副经理、总工程师柴细元、项目长刘俊东、专家徐明及相关技术人员参加会议，解释评价中心副主任李海燕作项目汇报。经过3个小时的汇报后，广州海洋地质调查局矿产所副所长梁金强对项目研究取得的各项成果给予了高度评价，验收组各位专家一致认为中国石油集团测井有限公司天津分公司圆满完成了合同规定内容，达到验收要求，同意通过验收。团队的研究成果成功交付。

该项目历时一年圆满完成。中国石油集团测井有限公司成为国内第一家成功进入可燃冰领域的测井企业。该技术在天然气水合物定性识别、储层参数定量评价、水合物成藏模式研究等方面取得了四大创新技术、七项研究成果，建立了神狐海域天然气水合物储层定量评价体系，实现了水合物储层测井评价精度新突破，得到了地质专家学者的肯定和赞扬。

截至2017年12月10日，中国石油集团测井有限公司天津分公司可燃冰测井科研项目档案包括测井综合解释图20件，成果报告1份，原件保存在天津分公司综合档案室。向广州海洋地质调查局移交了测井综合解释图20件，成果报告1份。这些档案的归档，为中国石油积累了宝贵的可燃冰勘探开发技术储备。

可燃冰项目交流现场
（档号：CPL.19-S03-2017-0001，
存放位置：中国石油集团测井有限公司天津分公司档案室）

策　划：李永华　魏光辉
作　者：秦宇星　屈翠侠

▶ "八三"管道工程

20世纪50年代初，为了有效缓解东北三省及全国各地区大型企业动力燃料紧张的问题，彻底解决东北地区铁路运力不足，大庆原油必须"以运定产"的矛盾，党中央、国务院和中央军委决定抢建东北输油管道，指令沈阳军区、燃料化学工业部会同东北三省革委会组织实施。1970年8月3日，东北输油管道工程建设领导小组在沈阳召开大庆至抚顺输油管道工程第一次会议，并以这个具有历史意义的日期，将这项工程定名为"八三"管道工程，由此拉开了中国长输管道建设的序幕。

"八三"工程成立文件
（档号：GDJ-W-GP-0010，存放位置：中国石油管道局工程有限公司档案中心）

"八三"管道工程采取会战的方式，用的是"打人民战争"的办法，总共有解放军、石油工人、沿线农民等20多万军民参加了这场波澜壮阔的大会战。

庆抚线是"八三"管道工程的第一期工程，当时，建设长距离、大口径

中国石油档案故事

"八三"工程现场会
（档号：GDJ-S03-ZP-2007-155，存放位置：中国石油管道局工程有限公司档案中心）

解放军官兵开赴"八三"前线
（档号：GDJ-S03-ZP-2007-155，存放位置：中国石油管道局工程有限公司档案中心）

◎ 第三部分　开创篇

沿线民兵开赴"八三"前线（档号：GDJ-S03-ZP-2007-155，存放位置：中国石油管道局工程有限公司档案中心）

输油管道在中国尚属首次，缺乏建设长输管道的技术标准和经验，管道设计、焊接、防腐、油罐安装、大型河流穿越、严寒地区输送大庆"三高"原油（高凝点、高含蜡、高黏度）等一系列技术难题的对策无处借鉴；由于工程是当年计划、当年施工，缺乏管道建设需要的各种物资以及专用设备；缺乏电力、通信保障等。面对这些不利因素，"八三"管道工程的建设者们以为国分忧、敢挑重担的责任感和使命感，发扬"有条件要上，没有条件创造条件也要上"的大庆精神，不畏艰难、团结奋战。

庆抚线管道和储罐基础土石方量达600万立方米，由于没有挖掘设备，工程指挥部组织东北三省18万民兵和知青自带铁锹、镐等工具人工开挖，经过两个月的艰苦奋战，终于在封冻之前完成了任务；挖石方段和凿山洞则调来解放军工兵，嫩江穿越调来了舟桥部队，凡是艰难地段均由解放军突击完成；9座输油泵站的安装由哈尔滨、吉林、锦州等市包建，一个市建一至两个站，每个站都有一个市做依托。

当时施工人员住的是地窝棚，吃的是高粱米饭、咸菜，每天工作十几小时。每根管子重1.7吨，没有装卸设备，大家就创造了"滚杠装卸""拔杆装车"等办法，人工完成了装卸任务；没有专用运管车，汽车运管又供不上焊接速度，就设法找来牛车、驴车往工地上运送管子；没有管子对口机，就采用三脚架、导链等简单工具吊管，用螺丝刀对口，电焊固位。世界上除了中国，恐怕没有其他国家是靠人拉肩扛、铁锹大锤建成一条管道的。

1973年，经国务院批准，成立燃料化学工业部石油天然气管道局，负责国内长输管道建设和运营，管道局在"八三"管道工程会战中应运而生。当时参加"八三"会战的施工队伍多是从全国各油田抽调过来的，其中，辽宁石油五厂、六厂的队伍被称为一大队，四川油建的队伍被称为二大队，大庆油田的队伍被称为三大队，它们分别是管道局一公司、二公司、三公司的前身。经过"八三"会战，这三支队伍练就了一身过硬的本领，成为吃苦耐劳、作风顽强、敢打硬仗的管道铁军，后来成为管道局的王牌队伍。

嫩江穿越
（档号：GDJ-S03-ZP-2007-155，存放位置：中国石油管道局工程有限公司档案中心）

◎ 第三部分 开创篇

"八三"工程领导小组组长肖全夫在"八三"工程前线视察工作
（档号：GDJ-S03-ZP-2007-155，存放位置：中国石油管道局工程有限公司档案中心）

燃料化学工业部石油天然气管道局成立文件
（档号：01.A01.1973.A002，存放位置：中国石油管道局工程有限公司档案中心）

167

中国石油档案故事

燃料化学工业部石油天然气管道局单位大门
（档号：GDJ-S03-ZP-2007-155，
存放位置：中国石油管道局工程有限公司档案中心）

"八三"管道工程的建设者们克服了难以想象的困难，仅用一年时间，就建成了长660多千米、口径720毫米的中国第一条长距离、大口径的输油管道，于1971年10月一次投产成功，谱写了中国管道建设辉煌史诗的序篇。经过5年艰苦奋战，到1975年10月，相继建成了大庆至抚顺、大庆至铁岭复线、铁岭至大连、铁岭至秦皇岛、抚顺至辽宁电厂、抚顺至鞍山、盘山至锦西和中朝输油管道8条管道，总长2471千米。至此，东北管网格局基本形成，确保了大庆油田的高速开发，改变了我国石油行业"以运定产"的被动局面，有力支援了国民经济的恢复和发展。

通过"八三"会战，中国管道建设建立起涵盖设计、防腐、焊接、制管、泵站土建安装、管沟开挖回填、通信和穿越等工艺的一套较完整的技术体系，形成了"为国分忧、敢挑重担；尊重科学、勇于实践；团结协作，艰苦创业"的"八三"精神，并在"八三"精神的基础上凝练形成了"管道为业，四海为家，艰苦为荣，野战为乐"的管道精神，激励着一代代中国石油管道人接续奋斗、为国奉献。"八三"管道工程开创了中国石油管道事业发展的新纪元，"八三"精神薪火相传、永远留存！

◎ 第三部分　开创篇

大庆原油到达抚顺末站
（档号：GDJ-S03-ZP-
2007-155，
存放位置：中国石油管道局工程
有限公司档案中心）

铁岭至大连输油管线建成投产
（档号：GDJ-S03-ZP-
2007-155，
存放位置：中国石油管道局工程
有限公司档案中心）

策　划：王　浩　杨　勇
作　者：于建军　李爱莲　张　南　裴　蕾

169

▶ 寻找"出生证"和"全家福"

西北销售公司于新中国成立前成立，历史悠久、底蕴深厚，这是西销人口口相传的历史，但是公司从哪里来，何时成立，始终没有靠实的史料。我们一直苦苦追寻而未能找到的档案在2002年编撰《西北销售公司志》的过程中找到了，作为与史为友、以史为鉴的档案人，有责任把档案及档案背后的故事记录下来，发挥档案"归档存记忆、留史鉴未来"的重要作用。

《西北销售公司志（1946—2000年）》的编纂工作从2001年6月开始筹备，历史跨度长达半个多世纪，隶属关系几经调整，组织机构变更频繁，公司先后多次易址，基础资料不尽完整，编写难度很大，为确保编纂精度和进度，公司集中骨干力量，广泛邀请老领导、老员工书写回忆录，并以"官方"和"民间"两条渠道同步收集历史相关资料，充分做好前期准备工作。2002年3月，参编人员全部就位，召开了编辑室第一次会议，广泛征求意见，深入讨论研究，会上一位同志提供了一条南京档案馆藏有我公司部分历史资料的重要信息。

会后，志书主编刘守德和副主编侯践同志立即做了尽快去南京的安排，尽管那时历史资料是在南京市档案馆还是江苏省档案馆都无法肯定。抵达南京后，经多方探寻，方知历史资料在中国第二历史档案馆。在这里，他们一连求索了好几天，终于功夫不负有心人，找到了几份弥足珍贵的历史档案。

第一份是兰州营业所首任经理赵凤起于1946年9月2日发给国民政府资源委员会中国石油公司的电文，报告该所已于9月1日正式成立并在兰州益民

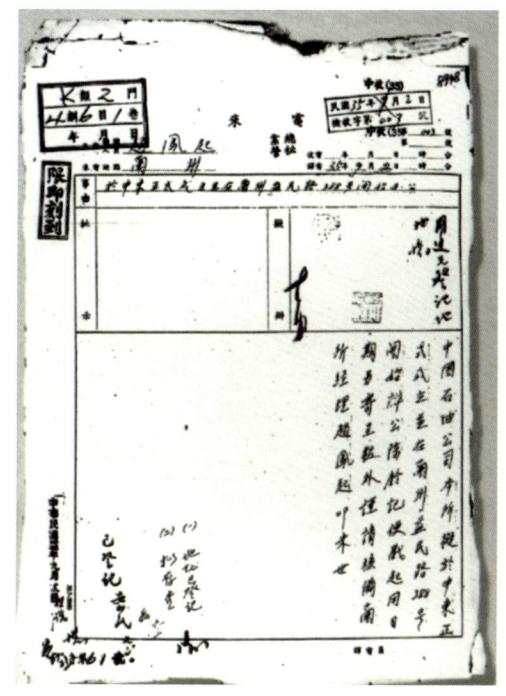

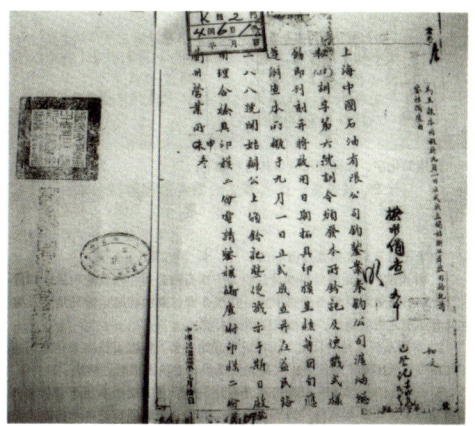

兰州营业所成立的电文

（档号：XBXS.1-1946-W-01-0011，存放位置：中国第二历史档案馆）

路388号（即今兰州市庆阳路"兰州市博物馆"后往西约30米处）开始办公，这是主证，清楚明白地证明了我们西北公司的前身——中国石油有限公司兰州营业所的诞生。

第二份档案是兰州营业所于1946年8月9日呈报给国民政府资源委员会中国石油公司该所开始办公并启用钤记（印章）、便戳的电函，这是佐证。

这两件档案资料，一个主证，一个佐证，完全可视作我公司的"出生证明"。至此，公司便把1946年9月1日作为诞生日期。

还有一份文件也弥足珍贵——《兰州营业所中华民国35年（1946年）9月份工作述要》（以下简称《述要》），即该所成立第一个月的工作简况汇报。

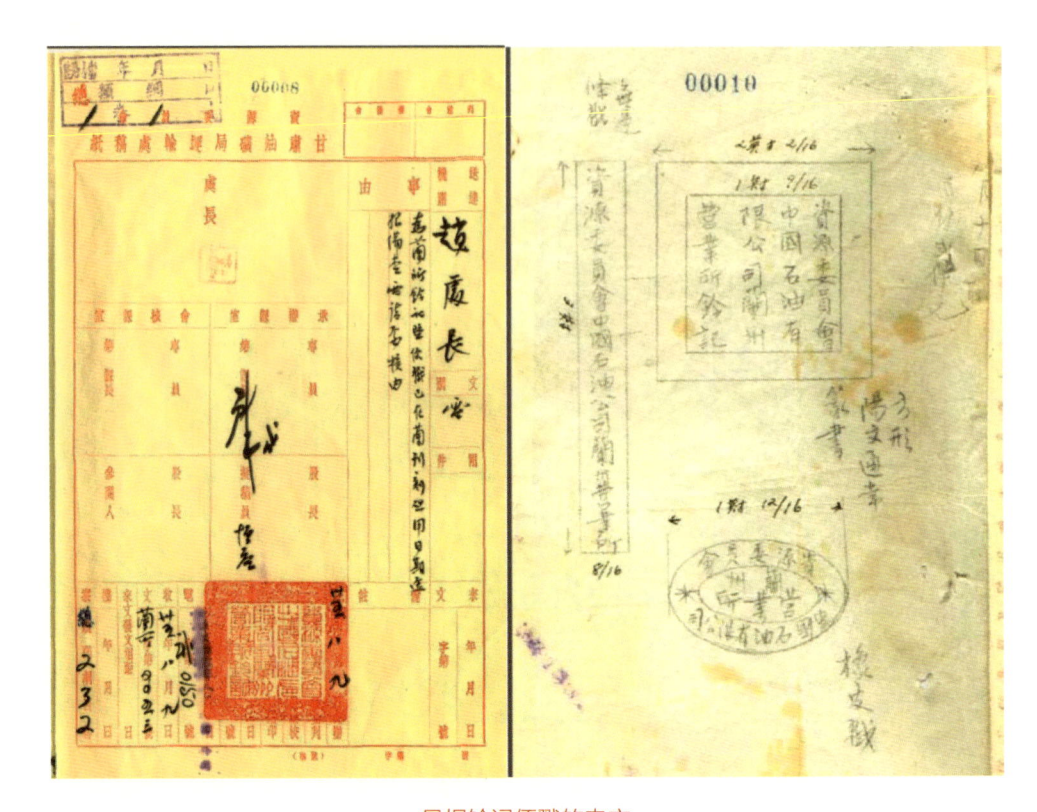

呈报钤记便戳的电文
（档号：XBXS.1-1946-W-01-0011，存放位置：中国第二历史档案馆）

《述要》总共200来字，3项内容，其中第一项内容明确地回答了"兰州营业所由何而来"，也就是其组建基础的问题，即"甘肃油矿局运输处（自）奉命改组为中国石油公司兰州营业所"，兰州营业所由甘肃油矿局运输处及其附属的运输课、供应课、机务课、兰肃段、兰州国光煤油销售处等单位整合而成，主要人员由甘肃油矿局调入，这就是兰州营业所一成立就有二三百辆运输车辆，比当时全甘肃省汽车总数还多的缘由。

另一份材料是"中华民国"35年10月30日（即1946年10月30日）中国石油有限公司关于八大营业所管辖范围的代电，这份文件恰如一张"全家福"，记录了兰州营业所的经营范围，包括甘肃、新疆、青海、宁夏、陕西五省及四川省广元以北的油品供应业务，覆盖了军事、经济、教育、金融、文化等领域。证明了公司成立之初发挥的重要作用，也见证了中国石油工业发展初期的营运范围和规模。

在志书的编撰过程中，编写组成员还先后到甘肃省商务厅、兰州军区（原）档案馆、甘肃省档案馆、兰州市图书馆等地多方追寻，查找到了不少重要的档案资料。编撰志书，我们始终坚持尊重历史、用事实说话，让档案发声、见证历史。

一次次曲折的探寻之路，体现了西北销售人不畏艰难、追根溯源的求真务实精神，我们用档案靠实历史，用史实展示公司78年的风雨历程，形成了厚重殷实的企业文化。几代西北销售人不忘初心、继往开来，始终保持了"四个不变"（国有企业的性质始终不变、大区公司的职能始终不变、服务炼

成立后第一个月的工作述要
（档号：XBXS.1-1946-W-01-0011，存放位置：中国第二历史档案馆）

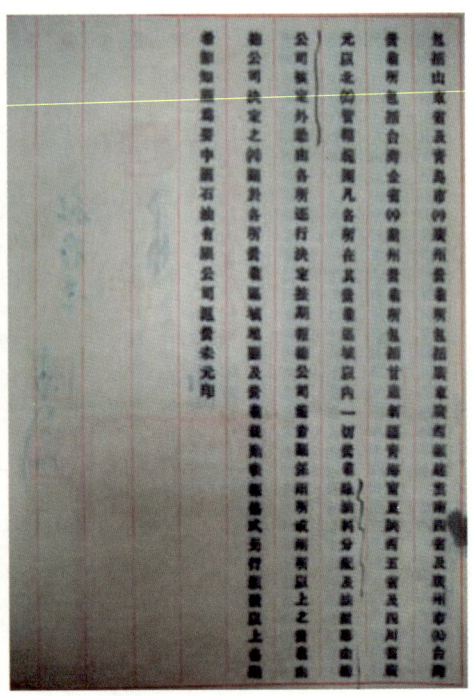

关于八大营业所管辖范围的代电
（档号：XBXS.1-1946-W-01-0015，存放位置：中国第二历史档案馆）

销企业的宗旨始终不变、艰苦奋斗自强不息的精神始终不变），形成了"五种精神"（爱国敬业精神、顾全大局精神、苦干实干精神、"三老四严"精神、合作共赢精神），确立了"服务创造价值"的核心理念，被誉为"石油销售摇篮"，为中国石油销售事业的发展做出了积极贡献。

策　划：白　玉
作　者：白　玉

▶ 一份"自主研发"的收获

天色渐晚，一天的时间显得特别的短暂，井场上除了抽油机在不停歇地抽排，地上的产液剖面测试工具显得格外的孤伶。井场外，几位身着红色工服的背影，在讨论着，试图分析这次测试工作开展不顺利的原因。显然测试工作遇到的技术问题让他们还没有时间去体味这一天的辛劳。

他们，是中石油煤层气有限责任公司工程技术研究院测试工艺所的几名基层员工。

虽只是一次常规的煤层气井产液剖面测试，却再一次验证了常规油气田的测试工具在煤层气井中的"水土不服"。

"要想做好煤层气井的产出剖面测试，没有现成的工具，必须依靠自主研发"，这是几年的实践中大家形成的共识。凭着工作中迎难而上、百折不挠的一股韧劲，大家在现场反复试验，出现的问题越多，越是激发了大家的斗志。

"必须要把这项工作做好、做精"是每一个人发自内心的愿望。因为大家明白，在煤层气井生产过程中，随时追踪产出井的动态变化，掌握各煤层的产出情况，对煤层气田高效、合理地开发具有重要指导意义。

经过几年的试验、摸索，对于常规仪器在煤层气井应用中存在的问题，他们其实已经了然于胸。煤层气多采用有杆泵排采，产出剖面测试需在环空中开展，空间狭小，难度较大。且排采管柱一般下至煤层以下，液面位于煤层以下，井筒内产出气向上流动，水向下流动，流动状态十分复杂，给井下产气产水剖面测试带来了极大困难。针对上述难题，在试验过程中，在他们心中也逐步形成了一套完整的解决方案。

从常规油气田引进的测试仪器最小外径通常为26毫米，且受制于煤层气井下的复杂流动状态，在煤层气井的应用效果较差。国外如斯伦贝谢、哈里伯顿、Sondex、威德福等公司开发的相关技术服务，可以测量流量、温度、压力、密度（持气率）和伽马深度等参数，但是仪器外径更是达到了43毫米，而且测量范围只适用于20000米^3/天以上的流体。适用于煤层气井的小直径、低产量、可测试不同流体流向的测试仪器在国内外均处于研究空白状态。"拿来主义"是行不通的，只能走自主研发的路子。

在此背景下，工程院通过大量的技术调研，同时与现场进行充分结合，从仪器整体结构设计到测试参数优选、组合，对煤层气井测井仪进行了整体的系统化设计。

一次次的试验，一次次推翻原有方案，一次次重新设计，"铁人精神"激励着大家，自主研发的过程虽困难但快乐着，自主研发的脚步虽慢却稳步向前。

最终，一套适用于煤层气井特殊井下工况的新型煤层气井产出剖面测井仪器样机成功出炉。新型煤层气井产出剖面测井仪拥有紧凑的结构设计、高度集成的机械和电路，可同时进行温度、压力、磁性定位、热式流量、探针持气、微波持气、涡轮流量、超声流量等多参数的测量。

通过高集成度、高精度主控芯片的设计，简化电路的同时也提高了仪器精度和抗干扰能力。采用虚拟示波技术，支持Relogging功能，多任务多窗口的便携地面系统。

拿到仪器后，大家爱不释手，但心里却并没有丝毫的松懈。"仪器是研发出来了，现场用着怎么样呢？"每个人的心其实都还悬着。于是，大家又马不停蹄地与现场对接，组织开展现场试验。

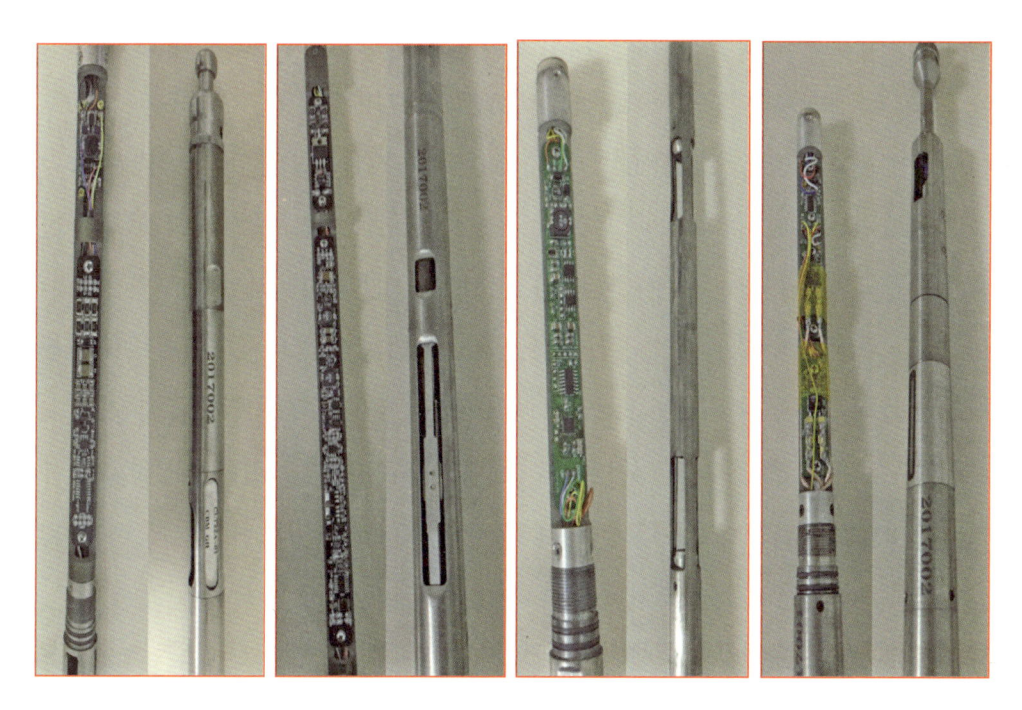

煤层气井测井仪
（档号：CBM.5-R04-0001，存放位置：煤层气公司西安基地档案室）

地面系统示意图
（档号：CBM.5-R04-0001，存放位置：煤层气公司西安基地档案室）

第1口井成功了，第2口井又成功了……最初的3口井一次施工成功率100%，后期的解释数据与现场吻合。在经过几个月的现场试验、数据分析后，在仪器历经多次入井又顺利起出后，大家悬着的心总算放下了，几年来积压在胸口的抑郁终于一扫而空。自主研发的路子,大家脚踏实地地走通了。

成功,往往都不是一帆风顺的。尽管首次应用便取得了成功,但现场测试过程中还是发现了仪器稳定性欠佳的问题,与设计要求还存在一定差距。

通过对仪器进行再解剖、再研发,技术人员不仅提高了仪器单趟测井过程中的稳定性,还进一步使仪器具备了长期置于井下进行连续监测的稳定使用功能。在两气合采项目的井下分层流量永久监测中,下入井内连续使用超过半年时间,为分析煤层气、致密气两气合采动态提供了大量的监测数据。

在后续的生产应用中,利用该仪器共开展煤层气井产出剖面测试数十井次,井下分层流量永久监测3井次,均取得了较好的应用效果。

困难从来都不可怕,怕的是没有攻坚克难的决心;

技术永远都在进步,只要我们有刻苦钻研的精神。

信心满满开展测井施工
(档号:CBM.5-R04-0001,存放位置:煤层气公司西安基地档案室)

科研也许是枯燥的，要求你专心致志地去面对。科研也许是艰难的，要求你在一次次的失败中重新出发。科研的道路是漫长的，因为会有一个又一个难题待你去解决。科研的成果是可贵的，科研其实也是快乐的。因为新型煤层气井产出剖面测井仪成功解决了煤层气井产出剖面测试现场难题。发明专利《一种测井仪》已进入实质审查。我们会记下这份可贵与快乐。

策　划：王玉斌　郭智栋
作　者：蔺景德　游国庆　刘新伟　郭宇翔　徐思渊

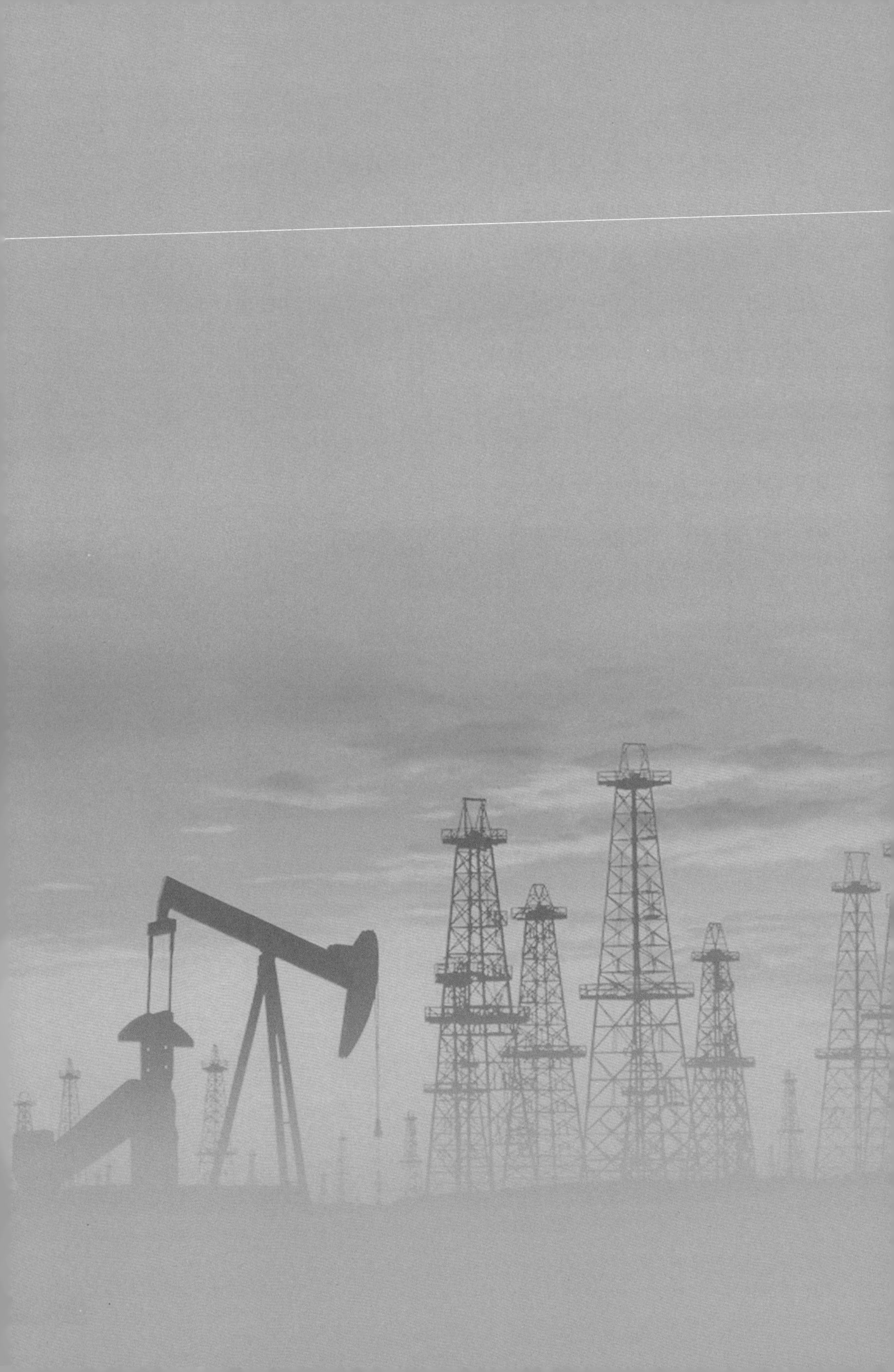

第四部分

荣誉篇

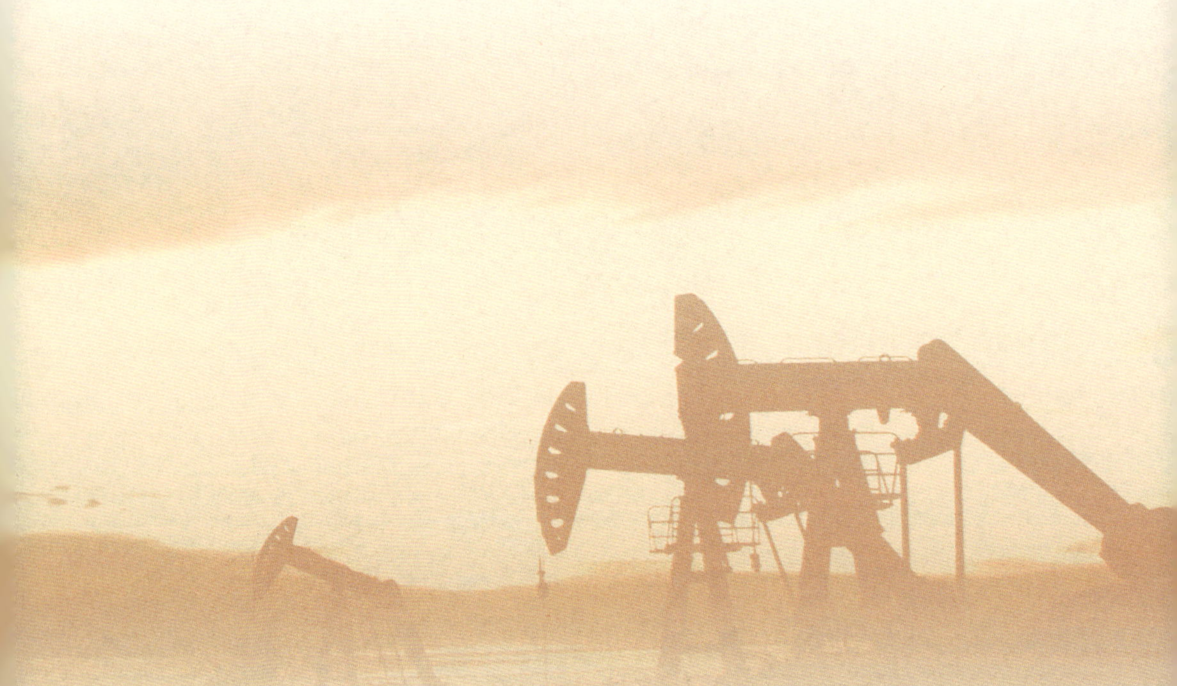

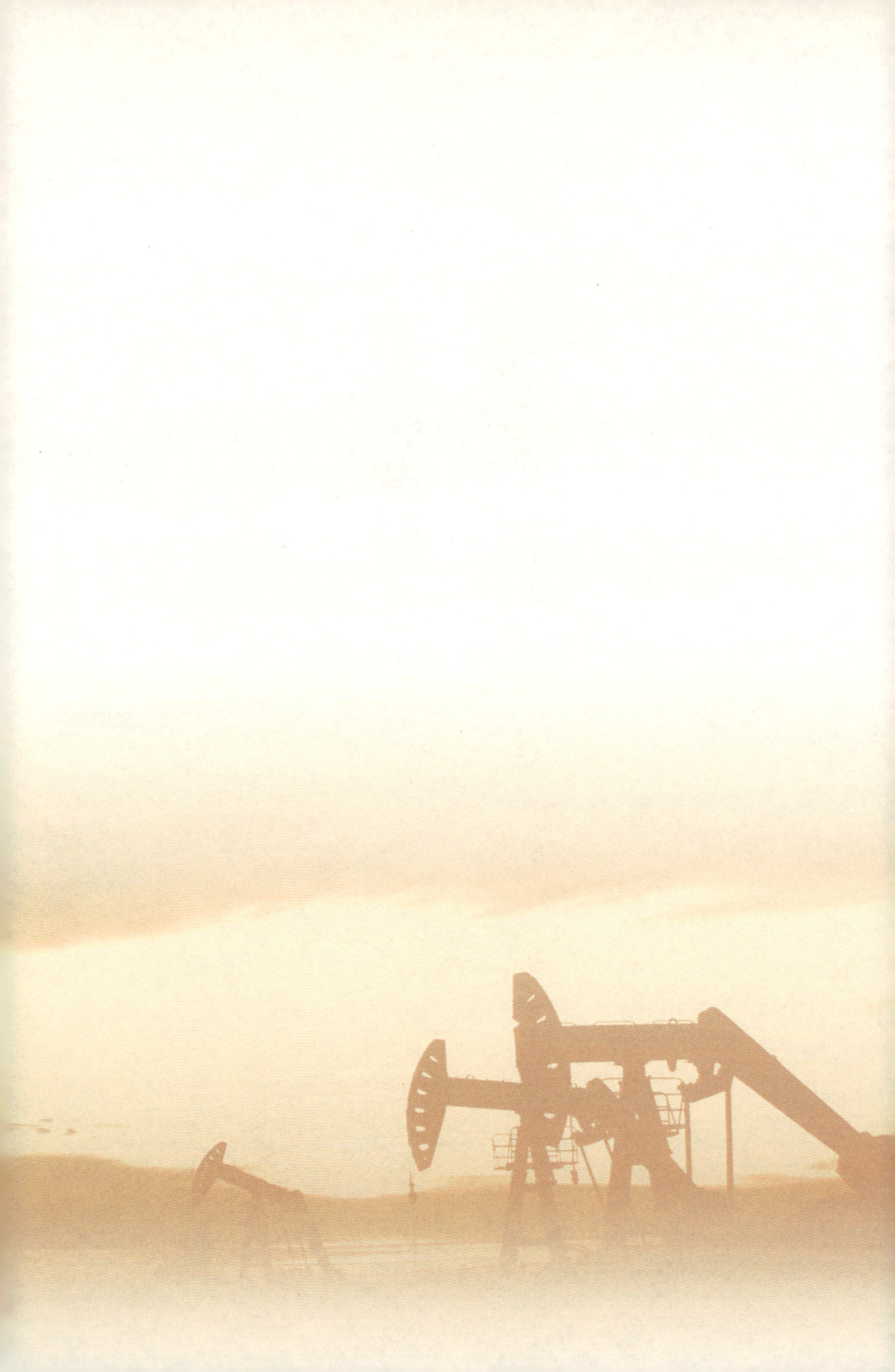

▶ 立足稠油攻关　荣获国家大奖

国家大奖

依托新疆油田环烷基原油资源，历经三十多年的钻研、创新，克拉玛依石化分公司已经成为中国石油最重要的高档润滑油和沥青生产基地，也是西北地区低凝柴油、喷气燃料的主要生产基地。2010年，公司总结多年加工环烷基稠油的经验与技术，以"环烷基重质原油加工技术开发及应用"项目申报中国石油科学技术进步奖，并荣获一等奖。紧接着与中国石化石油化工科学研究院等4个单位联合申报2011年度国家科学技术进步奖，申报题目为"环烷基稠油生产高端产品技术研究开发与工业化应用"。2011年5月，经专业评审和评委审查、电话答辩，国家科技部化工组推荐该项目为国家科学技术进步奖一等奖。后经成果现场勘察、大评委会专家视频答辩等程序，该项目获国家科技部审核通过并予以公示。

国家科学技术进步奖一等奖证书
（档号：KLMY-R01-ZZ-0084，存放位置：中国石油克拉玛依石化分公司档案中心）

中国石油档案故事

时任总经理张有林代表公司参加国家科学技术奖励大会
（档号：KLMY-S03-ZP-0006，存放位置：克石化公司档案中心）

  2012年2月14日上午，国家科技奖励大会在北京人民大会堂召开。时任公司总经理张有林代表公司参加大会。获得这项国家大奖，是对公司几代石化人奋勇拼搏、持续创新的最高褒奖，也是对公司作为环烷基稠油加工基地、生产系列高端产品、为国家发展建设做出重大贡献的充分肯定。

研发历程

  公司自1959年建厂起，前二十多年能开发生产独具特色的润滑油产品得益于加工得天独厚的低凝原油。自1984年以来，能继续生产高端特色润滑油产品是科研人员针对稠油加工技术不断攻坚克难、持续研发创新的结果，是几代石化人殚精竭虑、前赴后继、刻苦钻研的智慧结晶。1988年，原油年加工能力只有65万吨，30年后的2018年，原油年加工能力600万吨以上。公司的快速发展，不仅是量的巨变，更有质的飞跃。

20世纪80年代，伴随国家经济建设的快速发展，交通运输、设备制造及电力等行业对高端特种油品需求迅速增加，但国内石化企业生产高端特种油品技术空白，变压器油、冷冻机油、高档润滑油等高端特种油品市场基本被国外大公司垄断，高档高端油品主要依靠进口，花费国家大量外汇。

在新疆油田低凝原油逐年递减，而稠油产量逐年增加的形势下，走劣质资源"深耕细作"加工和高效利用之路成为公司的现实选择。在集团公司大力支持和兄弟科研生产单位积极配合下，公司持续开展了对稠油加工的科研攻关和工业化应用。

环烷基稠油是克拉玛依油田生产的一种高酸、高钙、高黏的劣质原油，因其难采、难输、难炼，稠油曾一度被称为"愁油"，开采出来经过蒸馏后，只能生产出少量的轻质油品，大量渣油作为燃料烧掉，整体经济效益较低。面对"愁油"难关，公司科技人员持续进行自主研发，长期开展联合攻关和不断进行工业化应用，攻克了稠油深加工的一道道技术难题，先后解决了稠油分采、分输、分炼工艺技术和工程化问题，稠油加工过程中设备管道防腐蚀、稠油二次加工减少生焦量提高液体总收率、特色产品研发以及产品升级换代等问题。

从20世纪80年代中期开始，公司与中国石化石油化工科学研究院等单位强强联合，深入开展催化剂研发攻关、加氢技术攻关和工业应用攻关，对不同环烷基稠油馏分采用适度加氢或深度加氢、脱芳保环，物尽其用，实现了产品选择性精制（脱除金属、胶质、沥青质、芳香烃、硫氮等杂质或非理想组分）与保留理想组分、保持优良环烷基特性的合理兼顾。先后开发了多种加氢催化剂和中高压加氢组合技术、加氢技术和传统工艺的组合技术，研制出国家急需的系列特种油品，如变压器油、冷冻机油、橡胶填充油、BS光亮油等。在环烷基稠油减压渣油利用方面，公司自主研发，采用渣油深度脱油脱蜡生产脱油沥青；脱油沥青与经过适度深拔的减压渣油进行定量调和，成功研制出重交通道路沥青系列产品，以及水工沥青、改性沥青、特种沥青等产品，实现了环烷基稠油减压渣油的高质化利用。

项目主要创新成果

公司通过近三十年持续研发攻关，厚积薄发，一举攻克稠油深加工这一国际性难题，研究成果覆盖环烷基稠油开采、储运、炼制、产品研制和市场开发全过程，形成了具有中国石油自主知识产权的环烷基稠油深加工成套技术。项目主要创新成果包括：

首创环烷基稠油低凝品质表征方法，运用这种方法可以指导油田在原油开采时有效地将环烷基稠油从原油中分采出来。克拉玛依油田共建设了1955套原油分采和6套原油分馏设施，累计分输品质纯正的环烷基原油3000余万吨。仅2010年，就从1089万吨原油中获得环烷基稠油413万吨。

发明中压加氢改质组合工艺技术，将稠油多环芳香烃转化为变压器油的理想组分，该技术应用于改善变压器油的析气性。公司采用该组合工艺生产的KI50GX等12个变压器油产品，通过了西门子、ABB公司认证。其中25X、50X在国家重点工程交流1000千伏和±800千伏直流特高压输变电线路上成功应用。

首创环烷基馏分"加氢脱金属—加氢处理—临氢降凝—补充精制"高压串联全氢型工艺技术，成功开发了23个牌号橡胶油，该系列产品多环芳香烃含量低于欧盟最严格的Ⅰ类限值，成为中外橡胶企业长期指定用油；生产的光亮油，满足API 二类基础油标准；研发的全封闭冷冻机油仅5年时间国内市场占有率就从0上升到70%，上海电气、新日本石油、日本能源、松下、美国爱默生等众多知名企业均优先选用公司生产的系列冷冻机油产品。

研制出系列高等级沥青，实现环烷基渣油的高质化规模利用。研发出13个牌号的道路沥青和水工沥青，产品在多条高速公路、水利工程和机场跑道得到应用。

2009年，公司7个科研项目荣获"中国企业新纪录"称号。其中，利用高压加氢工艺技术生产高黏度、中黏度指数润滑油基础油150BS（2003年）和研制生产新型绿色冷媒配套全封闭冷冻机油（2004年），这两项新产品为国内首家生产；研制生产的高压直流输电换流变绝缘油（2003年），通过对减压塔顶部塔内件局部改造提高柴汽比（2003年），利用高压加氢工艺技术生产环保型KNH、KP系列橡胶油（2004年），依托新疆油田独特的环烷基原油资源研发彩色沥青系列产品（2005年），新型重质原油脱钙集成技术（2005年）5个科研项目为国内首创。

该项目历年来形成授权专利30件（发明专利28件）、企业技术秘密15件、国家行业标准19项、专著3部、高端产品75种。形成了具有自主知识产权的环烷基稠油加工成套技术。

应用劣质稠油深加工和精加工技术，公司建成了400万吨/年的稠油集中加工与特色产品生产基地；主要产品白色橡胶油和冷冻机油市场占有率位居世界第一，变压器油位居世界第二，橡胶油等多个产品获得"全国用户满意产品"称号；达到了"吃粗粮、产精品、增效益"的目的，实现了稠油深加工技术从空白到具有国际先进水平的历史性跨越。

策　划：黄国强　徐焕田
作　者：陈文燕　周玉兰　江兰英　郭　新　黄扶显　刘　娟

▶ 减阻剂自主研发走上行业领先之路

在国家管网北方管道有限责任公司（2020年10月由中国石油管道分公司更名而来，以下简称"管道公司"）科技研究中心的档案馆中，油品减阻剂的相关技术成果、荣誉占据了显要的位置。其中最让人印象深刻的档案来自2009年1月，管道公司减阻剂项目组成员参加了国家科技大会，在庄严的人民大会堂从国家领导人手中接过国家技术发明二等奖证书。这是多么大的荣誉和鼓励！该成果还获得了集团公司技术创新一等奖、技术发明二等奖、"国家重点新产品""中国石油优质产品""河北省高新技术产品"等多个省部级奖励。

面对沉甸甸的奖励，项目组百感交集，这不是一个人的荣誉，这是整个中国石油的荣誉，是近二十年，几代人不停努力和探索的结果，更是中国石油几代领导人全力支持，坚持国产化的成果。

20世纪80年代，如何降低长距离大管径输送管道能耗，成为摆在管道人面前的一个瓶颈问题。国外减阻剂产品在国内的有效应用，使人们看到

国家技术发明二等奖证书
（档号：16-S1-S05.2009.001，
存放位置：管道公司管道
科技研究中心档案馆）

了突破瓶颈的希望，国内很多研究机构纷纷投入到减阻剂的研究工作中。但是，国外公司对减阻剂产品实行了严格的技术保密政策，以达到垄断市场的目的，此外由于该产品生产工艺复杂且危险，各种工业化尝试因始终无法解决产品爆聚问题，很多研究机构逐渐放弃研制。

1999年，中国石油管道公司管道科技研究中心成立。立足国家能源需求急速上升，管道行业将进入以安全高效输送为主题的大发展时期的背景，公司认为管道增输技术将成为油气储运领域中关键问题，减阻剂研发必须作为超前课题立即开展，要立即瞄准世界技术尖端，研发与国外大公司性能相当的一流减阻剂产品！

面对公司与国内管道行业发展需求，项目组有了强烈的紧迫感、使命感和责任感。组内成员立即从零做起，加工订做实验器皿，迅速搭建合成装置，在没有任何国外经验借鉴的情况下，完全靠自己不停地摸索，反复地试验，不断地在成功、失败中反复，多少个日日夜夜，已经忘记了疲惫，但是始终抱定一个信念：外国人能做到的事情，中国人一定也能行！探索之路是寂寞的，也是艰苦的，只有投身于科学事业，专注于项目研究的人，才能在失败和挫折中越战越勇。

宝剑锋从磨砺出，梅花香自苦寒来。在各级领导的大力支持下，2001年10月，当减阻剂产品成功合成出第一釜的那一刻，项目组成员欢呼雀跃，大家的兴奋和激动无以言表，再也抑制不住泪水，兴奋、激动、焦虑等各种情绪都在此刻爆发。

激动过后，项目组意识到，成品的研制距离最终成功还有关键的一环，那就是现场应用的效果，所以大家丝毫不敢懈怠，开始了现场工业应用的探索之路。在多方调研和比较后，决定在西部花土沟-格尔木管线进行现场应用试验。从减阻剂产品注入格尔木管线的那一刻起，项目组紧张地等待着，

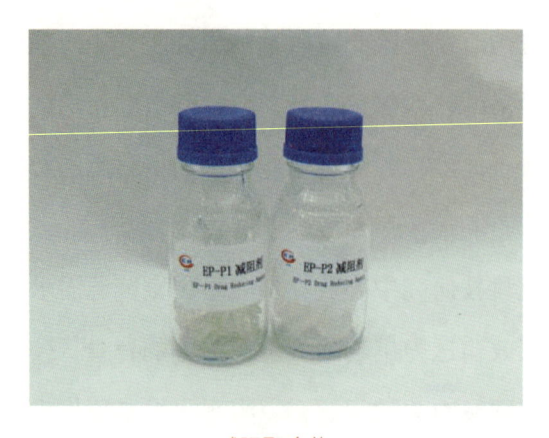

减阻聚合物
（存放位置：管道公司展览馆）

期盼着。10分钟，20分钟，1小时……当指针转过2小时后，首站调度从监控室看到了输送压力的降低和输送量的增加，调度长惊喜地说道："这东西太神奇、太不可思议了，注入这么一点点，竟然引起了压力和输送量的变化。"此时项目组已经明白，产品的研制获得真正成功了。

随着首次现场实验的成功，该成果在中国石油、中国石化和中国海油多条管线均获得了成功应用。国内应用成功后，项目组又把目光投向了海外市场，2002年8月在苏丹原油管线进行现场试验取得成功。2002至2003年仅苏丹大尼罗河石油作业公司就向中国石油订购减阻剂1506立方米，为中国石油创造了直接的经济效益，也为用户带来至少1.85亿美元的额外收入。同时，在国际市场打响了中国石油的产品品牌。

该成果的社会效益也非常显著，例如2005年8月成功地解决了由于庆铁线突发意外事故，大庆油田、吉林油田向关内输油的东北管网主管道堵塞带来的安全生产问题。

在2008年春季南方抗击雨雪冰冻灾害中，在不增加任何人员、设备的情况下，仅仅向管线中注入减阻剂，实现了每天向灾区多运送成品油数千吨，有效地解决了灾区成品油的市场供应，得到了社会和有关部门的肯定。

2008年5月，四川发生特大地震灾害，作为灾区唯一的一条成品油管道——兰成渝输油管线成了保障抢险工作顺利进行的一条生命线。地震可能使管线变形、移位，导致管线承压能力下降，在运行过程中一旦发生断裂，后果将十分严重。在余震频繁和地质情况不明朗的情况下，通过向管线加注减阻剂，实现减阻率20%以上，使管线能够增输、安全、平稳运行，保证了赈灾中成品油的供给，对抗震救灾起到了至关重要的作用。

管道公司减阻剂相关的技术成果档案被一次次借阅，一代又一代减阻剂新产品被研发，为企业创造了经济效益，提高了管线安全运行能力。项目组先后在国内获得授权专利40余件，核心技术在英国、美国和俄罗斯也都获得发明专利授权，为产品发展寻找到更广阔的空间。

秉承管道公司"人无我有、人有我强、人强我优、人优我特"的科技发展理念，不断推进项目的持续创新。如今，项目组在国际上又率先研制出减阻剂的新型催化体系替代即将停产的原催化体系，项目组将攻克一个个难关，取得更多成绩，不断提高国内管道的输送水平，保障国家能源稳定供应。

策　划：严都晟　杜雅丽
作　者：霍连风　胡　森　汤　怡　朱莉梅

▶ 奇迹是怎样创造出来的

2008年6月30日，连通四国的中国-中亚天然气管道（以下简称"中亚管道"）正式开工建设。这是我国第一条引进境外天然气资源的陆上能源通道，起点位于土库曼斯坦，途经乌兹别克斯坦、哈萨克斯坦，在我国新疆维吾尔自治区霍尔果斯市与国内的西气东输二线相连，总里程超过1万千米，是迄今为止世界上距离最长的天然气"大动脉"。中国-中亚天然气管道采用A/B双线并行敷设，单线长度1833千米，当时许多国际公司普遍认为，中亚管道没有五六年是建不成的，然而，中国石油管道人仅用了18个月的时间，于2009年12月14日贯通投产，创造了世界管道建设史上的奇迹。这个神话般的奇迹，究竟是怎样创造出来的呢？

攻坚克难，乌兹别克斯坦从零开始

项目运作初期，为了确保中亚管道能够顺利启动，管道局中亚项目部就超前组织开展商务调研、标准制定、施工资源平衡和协调等准备工作。尽管对可能遇到的困难有所预估，但当项目部进入乌兹别克斯坦的"第一人"张永清进行实地调研时，还是感受到了意料之外的困难。乌兹别克斯坦是一个相对落后的国家，法制不健全，市场环境非常特殊，社会政治背景、现行的法律法规非常不利于外国公司在该国开展业务，外商经营环境极差，几乎没有外国公司在其境内从事大型工程项目建设的记录，曾到这里投资的两家国际知名企业均以失败告终。这次，管道局也是头一回进入乌兹别克斯坦的工程建设市场，毫无经验可循，一切都要从零开始。

路都是人走出来的，没有路那就蹚出一条路。项目部没有被困难吓倒，选派精干人员多次深入乌兹别克斯坦境内管道沿线的城市、村庄，徒步踏勘地形地貌，了解社会依托，与当地政府广泛接触，熟悉当地法律、税务及工作流程，走访乌兹别克斯坦的国家公司，摸清当地工程设备、材料、人力资源等状况，掌握了大量翔实准确的第一手信息和资料，为后来合同谈判、商务运作、施工组织的顺利实施奠定了基础。施工期间，由于乌兹别克斯坦油料管制严格，每次只能加少量的油，远远不能满足设备需要，项目员工就像蚂蚁搬家一样，用搜集到的20多个废弃油桶，跑遍各个加油站和零售商店，人拉肩扛一趟趟往营地送，持续了两个多月。

打破常规，设备动迁开创先河

古语有云：兵马未动粮草先行。由于中亚管道签署的是"照付不议"协议，工期后墙不倒，必须争分夺秒，否则国家和中国石油都将蒙受巨大损失。为确保项目能够在第一时间开工，设备和人员动迁必须提前实施、及时到位。但当时业主尚未与管道局正式签订EPC合同，按照中哈乌三国（中国、哈萨克斯坦、乌兹别克斯坦）的法律，设备和人员无法正常动迁，加上中亚管道开工之初正赶上国内处于汶川地震、举办奥运会等特殊时期，车皮非常紧张，物资运输十分困难。

为此，中亚项目部与业主密切配合，不厌其烦地多次拜访商务部、海关总署、商检总局、交通部和铁道部以及哈、乌两国相关部门，反复沟通协调，争取理解支持，不具备条件也要创造出条件，最终通过与哈萨克斯坦签订"动迁合同"、与乌兹别克斯坦签订"接货合同"的方式，成功实施了大规模的施工设备跨国动迁。特别是当时项目一线急需一批管道专用设备，当地

租用俄罗斯大型飞机空运设备
（档号：GDJ-G-GP-0813，存放位置：管道局档案中心）

又购置和租赁不到，从设备生产商那里现购也来不及，面对这种特殊紧急情况，管道局党委果断决策，以国家利益和中国石油大局为重，从局内工程单位和国内在建项目上紧急征调，不讲条件、不计成本，采用大型包机空运方式，尽快将所需设备运送到中亚管道前线。这在管道局历次工程建设中是第一次，也是迄今为止唯一的一次。最终，前后5个月时间，共计动迁大型施工设备1608台套，确保了中亚管道建设需求。

创新工艺，管道施工降本增效

参加过中亚管道建设的员工都会讲一段在哈萨克斯坦如何躲避移民局工作人员和警察的故事，这是因为在中亚国家办理劳务签证太难了，本地合格的焊工很少，可工程又不等人。怎么办？那就只有把出国参建人数减到最少，把施工效率提到最高。为此，中亚项目部决定，由总焊接师靳红星牵头，组织相关技术人员，研发一种高效的焊接工艺。

靳红星和研发组成员反复讨论后认为，机组的焊接速度取决于根焊速度，而且要尽可能地减少填充量，目前根焊速度最快的技术是内焊机根焊，而在填充方面，中国管道焊工最熟练的焊接方法是自保护药丝半自动焊，这也是管道局的看家本领。于是，他们决定尝试研发"内焊机根焊+半自动焊填盖"的焊接新工艺。为精确计算坡口的填充面积，他们先后设计了56张坡口图，进入试验阶段后就整日整夜"泡"在试验现场，并根据检测结果、焊工体会不断优化焊接参数和坡口尺寸，熬了两个多月，最终取得了合格的试验数据及最佳的坡口尺寸。2008年4月，在监理MOODY公司的监督下，新工艺通过了焊接评定，同时焊工培训和考试也顺利通过。

实践证明，中亚项目部自主研发的"内焊+半自动焊"新工艺非常高效，预热温度低，根焊速度快，半自动焊填充量减少了30%，工效提高了2倍，劳动强度降低了1/3，并创造了单机组日焊接158道口、月焊接34千米的新纪

采用"内焊机根焊+半自动焊填盖"施工现场
（档号：GDJ-G-GP-0813，存放位置：管道局档案中心）

录。同时，由于新工艺的推广应用，仅在哈萨克斯坦段减少中方员工600人，节省了600个哈萨克斯坦劳务签证，产生直接经济效益2640万美元。

突破瓶颈，线路投产保障有力

伊犁河是亚洲中部最大的内陆河，与中亚管道交汇于哈萨克斯坦扎尔肯特市南。中亚管道要实现2009年底单线通气的目标，伊犁河穿越是必须攻克的"卡脖子"工程，被称为中亚管道第一穿。

按照原定的施工计划，伊犁河穿越于2009年2月开工，共穿越3次、长度1057米。主要困难有3个，一是有970米为中细砂层地层，极易导致施工中钻孔坍塌、泥浆外泄，风险很高；二是冬季高寒地区施工，泥浆防护和回拖发送比较困难；三是第一次组织实施管壁厚28.6毫米、管径1067毫米的大管径管道定向钻穿越，缺乏经验，存在不确定因素。2008年9月，中亚公司在廊坊召开伊犁河穿越专题会，为确保中亚管道全线如期完工，将伊犁河穿越开工时间提前至2008年10月，并且要求中亚项目部5天内动迁设备。

工期的提前打乱了中亚项目部之前的部署，也加大了伊犁河穿越的压力，但"军令如山"，不容置疑。中亚项目部迅速调整部署，兵分国内国外两路，同时加快工作节奏，与时间进行赛跑。国内立即开展设备材料的清理、装箱、标示、装车起运，并通过武装部门报送清关；在哈萨克斯坦境内，鉴于伊犁河穿越段是起伏的沙丘，加快修出一条7千米长、4米宽、可载重50吨的砂石路，为大型钻机设备动迁扫清障碍。

2008年11月3日，伊犁河穿越正式开钻，一旦开钻就必须24小时连续工作。冬季夜晚的伊犁河边，最低温度已经达到零下30多摄氏度，员工的眉毛上结了冰霜，整个背部雨衣结了一层冰，嘴唇冻得不听使唤。50多岁的机组长来永生忍着腰椎疼痛,在现场手握对讲机指挥,寒风中一站就是48小时,直到回拖结束,由于长时间站立,脚部血液流动不畅,两天下来双脚浮肿,鞋都脱不下来。经过46天的艰苦奋战,中亚管道A线伊犁河穿越一次成功,有了A线成功的经验,B线穿越仅用了26天,最终伊犁河穿越比预定工期提前一个月完工。

2009年12月14日,中国、土库曼斯坦、哈萨克斯坦、乌兹别克斯坦四国领导人齐聚阿姆河右岸,共同启动通气阀门,标志着横跨四国的能源大动脉——中国-中亚天然气管道建成投产。

中国-中亚天然气管道项目是中国与中亚三国精诚团结、互利合作的典范,承载着四国人民世代友好、互利共赢的良好愿望,这条管道凝聚着四国建设者们的辛勤汗水,他们以战天斗地的昂扬斗志、精益求精的科学态度、坚持不懈的奋斗精神、齐心协力的团队意识,安全、高效、优质地完成了管道建设任务。

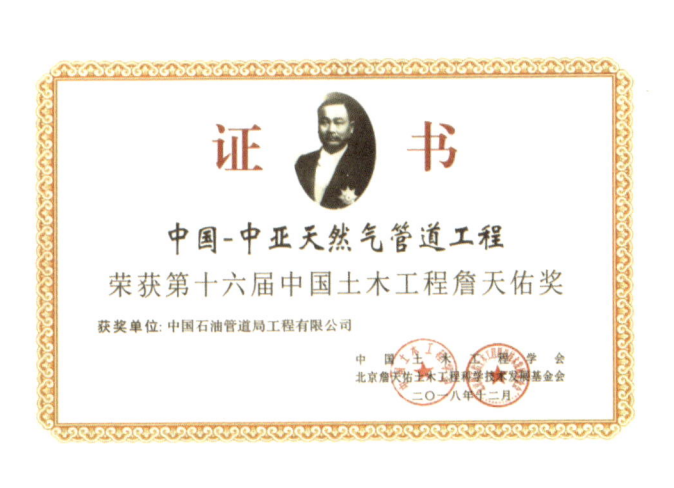

中亚天然气管道工程荣获詹天佑奖
(档号:GDJ.16-R01-2018-0044,存放位置:管道局设计院)

2019年4月12日，第16届中国土木工程詹天佑奖在北京揭晓并颁奖，管道局承建的中国-中亚天然气管道工程荣获中国土木工程领域最高奖项——詹天佑奖。这是管道局首次获得土木工程领域的最高奖项，中国-中亚天然气管道工程也成为自詹天佑奖创立以来首个获此奖项的跨国长输管道工程。

中亚管道的奇迹不是天上掉下来的，不是大自然的鬼斧神工，是中国石油管道人凭借坚定的理想信念、满腔的爱国情怀、无私的奉献精神，用聪明的智慧和无尽的心血创造出来的，这是中国力量的深刻诠释，这是大庆精神铁人精神在新时期的生动体现，这个奇迹是对中亚天然气管道建设者们最好的致敬。

策　划： 王　浩　于建军
作　者： 李爱莲　戚雪疆　裴　蕾

▶ 一套特殊而"沉甸甸"的档案

在中国寰球工程有限公司北京分公司的档案馆藏里有一套档案，静静地立在档案密集架里，从其朴素的外观看不出它与其他档案的区别，但只要关注过《中国石油报》2012年10月8日头版头条上有关"我国首套国产化大型乙烯装置投产成功"报道的人都能立刻感知到这套档案的来之不易以及其特殊与沉甸甸的分量。

作为中国首套国产化大型乙烯装置，中国石油大庆石化分公司（以下简称"大庆石化"）120万吨/年乙烯改扩建工程的龙头项目——新建60万吨/年乙烯装置于2012年10月5日22时18分生产出合格产品，宣告我国首个国产化大型乙烯成套技术工业化获得成功，宣告我国正式告别半个多世纪以来乙烯技术一直依赖进口的局面，极大提升了中国石油乃至我国石油化工行业在国际炼化领域的地位和话语权，具有划时代里程碑意义。中国寰球工程有限公司（以下简称"寰球公司"）档案库房里保管的这套"大型乙烯装置工业化成套技术开发"成果文件——工艺包正是大庆新建60万吨/年乙烯装置项目成功实现建造背后的技术支持者和保驾护航者。

这套档案的起源要从2008年说起，2008年8月"大型乙烯装置工业化成套技术开发"重大科技专项的立项呈批件获批，项目立项预审会于2008年10月28日在中国寰球工程有限公司会议中心1号会议室召开。集团公司科技管理部何盛宝副总经理在会上明确要求项目的牵头组织单位中国寰球工程有限公司及各课题承担单位务必周密部署，积极行动，攻坚克难，在技术开发过程中坚决贯彻好"先进、成熟、可靠"的理念,注重现有技术的集成、优化和消化吸收再创新,充分利用集团内外的资源,开阔思路,全力以赴完成"大型乙烯装置工业化成套技术开发"重大科技专项工作,为进一步提升中国石油的技术创新能力和乙烯工业的技术水平,为实现大型乙烯裂解炉关键设备国产化,降低装置投资,缓解乙烯成本压力做出重要贡献。会议确定了该项目"60万吨/年乙烯成套工艺包开发及回收分离工艺集成优化""具有新型辐射段炉管的裂解炉和相关设计技术开发""石油烃裂解产物预测系统应用开发""与工艺技术配套的相关工程设计技术开发""乙烯装置用配套催化剂的研制开发"5个课题中需要解决的关键技术问题、研究目标和主要内容、技术和研究路线(方案)、预期成果和考核指标、计划进度安排及经费等。项目立项预审会开启了日后项目设计人员长达4年的艰苦奋斗之路。

为高质量、圆满完成集团公司部署的科研攻关任务,作为项目牵头单

大庆乙烯工艺包

(档号:20011-27-01~09,存放位置:中国寰球工程有限公司北京分公司档案库房)

大庆乙烯全厂掠影
（档号：HQCEC-S03-W-2013-GP-0004，
存放位置：中国寰球工程有限公司北京分公司档案库房）

位的中国寰球工程有限公司按照专业分工，及时组建了工艺、设备、管道、仪表等7支200多人的大型科研攻坚团队。该团队建立了一套"人员上新老结合、以老带新，搞科研带队伍，齐头并进；流程上有规划、有安排、有内容、有检查、有考核、有总结"的严谨、严密、高效的工作模式。从乙烯裂解炉结构、工艺过程及控制、安全环保到配管与管道应力分析等，四年时间里，团队成员紧密配合、披星戴月、加班加点、任劳任怨工作，在公司各级领导的大力支持、关心与指导下，先后成功完成了具有自身特点的裂解技术和前脱丙烷前加氢分离工艺技术的研发工作，解决了诸多技术难题，掌握了多项关键技术，形成了具有自主知识产权的大型乙烯装置工业成套工艺包。项目设计人员在自主开发工艺包技术的同时还进行了大量的系统开发工作，克服了装置大型化带来的一系列工程问题，使工艺和工程技术达到大型乙烯装置工程化的要求，期间实现了"更新和补充工艺系统计算程序；在国内率先解决了大型X型换热器入口分布器的结构设计，技术水平达国内先进水平；编制了设备超大平台的计算程序、特殊管架的设计计算程序和设备吊装时筒体应力的计算程序，解决了大型设备吊装过程中设备自重对设备厚度影响问题，满足了工程设计的需要，形成了公司的核心技术……"等十个方面的技术创新。

2009年3月后期，公司和大庆石化完成分离部分工艺包研究，工艺包设计通过股份公司审查；2011年8月国产化大型裂解炉工艺包通过股份公司科技部专家审查。专家组一致认为中国寰球工程有限公司开发的工艺包工艺流程合理、风险可控，各项技术指标达到国内领先、国际先进水平，可以作为初步设计的依据，同意验收。依托本专项开发的乙烯分离工艺技术、大型裂解炉工艺技术以及关键工程技术等一系列成果建设的大庆石化60万吨/年乙烯装置，于2012年10月5日产出合格乙烯产品，实现了自主技术的首套成功应用，也标志着"大型乙烯装置工业化成套技术开发"项目的完成。2014年4月，中国石油的"大型乙烯装置工业成套技术"经与国际知名专利商同台竞技，成功中标神华宁夏煤业集团有限责任公司煤化工副产品深加工综合利用项目的100万吨/年烯烃裂解装置，实现了自主技术在外部市场推广的重大突破。

乙烯关键设备——裂解炉（档号：HQCEC-S03-W-2013-GP-0004，存放位置：中国寰球工程有限公司北京分公司档案库房）

"大型乙烯装置工业化成套技术开发"项目前后历时4年，完成了课题一到课题五的技术攻关，实现了一系列独特的技术创新点，拥有专利63件、专有技术7项、共有产权软件1套，发表论文39篇，形成了大量系统性的有形化资料。获得2016年度国家科学技术进步奖二等奖及2015年度中国石油天然气集团公司科学技术进步奖特等奖。

2015年度中国石油天然气集团公司科学技术进步奖特等奖证书
（档号：HQC.00-R01-2015-0002，存放位置：中石油档案管理系统）

大型乙烯装置工艺包的开发成功，打破了中国长期受制于国外技术垄断的局面，意味着中国石油率先掌握了具有自主知识产权的大型乙烯成套技术，结束了乙烯核心技术必须引进的历史，降低了装置投资，缓解了乙烯成本压力。目前该技术已在多套装置上成功推广，为中国石油化工的发展贡献了一份力量，也翻开了中国乙烯工业历史的崭新篇章，具有划时代的里程碑意义。

历经四载刻苦创新、顽强攻关、辛勤建设，才凝聚出了这一套特殊而"沉甸甸"的档案，这套档案中饱含了集团公司领导对寰球公司的殷切期待，汇聚了各方专家的经验与智慧，凝聚了研发人员的劳动和心血，凝聚了项目建设人员的汗水与力量，充分体现了中国石油人不畏挑战、勇敢担当的品质。它将成为中国石油实现自主乙烯工业腾飞的契机，促进中国由"石化大国"向"石化强国"不断迈进！

中国石油和化学工业专利奖证书
（档号：HQC.00-R01-2017-0016，存放位置：中国寰球工程有限公司北京分公司档案库房）

策　划：宗艳芹　于小茜
作　者：宗艳芹　秦　楠

▶ 专利金奖的打造之路

2006年1月，中国石油天然气股份有限公司石油化工研究院兰州化工研究中心（原中国石油兰州石化公司石油化工研究院，以下简称"兰州中心"）发明的"一种复合多金属氧化物催化剂及制备方法"荣获第9届中国专利金奖。这是兰州中心技术研发进程中值得铭记的历史时刻。当然，一项荣耀和成功的背后，往往伴随着一段艰辛的历程和奋斗故事……

《一种复合多金属氧化物催化剂及制备方法》荣获中国专利金奖
（档号：PRI.1-R01-0268，存放位置：石油化工研究院兰州化工研究中心档案室）

丙烯酸是重要的有机合成原料及合成树脂单体，广泛用于合成树脂、合成纤维、高吸水性树脂、建材、涂料等工业部门，对国民经济建设具有重大作用。

丙烯气相氧化制丙烯醛、丙烯酸是国际上普遍采用的丙烯酸制备工艺路线，世界丙烯酸产量的85%以上都是采用该技术生产的。该工艺的技术核心是高性能催化剂，因此催化剂研发是世界各大化工公司关注的焦点。由于该工艺路线反应过程复杂，尤其是两段催化剂的反应机理、催化剂设计及制备过程的控制、工艺配套性的建立等技术问题长期困扰着国内的研发团队。2003年以前，该工艺路线及其配套催化剂均由国外公司垄断，中国只有北京东方化工厂、中国石油吉林石化分公司、上海华谊丙烯酸有限公司3套装置，产能仅为30万吨/年，催化剂全部依赖高价进口。这种局面极大地制约了丙烯酸产能的提高，由于下游产业的需要，每年均需大量进口丙烯酸。

兰州中心从事丙烯氧化制丙烯醛、丙烯酸催化剂研究开发30余年之久，先后开发出三代固定床用催化剂，尤其是第二代、第三代催化剂的研发，在催化剂配方设计、特种制备技术、产物分析及预测等方面取得了重大突破，先后完成了催化剂小试及放大制备研究，取得了中国石油天然气股份有限公司的技术成果鉴定，最终于2003年在上海华谊丙烯酸有限公司5000吨/年装置上实现了工业应用，取得了令人满意的效果。工业装置运行结果表明，丙烯转化率大于98%，丙烯反应空速提高到90～110h^{-1}，丙烯醛收率达到81%，丙烯酸收率至88%，催化剂具有活性高、选择性好、热点温度低、工艺操作弹性宽等优点，整体运行效果达到了此前在该装置运行的进口催化剂水平。在催化剂的研发过程中，兰州中心联合上海华谊丙烯酸有限公司开发了拥有自主知

"丙烯酸及酯新工艺生产关键技术"荣获2004年度国家科学技术进步奖二等奖（档号：PRI.1-R01-0228，存放位置：石油化工研究院兰州化工研究中心档案室）

识产权的国产丙烯酸生产工艺技术,该项目荣获2004年度国家科学技术进步奖二等奖。

项目实施过程中,兰州中心非常重视知识产权的保护工作,先后申请了以"一种复合多金属氧化物催化剂及制备方法(专利号ZL03121882.2)"为核心专利的30余篇催化剂专利群,在专利层面上全面保护了该项技术成果。以本专利为核心的高空速丙烯氧化制丙烯醛、丙烯酸催化剂,先后应用于上海华谊丙烯酸有限公司、中国石油吉林石化分公司,江苏裕廊化工有限公司、江苏三木集团有限公司、浙江卫星石化股份有限公司、山东齐鲁石化开泰实业股份有限公司、正和集团、中国石油兰州石化分公司等新建丙烯酸装置,国内市场占有率达到50%。

以该核心专利为支撑的国产丙烯氧化制丙烯醛、丙烯酸催化剂的工业应用,使中国丙烯氧化制丙烯醛、丙烯酸生产领域终于打破了国外催化剂专利商的长期垄断,直接引发了中国丙烯酸行业的爆发式增长。截至2015年,经过十余年的高速发展,中国丙烯酸产能从2003年的不到30万吨/年增长到2015年的345万吨/年,已超越美国和欧盟,一跃成为世界最大的丙烯酸生产国,总产量占世界丙烯酸产能的35%左右,仅丙烯氧化制丙烯醛、丙烯酸生产领域就陆续诞生了4家上市公司。该专利的大规模实施为国民经济做出了突出的贡献。

这项技术的产业化应用,产生了可观的经济效益和社会效益:国产高空速丙烯氧化制丙烯醛、丙烯酸催化剂获得国家科学技术进步奖二等奖1项,派生的子专利授权30余项,实现了在10余套大型工业装置上的应用。自2003年工业化以来,受益于该催化剂及其配套国产化工艺的推广,已诞生了江苏裕廊化工有限公司、浙江卫星石化股份有限公司等知名上市公司。形成直接经济效益近2亿元,间接经济效益约50亿元。

如今，石油化工研究院兰州中心丙烯氧化制丙烯醛、丙烯酸催化剂技术的深度研发方兴未艾，新一代"催化人"正在续写精彩的奋斗故事。

策　划： 何盛宝　亓荣彬
作　者： 刘肖飞　李　玮　郝　萍　韦栋宝

▶ "铁军"称号的由来

"铁军"？什么是"铁军"？"铁军"是什么军？什么样的队伍才能算得上"铁军"？"铁军精神"究竟又是怎样一种精神？那就让我们来说说——"铁军"。

1955年，一批久经战火的解放军官兵，脱下军装，收藏起记录着生命代价的军功章，从战火纷飞的疆场走进玉门油矿，借鉴军队模式，创建出一支执行石油特种作业、特殊工程抢险双重任务的"特种部队"，成了共和国第一代压裂人。这是一群没有军衔的军人，虽然穿着褪色的绿军装，但是军人气魄永不褪色，军人的血脉，钢铁的纪律，被注入这支石油队伍——井下压裂队。

在国家经济困难时期，井下压裂队作为夺油主力，以油田开发建设为己任，艰苦奋斗、矢志为油，人拉肩扛搞修井、夺油上产殊功勋，掀起了群众性修井夺油会战。1955—1986年，压裂队累计压裂11777井次，压裂增产100多万吨。井下压裂队在玉门30多年，一套机组压裂1万多井次，堪称世界冠军。创出了日压13口，深井、超深井压裂，最大排量，最大加砂量等一系列国际国内一流水平。为玉门在20世纪50年代撑起全国石油产量的"半壁江山"，实现两个稳产10年。井下压裂队的赫赫战功在国内石油系统打响了名号。

1987年四五月间，时任青海石油管理局局长吴耀文向玉门石油管理局提出，请压裂队对其花土沟油田的尕斯库勒湖、油沙山、狮子狗等区块进行压裂改造，为青海油田勘探寻求新的突破口。历时一个月，压裂队行程数千千米，完成4口合同井施工和追加的1口探井压裂任务。施工中，甲方为了打开新局面，精心筛选边缘死井、自喷枯竭井和正常生产井三类油气井作为压裂对象。井下压裂队以新技术、新工艺一举突破，口口合格，产能大幅度提高。施工结束后，青海石油管理局专门举行隆重的欢送大会，称压裂队是"铁军"，并赠送压裂队一面"铁军"锦旗。

1990年10月14日，压裂队奉命赴疆，对鄯善油田进行先导性压裂试验，寻求新区开发良策。吐哈油田因低孔、低渗、低压和地层敏感性特性，试采中表现出严重的渗透差异，直接影响开发方案编制和大规模开发。22日，鄯4-9井压裂先导性试验首获成功，日产油量由2.5立方米提高到87立方米。时任中国石油天然气总公司总经理王涛亲临现场，勉励压裂队发扬"铁军"精神，迎接吐哈油田大规模开发。

1991年，吐哈会战指挥部决定，对鄯善油田实施整体压裂改造，以鄯善油藏作为整体施工单元，按照人的意志使压裂产生的人工裂缝与油藏、井网达到最佳匹配，提高水驱油藏的扫油效率，最终提高采收率和产量。这就是

1991年3月23日，时任中国石油天然气总公司总经理王涛到井下作业处慰问
（档号：THYT.10-S03-0013，存放位置：吐哈油田井下作业公司档案室）

◎ 第四部分 荣誉篇

"铁军"题字
（档号：THYT.10-R01-0235，存放位置：吐哈油田井下作业公司档案室）

史无前例的"开发压裂"，由井下压裂队赴吐哈承担鄯善油田整体压裂开发先导性试验。

1991年3月23日，王涛总经理在玉门现场办公，得知压裂队即将赴吐哈会战，专程前去看望压裂队员，称赞说："同志们，你们个个是铁人，队伍是铁军。今天，我送给你们一个值得骄傲的名字——铁军！"

会战结束后，王涛总经理为井下"铁军"题字，现在这幅题字保存在吐哈井下作业公司档案室内。

2002年，公司发动员工，忆传统、讲故事，回顾"铁军"50年发展史。组织专人，系统挖掘、收集整理提炼企业精神、服务理念和核心价值观，形成"让油田更年轻"的企业宗旨、"军令重如山"的"铁军"精神、"没有永远的一流，只有永恒的追求"的发展观和"效益诚可贵，诚信价更高"的服务理念。

2003年吐哈井下作业公司（原吐哈井下技术作业公司）与中央电视台合拍反映公司特色装备、特色技术、特殊人才、特色文化的专题片《铁军》，并采访了原石油工业部部长王涛同志。

中国石油档案故事

采访中老部长说:"因为铁人是从玉门油田出去参加大庆会战的,你们的队伍是一支铁军,所以我就送给你们一个光荣的称号,铁军,就是这么来的。""我跟外国人经常讲,中国的石油队伍,跟外国使用同一个同一样同一种设备,我相信,中国的石油队伍比任何哪一个国家的队伍都做得好。""这个队伍尽管我不在位置上了,但是,我相信,他们可以创造出人间的奇迹。"

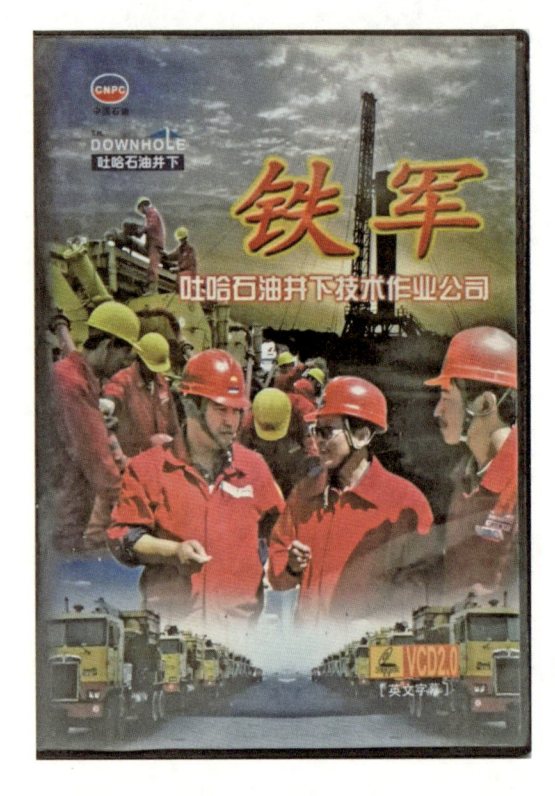

吐哈井下公司宣传片《铁军》
中文解说英文字幕
(档号:THYT.10-GP-0411,
存放位置:吐哈油田井下作业公司档案室)

"中国石油井下铁军"
(档号:THYT.10-R01-0234,存放位置:吐哈油田井下作业公司铁军展厅)

◎ 第四部分 荣誉篇

2004年7月,世界石油大会高级副主席、原石油工业部部长王涛为井下公司题词"中国石油井下铁军"。

在吐哈井下作业公司的发展过程中,先后获得过全国五一劳动奖状、全国先进基层党组织、全国职工职业道德建设十佳单位、全国模范职工之家等荣誉称号……这些荣誉为"铁军"增添了更加耀眼的光环,现在这些荣誉证书保存在吐哈井下作业公司档案室内。

全国五一劳动奖状证书
(档号:THYT.10-R01-0138,
存放位置:吐哈油田井下作业公司档案室)

2001年井下技术作业公司获全国先进基层党组织奖牌
(档号:THYT.10-R01-1113,
存放位置:吐哈油田井下作业公司档案室)

2005年5月28日《铁军丛书》首发仪式合影留念
（档号：THYT.10-ZP-0532，
存放位置：吐哈油田井下作业公司档案室）

吐哈井下铁军充分利用媒体系统介绍铁军文化，编写《铁军》丛书，创办《铁军周刊》《铁军》网页、《铁军》论坛，宣传营造企业文化氛围，打造铁军文化。

铁军"铁"在以铁的纪律、铁的制度与情感管理。

铁军"铁"在以一流的装备、一流的技术支撑自我发展、自我创新的实力。

铁军"铁"在有着钢铁作风、站得稳、打得赢的高素质职工队伍。

从半个世纪前共和国第一支压裂队伍的历史光芒中盎然成长，屡创佳绩，再到世纪更替之际在国内众多队伍中的脱颖而出，第一个走出国门参与国际合作。每一次成功的背后，每一个荣誉的光环下，都是：敬业、担当、执行、严明的铁军精神；思想育军，作风建军，技术强军，文化领军，市场阅军的铁军理念；"一流无永恒，超越到永远"的铁军品格；"合同是军令，军令重如山，井场是战场，战场无弱兵"的铁军作风；无一不闪烁着铁军文化底蕴的灵光。

"铁军"还有很长的路要走。在未来的发展中，既要弘扬铁军精神，又要不断学习借鉴国内外成功企业的先进经验，与时俱进，不懈探索、创新不止。要顺应时代要求，立足行业特点，提高职工素质，增强企业凝聚力，提升企业核心竞争实力，助力吐哈井下作业公司高质量发展。

策　划：李同桂　张慧年
作　者：张歆歆　牛璐玲

独山子百年梦圆筑神话

独山子石化分公司（以下简称"独山子石化"）千万吨炼油百万吨乙烯工程，是国家西部大开发标志性工程，是我国与哈萨克斯坦能源合作战略的重要组成部分。该工程采用一流技术、执行一流标准、选取一流设计单位、引入一流施工单位、建设一流工程，设立安全、质量、廉政3条"高压线"，实行质量、安全一票否决，严格执行标准规范，科学组织施工，打造"安全工程、优质工程、阳光工程、绿色工程、效益工程"。2009年9月，它与青藏铁路、三峡工程、国家体育场（鸟巢）一道入选新中国成立60周年"百项经典暨精品工程"。

2015年12月18日，2014—2015年度创建国家优质工程总结表彰大会在京隆重召开，千万吨炼油百万吨乙烯工程成为本届8个"国家优质工程金质奖"获得者之一。"国家优质工程金质奖"是我国工程建设质量方面设立最早、规格最高的国家级荣誉。1981年设奖以来，全国仅有97项工程获此殊荣。

2015年12月25日，独山子石化档案馆收到"国家优质工程金质奖"奖杯和"国家优质工程奖"奖牌，成为档案馆镇馆之宝。

千万吨炼油百万吨乙烯工程投产至今，保持了安全平稳运行，累计加工原油8592万吨，生产乙烯1275万吨，上缴税费911亿元，近4年连续盈利131亿元。每年带动新疆创造1000亿元以上产值，为保障国家能源安全、促进新疆经济社会发展做出了积极贡献。

◎ 第四部分　荣誉篇

新中国成立60周年
百项经典暨精品工程奖杯、
奖牌、证书
（档号：60-R01-054，存放位置：独山子石化档案馆）

"国家优质工程金质奖"奖杯、奖状
（档号：DSZSH-R01-0148、0149，存放位置：独山子石化档案馆）

217

大业定鼎

2003年10月,《中国石油天然气股份有限公司独山子石化加工进口哈萨克斯坦含硫原油炼油及乙烯技术改造工程可行性研究报告》出炉,标志着独山子石化正式进入哈萨克斯坦原油加工权的争夺赛。同月,由技术、经济、安全、生产等方面的专家骨干组成的北京工作组,带着独山子父老乡亲的殷切期盼,赴京开始工程预评估会的筹备工作。

11月16日,各路精英齐聚北京,明确分工,压实责任,全力以赴筹备工程预评估会会议材料。第一次预评估会上,独山子石化的汇报材料得到了专家组的高度评价。11月29日,可研报告通过预评估。

2004年1月4日,《中国石油天然气股份有限公司独山子石化加工进口哈萨克斯坦含硫原油炼油及乙烯技术改造工程可行性研究报告》通过正式评估。

2004年1月19日,独山子石化改扩建炼油及新建乙烯工程项目正式上报国家发展和改革委员会。

2005年2月8日,经过国家相关部门的认真评估后,独山子石化改扩建炼油及新建乙烯工程项目获得国家发展和改革委员会核准。

见证独山子力量

回顾大项目工程建设走过的岁月,似乎只是弹指一挥间。然而只有建设者才能真正体会到这座巍然屹立在天山脚下的现代化石化基地是建立在什么样的基础之上,矗立在戈壁上的炼化装置"多少工夫始筑成"。

四年建设,让世界看到了独山子力量。

宝剑出鞘 迸发独山子力量

2005年，电视连续剧《亮剑》全国热播。在剧中，李云龙说："古代剑客们在与对手狭路相逢时，无论对手有多么强大，就算对方是天下第一剑客，明知不敌，也要亮出自己的宝剑，即使倒在对手的剑下，也虽败犹荣，这就是亮剑精神！"

利剑出鞘，谁与争锋！回顾独山子的发展历史，独山子人向来不畏艰难险阻，有战胜任何挑战的坚定意志和能力，凭借的就是这种"亮剑精神"。正如独山子石化公司领导讲话中提到的"千万吨炼油百万吨乙烯工程开工建设，使独山子进入了一个特殊的'战争时期'。每一位同志都要忠于职守，扎扎实实干工作，不管在什么岗位，不管遇到什么困难，都要敢于亮剑，敢于打硬仗——剑锋所指，所向披靡！"

建设千万吨炼油百万吨乙烯工程，独山子人没有建设如此庞大工程的经验，困难重重，工作千头万绪，压力铺天盖地。考验面前，独山子人再次亮剑！他们夙兴夜寐，勤奋工作。四年建设期间，因工作需要，每天在各施工点间奔走，步行二十多千米的独山子人不在少数，算下来，他们早已在工地上完成了"二万五千里长征"。

鞠躬尽瘁，死而后已。退休的徐广斌，放弃外地企业高薪，回到独山子，成为项目焊接专业负责人。为了保证焊接质量，他从未停歇，每日奔走在工地，从严把关每道焊缝质量，直到他被病魔夺走生命。在炉管焊接现场，我们忘不了他发现焊条使用错误时说过的一句话："焊条用错了，那不是要命吗？"正是这种高标准严要求，造就了过硬的焊接质量。

席不暇暖，心系工地。4年来，多少现场工作人员习惯了没有节假日的生活，他们的家人也习惯了在工地的亲人数日甚至十几日不在家的日子。化工管理部挤压造粒机专家张军先说："我为全密度聚乙烯挤压造粒机付出了三年多的时间，在这三年多，我陪它的时间远超过了陪孩子的时间。"

能量迸发，沛莫可御。4年来，独山子生产经营、工程建设一套人马、双线作战，拼搏奉献、战功卓著。2006年，千万吨炼油百万吨乙烯工程各装置设计审查、设备技术谈判、现场施工、制度建设齐步向前，高效推进。2007年，工程建设取得阶段性成果，一个现代化的石化基地已现雏形。2008年，工程累计投资243亿元，占总投资的81%。大炼油建设全部完成，7套生产装置及辅助设施具备中交条件；大乙烯建设基本完成，10套生产装置机械竣工；公用工程实现部分装置投用，动力站两炉一机移交生产，实现并网发电，污水处理厂高标准中交。2009年9月21日，工程建成投产。这4年，独山子石化既有装置保持安全平稳生产，主要经济技术指标保持集团公司先进，核心竞争力持续提升。

"五个一流"凝聚独山子力量

2005年8月22日，在独山子石化千万吨炼油百万吨乙烯工程奠基仪式上，集团公司党组要求，把独山子千万吨炼油百万吨乙烯工程建成装置大型、技术先进、效益显著的一流工程，建成设计达标、质量可靠、运行稳定的优质工程，建成生产安全、资源节约、产品清洁的绿色工程，建成带动西部、造福边疆、促进和谐的阳光工程。

我们牢记集团公司党组嘱托，按照"五个一流"，一步一个脚印，扎扎实实地开展工作。

——采用一流技术。工程选用了英荷皇家壳牌（SHELL）、美国UOP公司、美国S&W公司、德国林德（Linde）等世界著名公司的专利技术，建设一流装置。

——按照一流标准。建设初期，工程建设指挥部制定了严格的质量控制标准，采用标准均高于国家和行业标准。

——选取一流设计院。入选设计院均有国家甲级资质，实力较强。中国石化工程建设有限公司、中国寰球工程有限公司、洛阳石化工程建设集团有限责任公司、西北电力设计院等单位均有总包经验，承担过国际国内大型石油石化工程的设计。

——引入一流施工队伍。选取了石化、电力行业实力较强的建设单位，均承建过国内外大型工程。

——建设一流工程。引入矩阵式管理、联合管理团队等世界顶端的现代化工程管理理念，坚持从严管理，体系全面覆盖，为建设一流工程提供了保障。

底蕴丰厚　积淀独山子力量

千万吨炼油百万吨乙烯工程的成功建设与开工，再次证明了独山子人越是艰险越向前的拼搏精神，展现了"忠诚石油、埋头苦干、精细管理、勇创一流"的独山子精神特色，用实际行动诠释了石油精神。

独山子精神不断闪耀着时代的光辉。从20世纪70年代的"自立自强创优争先的开拓精神，挖潜增效苦干实干的愚公精神，严细文明注重实效的科学精神，团结互助爱厂如家的主人翁精神"，到20世纪90年代的"爱岗敬业，求真务实，自加压力，艰苦奋斗，团结严细，勇攀高峰"，再到今天的"励精图治，追求卓越"，独山子精神一脉相承，独山子人一直有着强烈的忧患意识和紧迫感，干就干最好，争就争第一，创就创一流，力争把每一件平凡的小事做到最好。

大展经纶手，伟业铸英雄。正是北京工作组成员、工程建设者、工程管理人员、设计监护人员、生产操作人员、机关工作人员、后勤服务人员和各级领导的日夜坚守、拼搏奉献，才有了今日的发展局面，为独山子精神特色注入了新的时代内涵。

梦圆今朝

工程建设期间，党和国家领导人先后视察独山子，对工程建设和未来发展提出了殷切期望。独山子人牢记嘱托，不辱使命，日夜奋战在建设一线。2009年9月21日，独山子千万吨炼油百万吨乙烯工程建成投产。

这是一个浩大的工程。有156个单项工程，总投资300亿元。钢结构总用量46万吨。用这些钢，至少可以建起4座鸟巢。各装置管线总长度达3600千米，这是一个可达北京的长度。

这是一个利国利民的工程。围绕独山子石化形成的产业链，可以带动新疆维吾尔自治区石化工业迅速发展，造福新疆各族人民，为带动新疆地区经济发展注入新的动力、活力。

结束语

一座"金质奖"奖杯、一块"金质奖"奖牌，见证了独石化千万吨炼油百万吨乙烯工程的传奇发展史，见证了那段激情燃烧的岁月。为了最真实、最准确、最完整地保留项目建设档案资料，档案人员从项目成立之初就如影相随，去记录、去发现、去见证。记录项目每一步的成长，发现那一个个感动的人和事，见证建设者的选择与担当，翔实、准确、完整地建立了工程档案，为真实、全面地反映千万吨炼油百万吨乙烯工程建设全过程贡献了青春与力量。

策　划：林震宇　张朝君
作　者：曾　永　徐　玲　郭　楷

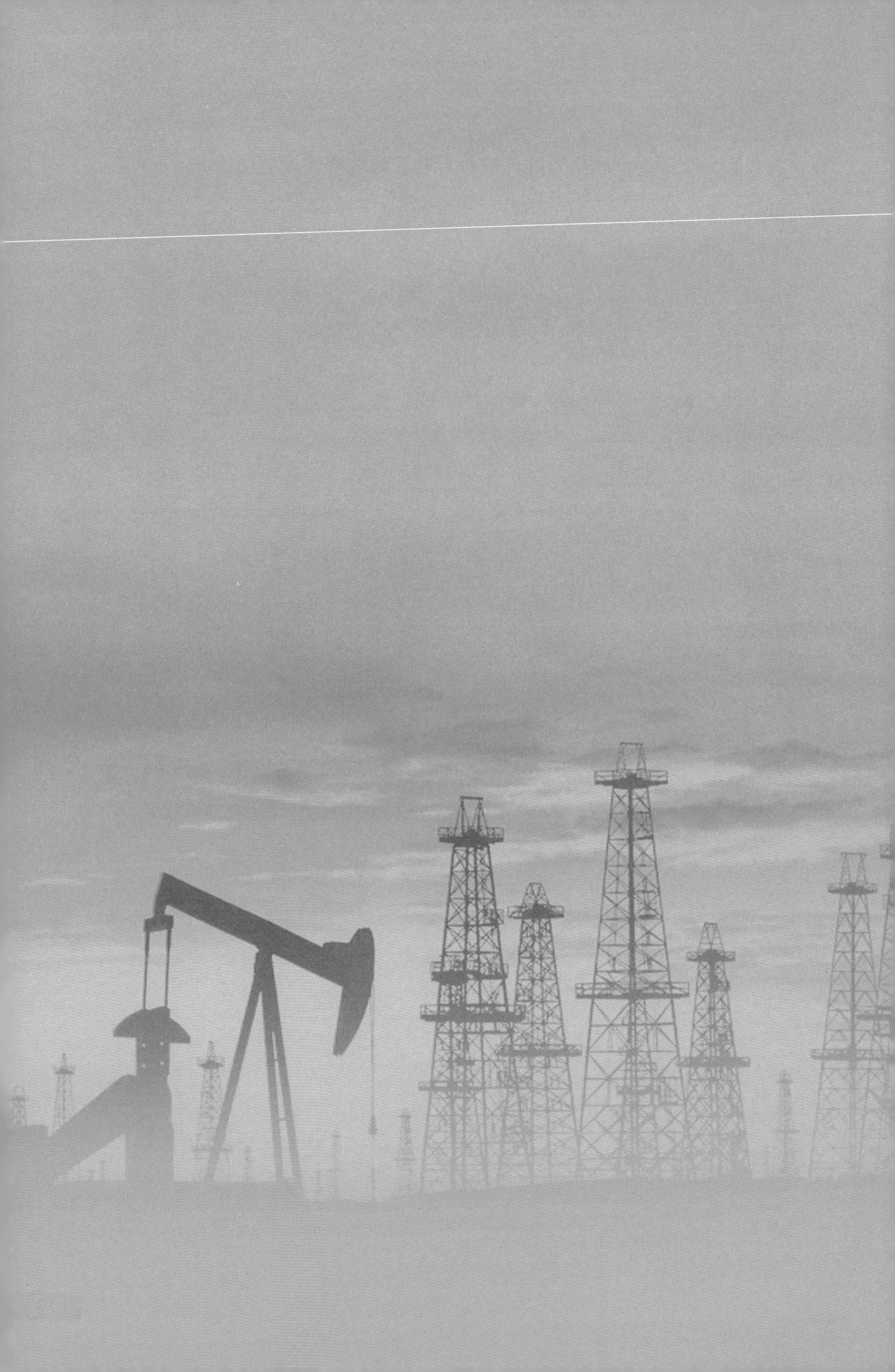

第五部分

『第二』篇

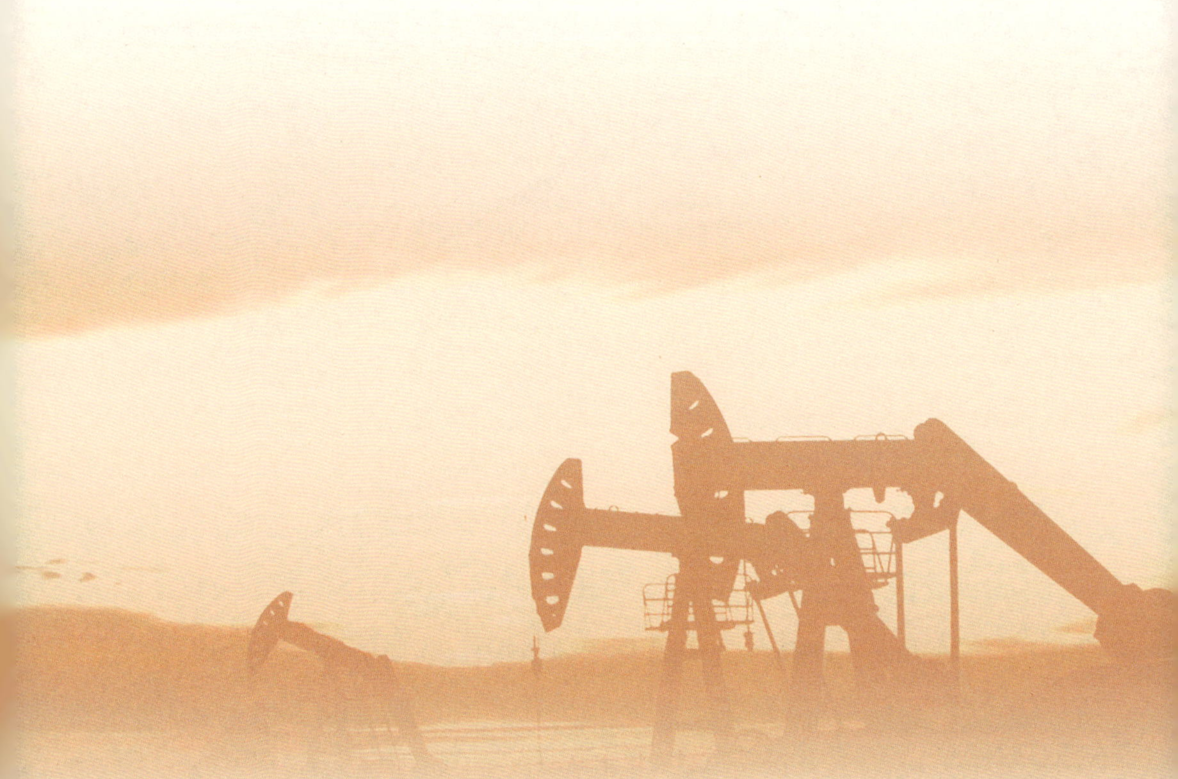

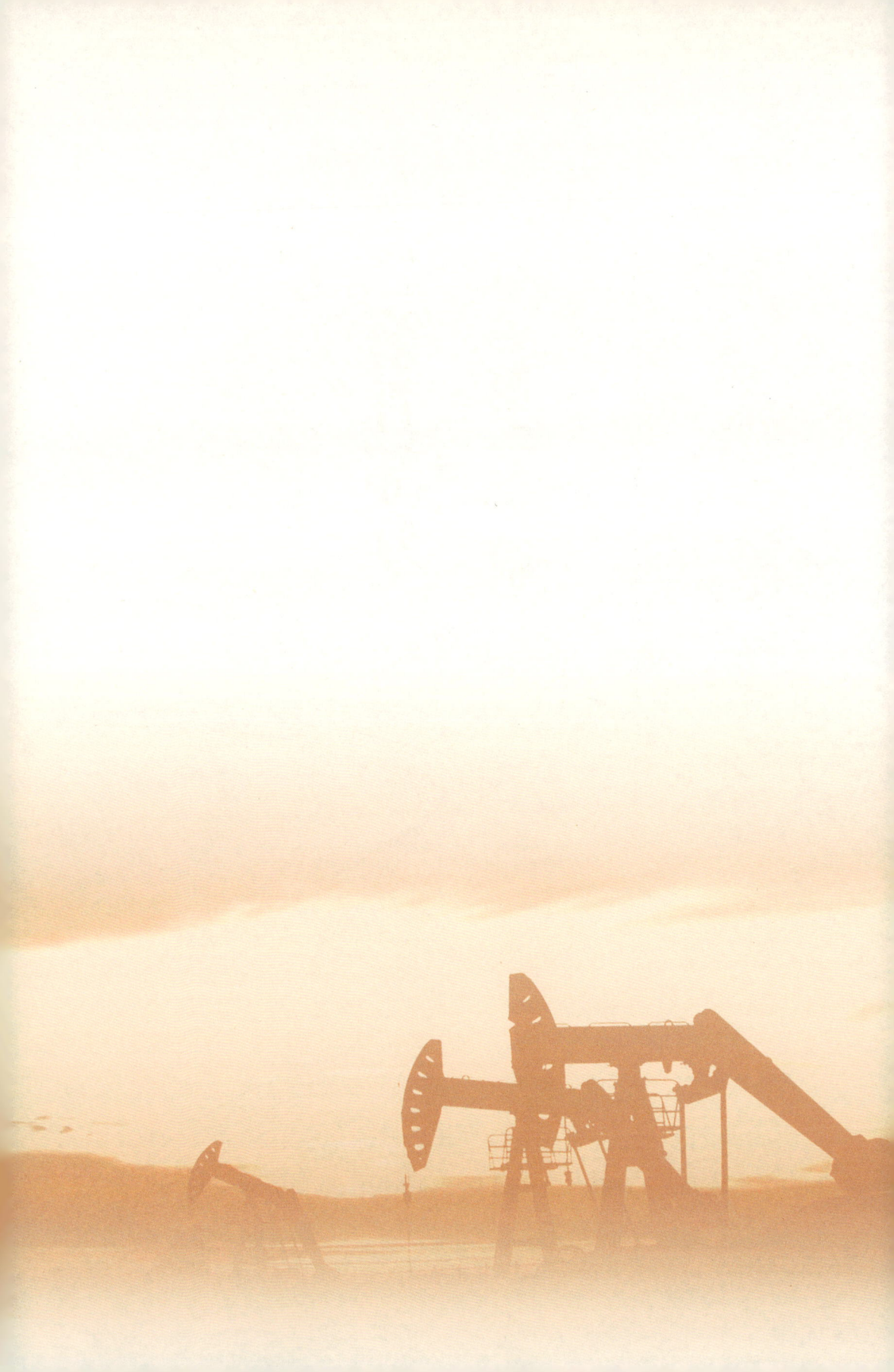

共和国第一个大油田的发现

1955年10月29日，克拉玛依黑油山1号井经过一百多天钻探，喷出了具有工业开采价值的油气流，宣告新中国第一个大油田——克拉玛依油田的诞生，这对新疆乃至中国石油工业的发展，都具有里程碑式的意义。

由新疆油田分公司档案中心收藏保管的档号为Y01-402-K04030041、001030B111956Y0005等80多卷浸染着岁月沧桑陈色的历史档案，记录了共和国第一个大油田的诞生历程。

新中国成立后，为了尽快恢复国民经济，中央人民政府与苏联政府经过谈判达成协定，按照平权合股的原则成立中苏石油股份公司，共同开发新疆油气资源。

1950年9月，中苏石油股份公司成立后，着手组织独山子油田复产建设工作。但是旧井复产效果不理想，仅有少数井能勉强生产，且产量很低。1951年1月19日，当时的西北军首长在西北军政委员会第一次会议上提出，恢复独山子油矿生产是本年度的主要工作。

中苏石油股份公司随即组织了大规模的生产建设工作。1951—1953年，新部署的探井和生产井逐年增加，原油产量一度快速提升，1953年年产量达到7.02万吨，占当年全国原油产量的23%。让人意想不到的是，新投产的井虽然初产水平较高，但很快达到峰值后转而急剧降产，很难做到持续稳产。1954年，油田生产井增加到43口，其中抽油井33口，但产量却由上一年的7.02万吨减少到4.88万吨，下降了30.5%。到了1955年，整个独山子油田几乎全部采用抽油机开采，油井数量虽然增加，产量却止不住地一路下滑，直至降到3.29万吨。

在独山子油矿开展复产建设的同时，中苏石油股份公司对黑油山地区（后称克拉玛依油田）的勘探工作也在加紧进行。

1951年春，中苏石油股份公司4/51地质详查队在苏联专家莫依先科带领下，被派往黑油山地区进行油气检测。队员们在黑油山地区完成了1∶25000的地质详查工作，填图210平方千米，发现地面构造13个。地质详查队描述了这一地区的油气苗和沥青丘，对该区含油远景评价很高，认为"在黑油山地区有大量天然气出现，说明其下可能存在着工业油藏"。因而，建议在黑油山地区进行构造钻探，并提供了4口井的井位。

1952年3月，根据莫依先科的建议，中苏石油股份公司派苏联专家捷列

黑油山构造钻探地质总结报告
（档号：Y01-402-K04020029，存放位置：新疆油田分公司档案中心）

肯带领一支浅钻队，在黑油山地区沥青丘附近进行浅井钻探，以侏罗系砂岩为目的层，钻了4口构造浅井。同年4月完钻后，各井都有不同程度的油气显示，其中最深的2号井在502.6米发生水喷，不久停喷。根据4口浅井的钻探结果，苏联专家指出，克拉玛依地区有具备工业价值的油藏存在，并提出今后的勘探工作应向构造东南发现发展。

同年，中苏石油股份公司苏联专家库申带领一支电法勘探队，在沥青丘以南地区对390平方千米的区域进行地质详查，确定了中生界地层向东南倾没的总趋势，首次完成了自独山子到克拉玛依的区域性大剖面，提出了中生代沉积地层在南部厚度可达数千米。1954年，这支队伍又在加依尔山前—玛纳斯河之间2540平方千米的区域做了757千米测线、22条剖面，初步发现了北克拉玛依断裂和乌尔禾沥青脉之下的古生界隆起。

还是在这一年，中苏石油股份公司苏联专家契克夫带领一支地质普查队完成了准噶尔盆地西北缘地区的重磁力普查工作，对盆地由西北向东南缓倾、沉积岩增厚的区域性构造背景有了明确认识。

1954年，为了进一步查清黑油山（克拉玛依）-乌尔禾地区地质和含油情况，由苏联专家乌瓦洛夫任队长、张恺任地质师的4/54地质调查队前往黑油山地区进行勘察。这支队伍在该地区完成了2150平方千米1：100000的地质普查，收集了充分的野外资料。在总结前人已经做过的地质、浅钻、电法、重磁力工作的基础上，通过对资料的综合分析，他们对这一地区的构造和生储油层有了新的认识，提出了关于准噶尔盆地西北缘在石油生成、运移和储存方面统一而完整的概念：认为黑油山（克拉玛依）-乌尔禾属于盆地北部地台区，这一地区的沥青丘、沥青脉和沥青砂岩露头，都是石油在盆地中心生成后汇聚和运移过程形成的；丰富的油苗和液体石油的连续析出，说明不是油藏被破坏了，而是石油的大量聚集。乌瓦洛夫等人进一步指出，这一地区含油远景很好，最有希望的是沥青丘露头以南、玛纳斯河以北3030平方千米的广大地区，建议在这一地区进行详细的地球物理工作，展开探井钻探，并提供了所选定的3口探井井位，其中就包括后来出油的黑油山1号井（今称克拉玛依1号井）。

1954年，正是独山子油田陷入开采困境之际，苏联专家乌瓦洛夫等人做出的关于黑油山（克拉玛依）-乌尔禾属于盆地北部地台区的定性以及其对该地区含油远景的断言，为新疆石油勘探部署从山前坳陷转向地台指明了方向。而历史也一再证明，乌瓦洛夫等人提出的论断，对于新疆石油勘探在当时取得重大突破意义非同寻常。

乌瓦洛夫提出在黑油山地区部署探井钻探的建议很快被提上议事日程。经过充分论证，1954年底，独山子矿务局拟定了《黑油山地区深探钻总体设计》，计划在黑油山地区打4口探井，构成一个剖面，以勘探白垩系、侏罗系含油情况，研究准噶尔盆地西北部的地质构造，并获得地球物理参数。这一设计很快得到批准并迅速上报燃料工业部石油管理总局。

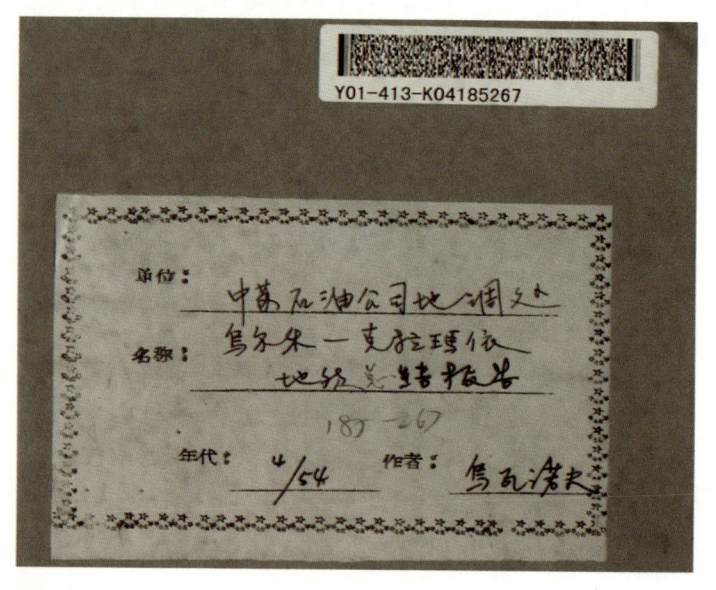

乌尔禾-克拉玛依地质总结报告（档号：Y01-413-K04185267，存放位置：新疆油田分公司档案中心）

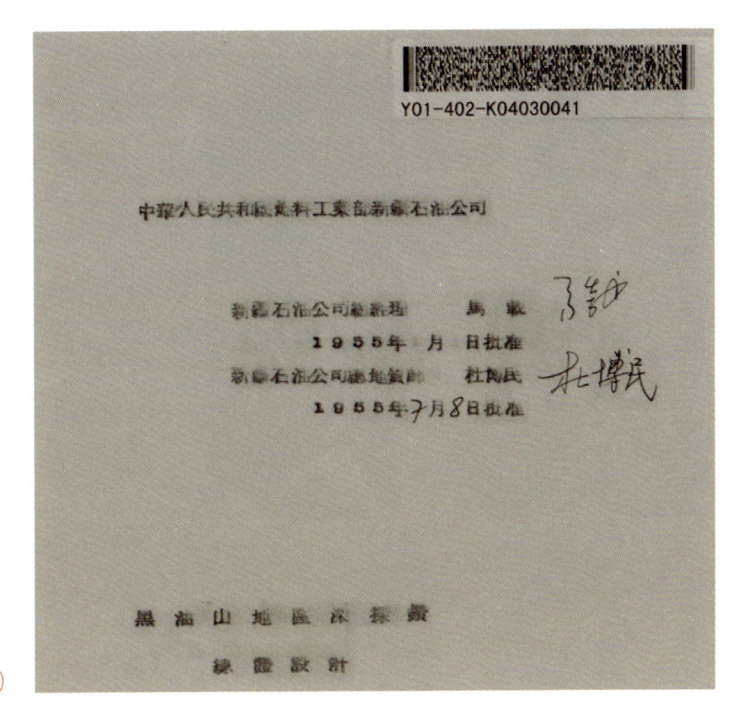

黑油山地区深探钻总体设计
（档号：Y01-402-K04030041，
存放位置：新疆油田分公司档案中心）

1955年1月，燃料工业部石油管理总局做出决定：在黑油山地区"为探明侏罗系地层的含油气情况以及研究准噶尔盆地西北缘的地质构造，在获得浅钻补充资料之后，部署打2口探井，其计划工作量为2400米"。

1955年3月，由王克恩、王秋明、王连壁等地质工作者测定黑油山1号井井位，做出地质技术设计，设计井深为1000米，目的层为侏罗系；苏联专家潘切亨娜做出钻井设计。设计方案经新疆石油公司代总地质师杜博民批准后实施。

黑油山1号井位于加依尔山前沥青丘（黑油山）东南方向5.5千米处。黑油山沥青丘是克拉玛依油田主力油层三叠系石油露头，形成于距今100多万年前的新近纪末期。因原油长年外溢，与砂石混杂固化成一圈大小不等的天然沥青丘，至今仍然外溢原油和水，成为克拉玛依作为一座石油城市的独特标志和象征。

中国石油档案故事

1955年6月14日，一支由8个民族36名青年职工组成的独山子矿务局钻井处1219钻井队在队长陆铭宝、副队长艾山带领下进军黑油山，承担1号井钻凿任务。他们满怀为祖国寻找大油田的雄心壮志，以无惧万难的英雄气概，立誓"安下心、扎下根、不出油、不死心"。队员们在这片"没有草，没有水，连鸟儿也不飞"的大漠戈壁上，直面极其恶劣的自然环境的挑战——白天烈日炙烤，夜晚蚊虫肆虐；没有住房，就住帐篷和地窝子；没有水源，生产、生活用水需要从几十千米以外的水源地运回来，每人每天限量供应，一盆水要从早上用到晚上，有时几天供应不上，只能用硫化氢含量很高的地下水洗漱……

7月6日，一号井正式开钻，在井深517米处钻穿侏罗系和三叠系地层进入古生界，于620米处完钻；10月29日试油，出现油气显示，关井复压后，10月30日喷出油气流，11月1日10毫米油嘴试产8.5小时，产量接近7吨。

1219钻井队队长陆铭宝（中）
（档号：XJYT-S03-GP-0054，存放位置：新疆油田分公司档案中心）

工人们集体露天洗澡
（档号：XJYT-S03-GP-0054，存放位置：新疆油田分公司档案中心）

钻探队员们欢庆一号井出油
（档号：XJYT-S03-0218，存放位置：新疆油田分公司档案中心）

沉睡亿万年的黑油山，终于被在浩瀚荒原艰难跋涉的石油人以顽强不屈的毅力彻底唤醒！

黑油山1号井喷出具有工业开采价值的油气流，标志着克拉玛依油田的诞生，为正处于十字路口彷徨之中的新疆石油工业开启了一扇通向新天地的大门——此后的几年间，克拉玛依油田先后发现白碱滩、百口泉、乌尔禾、红山嘴等多个高产油区，原油产量连续攀升，到1960年达到166万吨，占当时全国年产量的40%，为新中国缓解能源紧张的局面提供了最为可靠的资源基础，在新疆乃至中国石油工业发展史上具有当之无愧的划时代意义。

策　划：王　泓
作　者：王　泓　冯　军　吕玉琴

中国第一口页岩气浅井诞生

从浙江油田分公司（以下简称"浙江油田"）获得国内首家页岩气矿权的档案资料来回顾，浙江油田开发页岩气，是历史的选择。2008年7月，当浙江油田还在为苏北原油年产1万吨而苦苦奋斗的时候，收到了中国石油页岩气储层开采技术研讨会的邀请。尽管与公司业务发展没有交集，但公司还是决定派人到吉林长春参加会议。

韩永胜是当时浙江油田的与会代表。会议主讲是几个加拿大的页岩气勘探专家，当时听得一头雾水，页岩气从来没听说过，但他带回来的一份英文资料，竟然受到了公司领导的高度重视，并且改变了浙江油田的发展方向。

专家们认为，我国的页岩气资源应该是常规天然气的几倍之多，其开采寿命一般可达30～50年，开发潜力不可估量。如此丰富的资源让浙油人看到了缓解我国能源压力的曙光，也看到浙江油田未来发展的希望。时任浙江油田副总地质师的梁兴敏锐地察觉到，页岩气将成为新能源的主角，他提议公司可以尝试在这个领域做些工作，拓展公司的业务范围。油田公司领导对此非常重视，并要求相关部门立即着手做前期调研。很快，浙江油田向国土资源部递交了矿权申请，并成功获得滇黔北页岩气勘查区矿权，成为国内首家获得页岩气矿权的企业。

浙江油田为什么一定要开发页岩气？

往小了说，是为了浙江油田自身发展，苏北油区矿权有限，储量丰度有限、品位低、开采成本高，每一次万吨级别的产量跨越都举步维艰。往大了

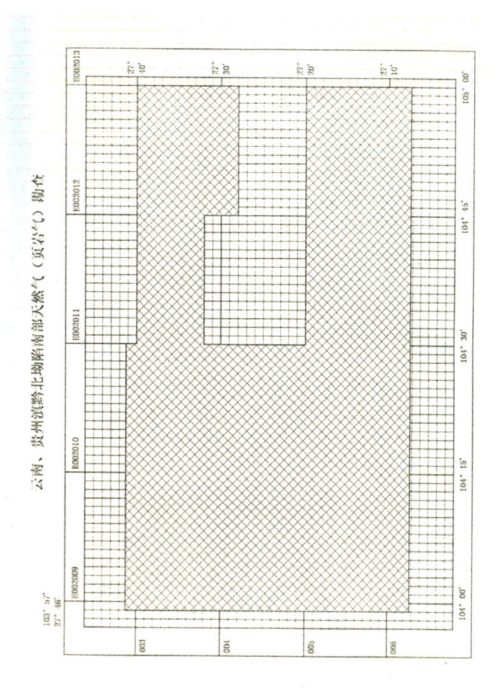

国内首个页岩气探矿权
（档号：ZJYT-K01-GP-2858，存放位置：浙江油田档案馆）

说，是为了国家能源安全，我国天然气消费量增长快，对外依存度较高。往私了说，是为了浙江油田效益发展，页岩气是我们扭亏为盈，鼓足腰包的一副猛药。往公了说，是为了发展清洁能源，页岩气是我们走出雾霾天，改善呼吸的一剂良方。页岩气是发展的定盘星，浙江油田必须开发页岩气。

万事开头难。下定决心搞页岩气，我们却对这个新能源知之甚少，开发难度可想而知。对大环境来言，我国的常规天然气开发正处在蓬勃发展时期，似乎没有拿出大规模的精力去勘探开发页岩气资源的必要。资源勘探程度低、技术不成熟，是当时我国页岩气发展面临的主要问题。作为一个新兴的非常规能源，页岩气资源的开发需要大量技术、资金和人员投入。而浙江油田赖以为本的苏北原油勘探也才刚刚起步，经验匮乏，陌生的页岩气资源开发注定有更长的路要走。

向四川进军，为浙油争气！

美丽的四川盆地是我国油气资源的"聚宝盆"。最新国家油气资源评价是：中国页岩气预估地质资源总量为134万亿立方米，其中四川省境内就达27.5万亿立方米，可开采量占全国的39.63%，稳居全国第一。

2009年11月8日，浙江油田第一口页岩气地质资料井——页浅1井在四川省筠连县镇州镇开钻，一个月后，这口井率先在国内钻探出页岩气。

国内第一口页岩气浅井——
YQ1井钻遇页岩气显示图
（档号：ZJYT-S03-0002，
存放位置：浙江油田档案馆）

国内第一口页岩气浅井——
YQ1井岩心照片
（档号：ZJYT-S03-0003，
存放位置：浙江油田档案馆岩心库）

奋斗的艰辛——地质队员在风雪中踏勘页岩气井位（档号：ZJYT-S03-0004，存放位置：浙江油田档案馆）

初战页岩气，浙江石油人面临的困难是前所未有的。滇黔川这里荒凉偏僻、山大沟深，大多是无管网、无路、无水的"三无"地区，在页岩气二维地震采集中，山高、沟深、断崖多，几乎所有测线，线线都要穿越断崖，闯过河流或"无人区"。"探区的地面条件困难得令人难以想象，有的地方盘山公路有几十千米长，一分钟过几个弯，因为落差大、过弯急，耳鸣比坐飞机还严重。""车子爆胎是家常便饭，最难过的是冬天，跟着地震队去小草坝，突发而来的冰冻，让员工们措手不及，车子绑上防滑链，车速降到最慢，还是让人提心吊胆，几个钻井组还被困在了山上等待救援。"页岩气勘探就是在这样艰苦的环境中迅速铺开，参战员工风餐露宿，晚上挤在铁皮房和简易帐篷里，就连页岩气的采集化验，都是搭个土台子来完成。

"四川页岩气勘探同北美不能相提并论，我们连个足球场大的平地都找不到，规模开发肯定受限。"中国石油的专家到美国考察页岩气回来如是说。事实也的确如此，来到蜀南，我们不得不敬佩四川人民的勤劳，在山岭之间，他们逢山开路，凿岩建房，平地资源极其有限，尤其宝贵。"页岩气示范区

浙江油田公司2010年度页岩气工作会议
（档号：ZJYT-S03-0005，存放位置：浙江油田档案馆）

内看得见的平地基本上我们都看了一个遍，为了争取多建设工厂化作业平台，外协的同志们跑断了腿，磨破了嘴皮子，但工作还是非常难开展。"时任页岩气勘探开发项目经理部副经理覃军说。

外国人也不相信我们能开发好页岩气。2012年，意大利埃尼集团非常规勘探高级副总裁率团来浙江油田考察，在座谈中，意方专家认为滇黔北地质条件参差不齐，地面环境极其恶劣，开发难度大，经济效益非常差。

然而，思路越开阔，道路就会越宽广。发展体现在浙油人身上，更多的是一种责任。随后，马不停蹄，南下镇雄，北上川南，东破荆州，浙江油田迅速扩大了页岩气勘探开发领域。

策　划：镇国钧　曹红英
作　者：赵广安　张　兰　朱微妮　翔宇阳阳

▶ 全国第一个自动化计量的整装油田

吉林红岗油田在20世纪60年代发现工业油流。1973年6月，红岗油矿召开誓师大会。1975年3月正式成立吉林省红岗油矿。7月，来自玉门油田的406名干部职工和早期到来的江汉油田以及其他支援吉林油田"七〇"会战的大批石油人汇集红岗。

翻开吉林油田分公司红岗采油厂（以下简称"红岗采油厂"）的档案，又一次走近了红岗45年的发展历程，几代红岗人心系石油建设，呕心沥血，艰辛创业，创下了连续高产稳产的纪录，为红岗采油厂5次荣获集团公司"高效开发油田"、红岗老区保持年产原油40万吨以上40年的高效开发水平、建立精细量化管理体系做出了突出贡献。

红岗油田自动化集中计量系统技术鉴证书（档号：JLYT.4－F-0001-0041-001，存放位置：吉林油田红岗采油厂档案室）

这一荣誉的取得，不得不提到的是一项令红岗人引以为豪的自主技术创新成果——红岗自动化计量系统，正是该系统的精确计量为油田开发提供了准确信息。自1975年建厂时开始研制，20世纪80年代就达到了国际水平，

20世纪90年代红岗油田成为全国最大也是第一个自动化计量的整装油田，被誉为"浓缩在计算机里的采油厂"，是当时与西部新疆彩南油田齐名的"东部油田自动化的旗帜"，并沿用至今。

从无到有，筹建自动化计量工作

位于嫩江南岸的红岗采油厂自动化计量工作是1975年开始筹建的。当时，油田正在开发建设中，钻井布满草滩，地面管网正在铺设，从此向南17千米长、3千米宽的50多平方千米的草原上，到处是火热的建设场面。

在当时，油田自动化技术并不复杂，实现油田自动化管理却很难、很难。多好的油田哪！完整的地下构造，平展的开发地表，当时从玉门来的人非常高兴。时任厂长、党委书记严宗光同志组织了几个技术干部编制油田开发"五五"规划，为油田远景描绘着美好的蓝图。

有人说把玉门白杨河的自动化搬来多好哇！一句话提醒了严宗光，搞自动化的设想油然而生。严宗光找到在玉门搞过自动化工程的叶庆武、张文江同志，谈了自己的想法，大家都表示支持。

问题反映到厂党委，党委非常支持这一建议，并正式列入了"五五"发展规划。党委书记陆焕然还亲自到玉门油田把部分设备"要"来。当年年底就在一个计量间搞成了自动计量装置，进展神速。

但是好景不长，已经搞成的这个站也由于技术上不成熟而出现故障又快速垮掉了。

在1976年的动荡之春，严宗光与叶庆武、张文江、刘兴斌等一行四人考察了江汉、大港等油田自动化情况，边看边改，一个红岗自动化计量系统的方案逐渐形成了。

用他们的话说："搞自动化不能搞展览式的，只供参观，不能实用，也不能搞报喜能用，报过喜就不见踪影的自动化。要搞就搞一个实实在在的、指导油田开发的自动化计量系统，中国式的……"

夜以继日，攻克自动化计量技术难题

局、厂领导都非常关心自动化建设，自动化小组由3人增加到10多人，开始进行正式调研及方案设计，到1977年夏季，一个正规的方案产生了，并由管理局审改批准上报石油工业部。

一个由局、厂领导参加的红岗采油厂自动化工程领导小组成立了，由严宗光具体负责组织实施，1978年元月，正式成立了攻关队，由张文江任队长。叶庆武、刘兴斌、聂臣英、李鼎均、管定一、韩增庆等一批热心干自动化事业的技术骨干云集红岗，攻关真的开始了。这里的关键是方案及实施方式。

研发人员在红岗采油厂自动化计量间现场
（档号：JLYT-S03-ZP-0312，存放位置：吉林油田档案馆）

他们把攻关队几十个人分成了仪表组、主机组、终端组、工艺组等。大家围绕着一个难题，开始了研究及试验。

原油计量是整个工程的中心。总结各油田做法，联系红岗采油厂现状，决定采用翻斗计量装置。这种装置容易计数，构造简单，过去用偏心调整装置容易损坏且构造复杂，但是翻斗弹跳的问题，不好解决。

负责这一工作的聂臣英同志，为了解决弹跳问题，一连几天没怎么休息，她累得神情木然地站在翻斗前，拨动着翻斗，并不时机械地重复着上述动作……站在一旁的刘兴斌笑了："聂臣英，下班了！"随后过去也拨动了几下，忽然一个想法闪现在他的脑际，反冲击力吸收不就行了吗？拿什么吸收呢？刘兴斌看到脚下有一块槽钢，提出用它去试一下。实验，使他们忘记了下班。

翻斗弹跳的难题终于解决了。后来不少专家看到这一成果时，都赞叹地说："这太简单了，太好了。"紧接着，也是用这种独到的简单办法，解决了多通阀漏失、压力控制、液面控制等11个难题。

困难还在后边。最难的是把多方面技术有机地联系在一起，形成全油田的自动化计量系统。这里的关键是通道，即通过什么方式把零散的信息集中起来，传输打印，形成文件。国外有高技术载波及光纤电缆等，都有解决的先例，而国家在这方面的技术还不过硬。玉门白杨河等油田用通信电缆搞成了自动控制系统，即有线通道，但只是零点几平方千米的面积，只能作为试验站，面对红岗50多平方千米的油田，能走这条路吗？

大家反复研究考虑着这个问题。严宗光对攻关队提出："能不能用无线电传输信息，搞无线通道行不行？"并派了几个人去上海、天津等地考察，看到了几种通信机，但都相当昂贵。

叶庆武是个有心人，积累了大量自动化资料。他出差办事，只到两个地方：一个是书店，一个是仪表商店。自动化仪表几乎全是他建议购买的。在上海，他听说张家口水源井实现了无线三遥自动控制，立即派人"拿来"为我所用。经过3个多月的试验、改进，终于在油田用上了无线通道这一技术。在当时，采用无线通道不仅节约资金40多万元，而且便于管理和维修，能保证系统的正常运行。

在大家夜以继日的工作中，红岗采油厂自动化计量系统的11个难题一一攻克。到1978年年底，在3个计量点上搞成了三遥自动计量系统。试验站搞成了，这只是万里长征走完了第一步，而且随时有退回去的可能。

艰苦细致，自动化计量前进路上的苦与乐

无巧不成书。有一口油井自动化计量不出油，岗位工人计量却是10多吨的产量。第二天依然如故，谁的正确？人们当然相信自己"亲手"干的活。厂里就让自动化管理人员、采油队技术员和岗位工人一起去量，三对面，探个究竟。这里人还没出发，采油队的电话来了，说该井确实不出油，证明自动化的计量是可靠的。

典型有说服力，可任何科学技术不能靠典型说话，而必须靠普遍性原则。严宗光与张文江商量，组织了几个人专门搞调查，岗位工人手工量油产生误差的因素有哪些？各有多少？可靠性有多大？都必须做到有根有据。

艰苦细致的工作开始了。1964年毕业于西安石油学院的郑忠琴，带着疼痛难忍的皮肤病，背着苞谷饼来到8号计量站，和工人一起进行人工量油和自动化计量的考察。一天就干了10多个小时，找出了油井计量中产生误差的各种主要因素。事过不久，他就因病去世了，但他的考察却给我们留下了宝贵的资料。攻关队长张文江与北京石油学院毕业的杨茂昌，一个站一个站地对翻斗计量进行校验，摸索翻斗计量误差的规律。

中心控制室的值班员采用各种不同的时间录取各井数据，每10分钟、半小时、1小时……眼睛盯着显示屏，一个数一个数地记录，取得了67000个数据，并用这些数据绘制了各种曲线，找出了油井计量误差的原因及可靠性的规律。这些技术资料有力地说明了自动化计量不但准确性高，而且具有一定的经济效益。

石油工业部规划设计总院和科技司的专家们看到这些资料，高兴地说："我们没有白支持你们，你们干了一件开路的工作。"并且下达文件，把红岗采油厂自动化工程列入石油部重点科技试验项目。

理论具有说服力，但对不懂理论的人是没用的。有人对着看不见数据的注水仪表说："这仪表能准吗？应该比较比较。"这说明了还是在怀疑自动化的准确性。有人提出做一个三角堰流量计来校对差压变速器。

在攻关队的骨干分子中，也产生了不同看法。有人主张把现有的站搞好，先取得经验，不要急于扩大到全油田。严宗光想：如果在保守中巩固，结果只能是失败，只有扩大试验，才能达到真正的巩固。在石油部及局领导的支持下，一个全面开发油田自动化计量工程施工的战役开始了。

1978年8月23日，石油工业部下发《关于搞好红岗油矿油井自动化管理及油气常温输送项目攻关会战的通知》。并指出这一项目列入石油工业部重大科研项目。这一科研项目的实施，将为地面建设和油井集输达到或赶上世界水平起到重要作用。

正在这时，发展社会主义现代化的改革开放政策给电子工业、自动化技术带来了蓬勃生机。一股春风吹到了红岗大地。大家充分利用这大好时机，仅1年多时间就把全油田的自动化工程完成了。

1981年5月17日，吉林省石油会战指挥部下发了吉油红字（81）14号红岗油矿红头文件，鉴于油气系统自动化工艺技术已基本完善，为适应生产的进一步发展,开展了采油系统机构改革,进一步提高了发展效率。

1983年6月,石油工业部科技司、开发司和规划设计总院等在红岗召开了部级鉴定会。专家们看了红岗自动化系统的全部工程资料,检阅了系统的每项数据,对此项工作给予了肯定,说这给油田工业搞自动化开辟了一条好路子。

攻关队的同志们听到这个好消息高兴地放起了鞭炮,有的同志甚至激动地流下了眼泪。

1987年11月20日至25日,石油工业部在红岗采油厂召开"红岗油田自动化鉴定会",检测组长由石油工业部规划设计总院金永馨处长担任,组员由各油田的自动化系统专家6人兼任。经过6天的检测,"红岗油田第二期自动化工程"通过鉴定。这套系统可控制全厂51.5平方千米的304口油水井。

1983年6月,石油工业部科技司、开发司和规划设计总院等在红岗召开部级鉴定会
(档号:JLYT.4-S03-ZP-0001,存放位置:吉林油田红岗采油厂档案室)

1988年5月28日,吉林省油田管理局计量工作会议在红岗采油厂召开,全局各二级单位和科技处的38名同志参加了会议,会后参观了自动化计量工程。

不懈攻关,自动化计量系统完善升级

红岗油田自动化计量系统共经历了分立元件实时电路、单板机、单片机、工控计算机等4个标志性阶段,由于其能够准确、及时、可靠地对油水井生产数据进行计量。在红岗采油厂连续高效开发的历程中,自动化计量系统及决策支持系统的研制与应用,达到了运用计算机全方位地参与油田生产管理的各个领域,以实现经济效益最大化的效果。1988年"红岗油田微机控制自动化计量系统"科研项目获石油工业部科学技术进步奖二等奖。

自动化计量系统采用兼容机为主机,通过通信控制器,采用无线通道同终端联络,每个计量站、中转站使用一台终端,终端采用8051单片机,STD总线结构。联合站采用分散采集、控制、集中显示、处理、传输。

计量站终端一共可处理24路模拟量、1路数字量、8路开关量,分别为:

红岗油田微机控制自动化计量系统获奖证书
(档号:JLYT-S03-ZP-0313,存放位置:吉林油田档案馆)

注水量、注水井压力、含水率、气压力、产气量、产液量、多通阀阀位、站内天然气超限报警、倒井电动机报警。终端每9秒采样一次，采用差压法测流量的，模/数转换后开方累加，其他模拟量模/数转换后直接累加。产液量连续计量，阀位及报警连续采集，每一个半小时为一个计量周期。一个周期结束前，终端算出模拟量平均值，准备发往主机。

主机每一个半小时通过无线通道向各个终端发对时命令和下一个计量周期的多通阀阀位，并接收各终端发来的各项计量参数，命令终端清零，开始下一个计量周期。主机把收集来的参数进行分类、处理，形成各种报表、曲线，存入网络。主机每10分钟向终端询问，收集一次报警信息，并显示、打印。主机还能实现随时收各类终端的瞬时值、人工倒井、显示或打印各次各站的油水井平均值等多项功能。

1992年，红岗采油厂经过3年的研究、试验，又开发成功了"红岗油田开发动态分析决策支持系统"。该系统录入了各种地质开发生产原始资料，并可进行各种统计、整理、分析、计算，在此基础上应用油藏工程、采油工程等各种技术方法对油田开发生产中出现的各种现象、矛盾进行科学的分析评价，预测油田动态趋势，制定各种调整方案和计划规划，并对这些方案、计划的实施过程进行监测、调控以保证油田开发生产的正常进行。1993年"红岗油田开发动态分析决策支持系统"科研项目荣获中国石油天然气总公司科技进步奖三等奖。

自动化计量系统及决策支持系统的应用提高了油田资料的录取率，减少了计量综合误差，节省了劳动力，减轻了工人的劳动强度，优化了生产参数，可增产、节能，延长原油开采设备的使用寿命。其采集的数据精度高，偶然因素少，及时准确，为油田的更深层次分析研究提供了准确可靠的依据，同时也为生产指挥人员提供了更为可信的第一手决策信息。运用微机控制原油开采计量系统，在国内油田自动化集中计量技术中处于领先水平，并创造了明显的经济效益和社会效益。

科技创新，自动化计量系统"青春常驻"

2009年红岗采油厂以老油田改造的契机，对红岗自动化计量系统进行了升级改造。自动化系统是集团公司老油田调改标准化设计样板工程的重要组成部分，其设计、建设水平可能直接影响今后老油田调改的模式，是吉林油田数字化的一个典范。这次改造主要实现5个大目标：建成红岗采油厂新的油藏数据库系统；生成红岗油水井日报、月报等报表，并与A2数据库进行对接；各接转站控系统汇集成全厂集输系统；功图量油系统实现单井井口计量；将目前采油厂各生产相关专业的数据库系统整合成统一的采油厂数据库。

特别是2019年结合物联网建设继续升级改造后，自动化计量系统已并入物联网，继续发挥作用。

更令人欣喜的是，到2020年3月8日，红岗采油厂距离1975年3月8日建矿的日子，已经走过了45载创业路，每一名石油人时刻未忘"我为祖国献石油"的初心和使命，积极投身吉林油田"奋发有为重上油气五百万"建设创新型可持续发展的征程，紧紧依靠科技创新，坚持走稳产上产之路，步履坚实，足音铿锵，砥砺奋进，再谱新篇！

策　划：马　军　于香兰
作　者：徐　丹　孙建红

▶ 柴达木盆地第一口油井——泉一井

凡是参观过青海油田"两厅"（勘探开发厅和发展史厅）的人都会对映入眼帘的阿吉老人的雕塑印象深刻。

时光穿越到1954年3月，一声声清脆的驼铃声，打破了柴达木盆地万古的沉寂。骑在骆驼背上的阿吉老人，手指远方，身后骆驼上跟着几个年轻的地质勘探队员，他手指的方向就是一个传说中有油砂的地方。时年，燃料工业部石油管理总局地质局柴达木地质大队，开始对柴达木盆地进行石油地质调查。

新中国成立初期，百废待兴。资料显示，1949年全国石油产量不过12万

1954年3月，依沙·阿吉老人为初进柴达木盆地的勘探队员带路
档号：QHYT-S03-DZ-0103，存放位置：青海油田档案馆）

吨，其中有5万吨还是人造石油，天然石油仅仅7万吨。国家经济要发展，工业、农业、运输业要腾飞，处处都急需石油。长期以来，中国被认为是一个贫油的国家。以李四光为首的一批地质学家在仔细分析了中国地质条件后，深信在中国辽阔的领域内，天然石油资源的蕴藏量是丰富的，关键是要抓紧做好石油地质勘探工作。指出了3个远景最大的可能含油区，即青、康、滇地带，并提出应该首先把柴达木盆地、四川盆地等地区作为普查找油的对象。在此思想指导下，地质部召开了第一次全国石油普查工作会议。在此次会议上，与会人员一致决定，由普查委员会组成新疆、柴达木、鄂尔多斯、四川、华北5个石油普查大队。

1954年5月，新中国第一支石油勘探地质队挺进柴达木。地质大队进入柴达木首先遇到的困难就是找不到道路和淡水。当时地图里柴达木盆地的标识只有几个圆点，按这些圆点的标示，既看不出哪里是路，更不知道哪里有淡水。生命离不开水，没有水，不要说开展地质勘探工作，就是连基本的生存都很困难，茫茫戈壁，找油之路漫漫且渺茫，勘探队陷入了窘境。

一定要找到熟悉柴达木盆地的向导，勘探队四处打听，经1950年在柴达木剿匪的解放军介绍，地质队找到了乌孜别克族的传奇人物依沙·阿吉。

阿吉老人名不虚传，不负众望，62岁的他来到了地质队以后很快就帮忙找到了淡水。为了建设粮食和副食基地，他带人走遍尕斯草原，查明了16万亩可耕种的土地，也正是他带地质队员找到了传说的油沙山露头。阿吉老人作为柴达木初探时期的领路人，带领地质队员在柴达木盆地南征北战，走遍了漫漫沙海，帮助地质工作者打开探明柴达木地下宝藏"聚宝盆"的大门，建立了不朽功绩。

勘探地质队员日出而作，日落而息，找水、打柴、做饭，工作到哪里，就露宿到哪里，战胜了各种意想不到的困难。至同年10月份，13个地质勘探队，在柴达木盆地发现了18个地面构造和9处油苗，初步查明盆地西部新近系含油层系分布，找到可供钻探的有利构造。油泉子构造就是在此次地质普查中，由队长葛泰生带领101地质队在红沟子至茫崖沿线发现的，葛泰生根据发现的地面背斜构造高点部位向四周散布，形成宽20～80厘米呈放射状的地蜡脉，而提议将其命名为油泉子构造。

1955年，107、108地质队组成联合细测队，在油泉子地区经过6个月构造细测和地面详查，认为油泉子构造是一个适于储油的良好箱状背斜构造。为落实地下构造及含油气情况，青海石油探勘局决定在该构造进行钻探，8月，沈乐三等人在茫崖基地进行构造深钻探总体设计，目的层段为古近系E地层，根据苏联专家建议，以油1井为中心，部署油2、油3、油4、油9井5口详探井，组成十字剖面，以查明油泉子构造的含油情况。

时年，青海石油勘探局决定在柴达木盆地油泉子探区进行第一口深井钻探。但当时，勘探局受人力和物力所限，想在柴达木盆地钻下第一口井，困难重重。勘探局把想法汇报给青海省委，青海省委、省政府十分重视柴达木盆地的石油钻探。经协调，玉门矿务局支援青海石油勘探局的第一支大钻3269钻井队，划归茫崖钻井筹备处油泉子钻探大队。队长刘鸿德、技术员罗殿帮、刘全生率队千里支援柴达木盆地。很快，油泉子钻探大队由原来的十几个人发展壮大到三四百人。

柴达木高寒缺氧，气候干燥，少雨多风，日照时间长，平均海拔3000米，地表多为戈壁、沙漠、沼泽、盐渍和雅丹，当时的条件异常艰苦，尤其进入10月份以后，夜晚气温一般在零下十度左右。大家克服天气寒冷、器材供应不足、技术力量薄弱的困难，经过20多天的奋战，抢修贯通了从基地到井场两条全长90千米的道路，正式确定了第一口深井的井位。11月上旬，开始进行钻机安装。经过多方努力，终于在柴达木的戈壁沙滩上竖立起第一口

中国石油档案故事

深探井的井架，全部设备安装质量合乎要求。1955年11月24日23时，柴达木盆地第一口油井（泉一井）举行开钻典礼。由时任青海省委副书记朱侠夫、副省长马辅臣担任副团长的党政军代表团参加了柴达木第一口深井的开钻典礼，并进行了慰问活动。

1955年12月12日，该井钻至650米时，原油从井口溢出，日产2吨多，轻质油含量高达68%。泉一井获得工业油流后，勘探局进一步组织对油泉子构造进行钻探，证实了油泉子是一个浅藏油田。泉一井钻探出油，证明柴达木盆地有着丰富的石油矿藏，向全国人民报了捷，引起了党和国家，以及社会各界的重视和关注，燃料工业部决定对柴达木盆地的石油和天然气进行大规模的勘探开发。

1955年11月24日油泉子构造泉一井开钻典礼
（档号：QHYT-S03-DZ-0105，
存放位置：青海油田档案馆）

柴达木出油了，这一消息很快传遍了全国各地。青海石油勘探局派专人采集了泉一井的油样、油沙山的油砂石，制作成样品。这是透明岩盐制作的一尺多高的凸形小博物架，6个格分别摆放着装有石油样品的玻璃小瓶，正中间下方是一块黑色的油砂，现由中国地质博物馆永久保存。2009年国庆，在北京展览馆"新中国60周年成就展"的矿产资源展区上，中国地质博物馆提供了一个展品——柴达木之宝。

发现油田时制作的石油样品
（档号：QHYT-S03-DZ-0104，存放位置：青海油田档案馆）

原油要转换成工业的血液，必须经过炼制才行。能够迅速地把柴达木盆地的原油转换成工业产品汽油、煤油、柴油，就必须建设炼油厂。青海石油勘探局党委班子经过研究决定上马工程。

1957年5月油泉子炼油厂破土动工，这也是青海省第一座炼油厂，10月1日正式投入生产，青海省副省长马辅臣率党政慰问团专程前来参加了首炼式。炼油厂厂址设在油泉子油田南坡，加工能力为4100吨/年，属于土法炼制，当年加工原油370吨。后将单独釜改为连续釜后，加工能力达到3万吨/年。配套工程有各种储罐、冷却系统、锅炉、化验、机修、消防、变电所等。1958年9月，油泉子探区将炼油厂改建为加工能力10万吨/年的常压蒸馏装置，后因原油供应不足，于1959年6月迁至冷湖炼油厂。到1961年停炼时共加工原油18999吨。产品有汽油、煤油和柴油7777吨，渣油10076吨，是柴

1957年10月1日油泉子炼油厂正式投产
（档号：QHYT-S03-DZ-0108，存放位置：青海油田档案馆）

达木盆地在开发建设中从勘探、钻井、采油到炼油的开端，实现了柴达木石油战线提出的"一年普查二年钻，三年出油四年炼"的目标。

岁月流金，70年过去了，阿吉老人当年住过的帐篷已变成了高楼大厦；当年勘探地质队员骑骆驼所走的羊肠小道已变成四通八达的公路网；当年油气喷涌的油井旁耸立着一块巨石，上面雕刻着"油泉子发现井泉1井"。在柴达木盆地千里油区，井架林立，汽车如梭，机声隆隆，上万名石油工人日夜奋战，呈现出一派繁忙的景象，青海油田如今朝着建设青藏能源高地的目标豪迈前行！

策　划：王卫军　曹建川

作　者：樊文宏　郑志斌　谢杏文　袁嘉阳

▶ "地下珠峰"亚洲第一深井

在西部钻探巴州分公司的荣誉墙上摆放着一尊闪耀的水晶奖杯,亚洲第一深井轮探1井,井深8882米。

2019年7月26日,由西部钻探巴州分公司90008钻井队承钻的集团公司重点风险探井轮探1井顺利完钻,完钻井深8882米。

2020年1月19日,塔里木油田分公司总经理杨学文在轮探1井召开庆祝大会时讲述:轮探1井经测试日产原油133.5立方米(相当于111.7吨)、天然气4.87万立方米。塔里木盆地能够在8200米以下的深层找到液态的石油烃,

轮探1井破纪录奖杯及作业现场
(档号:WDEC.13-S03-0013,存放位置:西部钻探巴州分公司档案室)

这在世界石油勘探开发史上还是首次,这口井的发现拓展了塔里木勘探的新局面。

为提升勘探开发力度,股份公司在新疆阿克苏地区库车县境内部署一口股份公司风险探井,探索轮南下寒武统白云岩储盖组合的有效性及含油气性,突破寒武系盐下丘滩体白云岩新类型,开辟轮南油气勘探新领域,推进深部层系勘探进程,寻找油气增储上产接替区。轮南地区6800米以下地层,可参考的邻井资料极少,风险预判难度大,存在着溢流、漏失、垮塌等多种风险,时刻面临着打遭遇战的可能性,施工难度大、风险高。

"上下协力攻坚克难擒寒武,甲乙同心安全生产扛红旗"。2018年6月28日,轮探1井鸣笛开钻至2019年7月26日完井共刷新五项亚洲纪录:2019年5月27日8641—8649.5米井段取心,刷新亚洲陆上最深取心纪录;2019年6月19日钻进至8882米刷新亚洲陆上最深井纪录;2019年7月9日8877米测井深度刷新亚洲陆上最深测井纪录;2019年7月25日安全顺利地将177.8毫米尾管送至井深8860米,创下亚洲177.8毫米套管下深最深纪录;2019年7月26日直径177.8毫米套管固井施工,刷新亚洲该尺寸套管固井作业井深8882米纪录。刷新两项塔里木油田纪录,即2018年10月27日339.7毫米套管下至井深5504.7米;2019年3月10日244.5毫米套管一次性下至井深7474.72米,均刷新了塔里木油田两种尺寸套管一次性下入最深纪录。

参战单位在轮探1井项目中交出的优异成绩单,不仅仅是存放在西部钻探分公司档案室的一串串数据,更是西部钻探人不断追求卓越、不断挑战技术难关、不断突破自我奋发拼搏的真实写照。回首再看一个个踏石留印的足迹,穿越岁月的时空,一起了解西部钻探人如何啃下这块"硬骨头",打赢这场"硬仗"的经典事迹。

严密部署,统一调度。西部钻探公司成立轮探1井专家支持组,公司副总经理喻著成任组长，工程技术处处长屈刚、巴州分公司经理景英华任副组长，各参战单位主管领导为成员，选调综合素质优良的巴州分公司90008钻井队、井下作业分公司YS43293队、试油分公司CS2371队、固井分公司GJ43078队、吐哈录井工程公司一分公司、钻井液分公司南疆项目经理部与工程技术研究院，发挥一体化保障、大兵团作战。90008钻井队组建于2013年，先后在塔里木油田承钻了克深806井、克深8-10井、克深131井、克深605井，荣获新疆维吾尔自治区"工人先锋号"荣誉称号，自治区总工会、中国石油塔里木油田分公司授予"自治区重点工程油气勘探三大阵地战劳动竞赛库车山前钻井杯"荣誉。一支平均年龄只有28岁的年轻化、知识型的队伍，历经奋战，凝聚了"如锲子般锲而不舍、如锲子般团结协作、如锲子般砥砺奋进"的锲子精神。几年来树立了"打一口油井、树一座丰碑"的理念，每个人把"干好活，不出事"当作座右铭。

统一思想，凝聚共识。2018年7月3日，西部钻探公司副总经理喻著成在库尔勒组织召开了轮探1井钻井施工方案评审会。会议分别听取了巴州分公司、钻井液分公司、固井分公司的钻井施工方案汇报，与会人员就轮探1井钻井工程、固井工程、钻井液工程的技术难点以及应对措施等方面进行了分析讨论，对方案中的钻头选型、钻井液方案、提速措施等方面给予了充分的肯定，并要求各单位充分认识到轮探1井的重要意义，安排精兵强将进驻该井，要有专人负责，人员要固定，无特殊情况不得调换驻井人员，保证连续性，要打出西部钻探公司的品牌，安全、优质、高效地完成该井钻探任务。

披荆斩棘，破浪前行。"地层复杂，仅仅是轮探1井的难题之一。二开和三开完下套管最大悬重均达到430吨以上，设备的满负载运转、人员的高强度劳动，都是摆在面前的难度"。克服超高压、超高温、重负荷、大井眼长裸眼"三超一大"的钻探难题和试油试产施工中高含硫化氢、返排液对地面

中国石油档案故事

西部钻探总经理张宝增到轮探1井试油现场慰问员工
（档号：WDEC.13-S03-0019，存放位置：西部钻探巴州分公司档案室）

流程的严重冲蚀，采取一井一策，一段一策，持续强化技术攻关和现场生产组织，实时分析总结超深井施工经验，制定设备升级改造方案，攻关高温钻井液项目，制定大负荷条件下钻具和工器具安全旋转时间控制等措施，为钻井提速、储层改造、试油试产创造了有利条件，确保了该井优质高效完成。随着钻头一米一米地向下推进，摆在轮探1井专家支持组面前的难题越来越多。专家组不断探索攻克了超深复杂井技术、复杂漏层堵漏技术、旋冲带POWER-V提速技术、高温高压钻井液技术、超深超高压固井技术。在科学的钻井工艺、优良的钻井工具和可靠的钻井液体系保障下，不断向地层深处发起挑战，最终实现安全完钻井深8882米。

塔里木油田和西部钻探等单位克服储层超深、超高压、高温等极限难题，在钻井提速、完井提产等方面开展联合技术攻关，创造了亚洲陆上最深井、最深出油气井等七项纪录，标志着塔里木油田超深层钻探技术已经处于世界领先水平。轮探1井的圆满完钻，是甲乙双方牢固树立在"一家人，一盘棋"背景下合作的一次典范，是专家支持组无数个日夜磨砺而出，是各参战单位的一次自我超越！尽管这种超越凝结了无数心血和汗水，但全都无怨无悔。正如90008钻井队党支部书记骆文生所说："当到达目的地时，回头看看自己走过的路，所有的经历和付出都是值得的。"

策　划：唐　斌

作　者：史庆彪　苟　军　邢　战

中国石油工业史上第一桶海外权益原油

现存于中国石油天然气加拿大公司（以下简称"中加公司"）的这组档案资料图片记录的是1993年7月15日，中加公司在卡尔加里东北部的北湍宁油田生产出的我国石油工业海外第一桶份额原油的场景和时任中国石油天然气总公司（以下简称"总公司"）总经理王涛为此事的题词。

1991年3月，王涛总经理在访问加拿大期间与加拿大阿尔伯塔省油砂研究局（AOSTRA）签订了《利用SAGD技术开采超稠油合作意向书》。根据意向书的内容，总公司（CNPC）开发局经过充分调研，向总公司提出了加入加拿大阿尔伯塔省油砂技术研究局的油砂开采现场试验项目（Underground Test Facility，简称"UTF"）的请示报告。UTF项目是加拿大阿尔伯塔省油砂研究局于1984年在加拿大阿尔伯塔省阿萨巴斯卡地区实施的一项油砂开采现场试验项目。试验的目的是采用一套地下坑道双水平井装置，研究采用蒸汽辅助重力驱（SAGD）技术，从油砂中开采沥青的可行性。

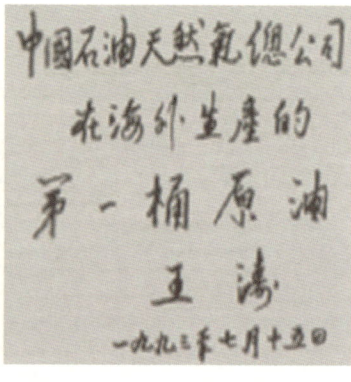

海外第一桶份额原油生产场景及王涛总经理题词（档号：CNODC.15-R04-0001，保存位置：中加公司）

1992年4月，总公司批准了开发局的申请，正式加入UTF项目。根据合同，总公司分期支付UTF贡献费664万加拿大元。作为加入条件，总公司获得在全世界范围内的SAGD技术使用权，并且在项目试验结束以后获得UTF试验区8.33%的权益。根据加拿大阿尔伯塔省的法律要求，总公司必须在阿尔伯塔省注册一个实体公司，才可以将SAGD技术转让给中国石油下属的油田和项目公司。

1992年4月23日，总公司在阿尔伯塔省卡尔加里市注册数码公司527014 ALBERTA LTD.，注册资金558万加拿大元，其中总公司总部占46.24%，胜利石油管理局、华北石油管理局及大港石油管理局各占17.92%，此外总公司总部另有664万加拿大元的双水平井开发超稠油的UTF项目投资。1992年12月20日，由王涛总经理主持总公司办公会议批准，将数码公司更名为中国石油天然气加拿大公司。1993年6月4日完成在当地的名称变更手续，英文注册名称变更为CNPC CANADA LTD.。按照总公司的要求，中加公司以CNPC牵头，胜利石油管理局、华北石油管理局和大港石油管理局投资入股的形式组成。其中，总公司参股288万加拿大元，3个参股石油管理局各投资入股100万加拿大元。

1993年7月5日，总公司收购加拿大阿尔伯塔省北湍宁（North Twining）油田15.8865%工作权益，享有51.5万桶油当量的储量份额。9月2日，中加公司与加拿大皇家石油资源有限公司（Imperial Oil Resources Ltd.）签订《加拿大北湍宁老油田开发项目合同》，合同生效日确定为7月15日。

策　划：魏　巍
作　者：唐　尧

锦西石化加工第一列大庆原油历史溯源

锦西石化分公司始建于1939年。1960年6月，大庆油田首列原油在这里加工，之后的短短5年，企业由原来设备落后的煤干馏厂，变成了一座燃料-润滑油型的大型炼油厂。追溯历史，追梦未来。加工大庆油田"第一列油"给了我们怎样的启迪？当前，我们为什么要弘扬"第一列油"精神，如何弘扬"第一列油"精神，下面让我们共同探寻加工大庆油田"第一列油"的光辉历史。

进退两难的选择

1959年，对于石油五厂（锦西石化分公司的前身）来说是命运坎坷的一年。年初，因全国原油贫乏，蒸馏、裂化装置相继停产，207人的职工队伍和拆除的部分设备被迁移至新疆独山子炼油厂。石油五厂不得不以煤炼油为主。

当时，国家很重视煤炼油工业。在恢复和发展煤炼油工业中，石油五厂发挥了重要作用，曾在1955年建成全国第一套煤炼油装置，成为当时中国炼油工业的"排头兵"。

1959年石油五厂加工中块煤46.37万吨，煤炼油产量达5.75万吨，是前3年加工量的总和。可是，1959年末，全国煤源又开始紧张了，就在石油五厂做出无奈的选择——向石油机械加工转向时，迎来好消息。

大庆油田出油了

1959年9月26日16时许，在松嫩平原北部一座名为"松基三井"的油井里，喷射出了汩汩黑色油流。在这片松辽盆地发现的世界级的特大砂岩油田，改写了中国石油工业的历史。

1960春，大庆地区发现大油田的消息一经传来，举国上下，欢欣鼓舞，因为石油是现代工业中最重要的命脉，是现代工业的"血液"，也是一个国家最重要的战略资源。大庆油田的发现不仅挽救了整个石油系统，也使石油五厂绝处逢生。

机遇留给有准备的人

大庆油田迅速开采，原油产量急剧增加，当务之急是如何炼好大庆原油？按地理位置和设备状况，石油工业部此前考虑由大连七厂试炼大庆原油。当时的石油五厂厂长张瀛洲却不甘心，他三番五次跑到石油工业部请战，坚决要求五厂也加工。也许是诚心，也许是机遇，最后他如愿以偿，而石油五厂也因此获得了再生。1960年6月1日，大庆首次列车原油，运到石油五厂试炼；以后相继又在大连石油七厂和上海炼油厂试炼。

松辽原油进厂的消息，激发了全厂职工的冲天干劲。按照石油工业部的紧急指令，石油五厂开始全力恢复被拆除的蒸馏、裂化装置。1960年4月30日上午9时，首战告捷，检修工人只用5个昼夜便顺利恢复了裂化装置，为以后加工大庆原油立下了头功。

石油五厂位于辽西走廊的中部，具有优越的地理环境，松辽原油在这里加工，不仅能有力支援国防海防建设，而且直接对内蒙古、辽宁、华北工业基地和广大农村供应燃料、支援肥料，促进其工业迅速发展及农业四化的早日实现。在建设过程中，周围的化工厂、化工机械厂、水泥厂、造船厂等，均能相互支援。全厂职工抓住了时机，利用了机遇，使企业走出了一条生存发展之路。

第一列原油列车进厂了

1960年6月1日，是新中国历史上一个值得纪念的日子。这天清晨，萨尔图站（现大庆站）红旗招展，锣鼓喧天，数千名石油工人冒雨参加庆祝大会。一列身披节日盛装的"油龙"整装待发，机车正面悬挂着毛主席画像，上方还装饰着立体的和平鸽和井架图案。8时20分，首发庆祝大会正式开始。石油工业部副部长、会战领导组组长康世恩用剪刀将红绸轻轻剪断。在人们的欢呼声中，车轮徐徐转动，这列原油列车发往的目的地正是石油五厂。

一份陈列在大庆铁人纪念馆内，由中共黑龙江省委向中央汇报关于大庆油区运出的第一列车原油的文件扫描件再次印证了这一历史："6月1日上午8时半从萨尔图车站运出第一列车萨尔图油田的原油，这一列车由15节罐车组成，共装原油600吨，现在正往锦西石油五厂发送。特电报捷。"

当这列原油列车经过长途跋涉稳稳停靠在厂内原油站台时，党委书记、厂长带领机关干部、工人敲锣打鼓迎接这列龙车，犹如过年一般。

尽管当时国家处于经济困难时期，但卸油站台的工人们听说卸国产原油，心情无比喜悦，是个个干劲十足，奋勇争先。

试炼原油有多难

试炼第一列大庆原油使命光荣，任务艰巨。为了迎接松辽原油进厂，工人们决心把一套残缺不全的装置恢复起来，可是在当时的情况下，可谓困难

中共黑龙江省委向中央汇报
大庆油区运出第一列原油的
文件数字化副本
（档号：JXSH-W01-1960-001，
存放位置：锦西石化档案中心，
原件存放于黑龙江省档案馆）

重重。没有氧气割管，工人就用锯条割；没有设备就自己做；没有仪表就修旧利废。终于经过一个多月时间，工人们把闲置了将近一年的原油加工装置恢复了起来，使它重新投入生产。

大庆原油含蜡量高，试炼技术难度大。起初由于松辽油的性质未摸清，操作规律未掌握，在裂化时曾连续发生3次结焦。可是广大职工发扬啃硬骨头的精神，几经试验，终于找出适合的原油加工操作方法。第四次开车终于成功，不仅解决了结焦问题，而且产率也提高上去了。

石油五厂成为全国第一家成功炼制大庆石油的炼厂,这给后来其他炼厂炼制大庆原油提供了良好的技术资源。石油五厂从而成为"共和国炼油工业的基石"。

前进路上披荆斩棘

1960年,在史无前例的大好形势下,石油五厂提出"自力更生、力争上游,一切往前赶,步步争主动"的指导思想。年初,全厂掀起了以"四化"为内容、以"高、精、尖"为目的的技术革新和技术革命的群众运动,出现了攻破尖端、勇攀科学高峰的高潮,三人一伙、五人一组结成的科学研究小组达44个之多。为贯彻石油工业部提出的"深耕细作、吃光榨尽"方针,生产上进行了"四抓",即抓操作指标,抓吸收、冷却效率,抓温度、压力平稳,抓新技术、新工艺苗头,又发动职工开展"挖地三尺"的群众运动,在10天之内捡回了废油2500余吨。

下半年,松辽原油开始源源进厂,广大职工的生产热情更为高涨,主动参加基建工作,施工现场"白天一片人、夜晚一片灯",到处是一派繁忙的建设景象。全体职工发奋图强,大搞自力更生,缺什么就找什么,找不到就自己动手干,洋法不能上马,再土法上马,直到完全解决问题为止。

由于大庆油田开采量的不断增加,1961年,石油工业部决定,由石油五厂自行设计、自行施工安装,扩建到年加工能力100万吨的燃料-润滑油型的大型炼油厂。一时间,荒无人烟的厂西,一座座现代的炼油装置拔地而起,"十里炼厂"由此而得名。

1965年,全厂加工能力达到150万吨,实际加工120万吨,是1960年的10倍;石油产品增加到32种,上缴利润5581万元,是1960年的22倍;工业总产值达到2.81亿元,是1960年的4倍。

1960年，大庆油田首列原油在石油五厂加工，使企业完成了年加工原油由15万吨到150万吨的重大转折，受到了当时的石油工业部部长余秋里的高度赞誉。

加工大庆油田"第一列油"的光荣历史，已经凝聚为锦西石化宝贵的精神财富，成为推动企业不断发展壮大的内在动力。

策　划：隋　昊　王忠宁
作　者：张　南　高　远

中国第一块人工合成顺丁橡胶

在锦州石化分公司员工教育基地的醒目位置陈列着一张"国家科技进步奖特等奖"获奖证书,上面几个金灿灿的大字仿佛正在向人们讲述半个世纪以前一段催人奋进的故事。

橡胶生产迫在眉睫

20世纪60年代初,世界各国都把橡胶视为重要的战略物资。而我国没有橡胶生产技术,90%依靠进口,一旦发生战争,进口的路子被切断,国家安全和经济发展都将受到严重影响。要改变这个被动局面,就必须自力更生,发展橡胶工业。

顺丁橡胶生产技术荣获国务院颁发的科技进步奖特等奖
(档号:JZSH-R01-QT-0136,存放位置:锦州石化员工教育基地)

1962年，国务院指示国家科委组织"一院四部"（中国科学院、化学工业部、石油工业部、第一机械工业部、教育部）开展四大合成橡胶会战，其中合成顺丁橡胶会战由石油部张定一副部长亲自主抓。当时考虑到锦州石油六厂（锦州石化分公司前身，以下简称"石油六厂"）技术力量雄厚，就把主战场定在了这里。

千军万马鏖战橡胶

生产顺丁橡胶，首先要有合成橡胶所需的单体物质——丁二烯。1961年，中国科学院兰州化学物理研究所（以下简称"兰州化物所"）开始研究丁烯氧化脱氢反应制备丁二烯，并在1963年取得实验室小试成功。1964年兰州化学工业公司进行中试放大，但由于种种原因未能成功。次年8月，石油六厂厂长王国斌、副总工程师任道源专程赴兰州化物所寻求合作，并提出了新的中试放大方案，得到了中科院的认可和批复，随即双方签订了合作协议。随后，周望岳（曾任甘肃省科学技术协会副主席、物理化学家）带队来到石油六厂，开始固定床设计建造。在施工过程中，石油六厂技术人员开创性地提出将固定床改为流化床，有效提高了反应效率，中试取得了成功。

有了单体丁二烯，接下来是聚合反应，把丁二烯小分子变成橡胶大分子，这个过程最关键的是找到合适的催化剂。当时国外使用钛、钴等金属做催化剂，原科学院副院长王佛松（现中科院院士、高分子化学家）研究用钴做催化剂，但实验聚合出来的橡胶容易老化。后来中国科学院长春应用化学研究所（以下简称"长春应化所"）沈之荃（现中科院院士、高分子化学家）提出使用金属镍做催化剂，并同时加入烷基铝和三氟化硼化合物，实验效果很好，随后又找到了最佳配比，命名为三元镍系催化剂。

橡胶会战纪念章
（档号：JZSH-S03-A-ZP-315，
存放位置：E6 2.0系统）

确定单体和催化剂后，化学工业部和石油工业部召开汇报讨论会，确定了下一步工业化的准备工作，两部委的主要设计院（兰州化物所负责单体，长春应化所负责聚合）参加会战，还有高等教育部几所大学的师生倾力加盟，作为主战场的石油六厂也集中力量，将从事过技术工作的人员调到了会战第一线，很快橡胶大会战就汇聚了上万人的队伍。

会战打响后，张定一副部长高度重视会战进度并指示，不论哪个单位订购的设备，只要会战需要，立即协调调往石油六厂。石油部生产技术司的总工程师伍迟、处长张皓若亲临指挥，几大院所、高校技术人员废寝忘食研究设计，深入现场指导解决问题。石油六厂成立了指挥部，提出"一切为橡胶开绿灯"的口号，下决心把橡胶生产出来。这种众志成城、为国分忧的大干氛围，为橡胶生产创造了有利条件。在之后的一年时间里，单体制备、分离

技术人员在现场指导生产
（档号：JZSH-S03-A-ZP-316/ JZSH-S03-A-ZP-317，位置：E6 2.0系统）

精制、聚合等几段大工序齐头并进,小中型实验同时上马,每个小组都取得了实质性的进展,掌握了大量数据,为中试打下了坚实基础。

1965年,年产500吨的氧化脱氢中试装置和250立升釜中型放大聚合试验装置相继建成。当年7月,在全体人员的奋战之下,橡胶实验中试放大取得成功,生产出50公斤顺丁橡胶,一举打破了帝国主义对我国的技术封锁,因此这块橡胶也被称为"争气胶"。这块样胶第二天被送到北京,制成了我国第一条9002型合成橡胶轮胎。

成功实现工业放大

中试成功后,指挥部乘胜追击,千吨级橡胶装置也在边设计边施工。当时,确定的装置现场还是一片废墟。会战指挥部要求3个月完工并交给车间试车。按照设计共有10座塔、20多台泵、10多个罐、数十千米长的管线。在工作量大、设备不足、时间紧迫的情况下,会战的同志们没有退缩,个个想的是为党争气、为国增光,人人都有使不完的劲儿,大家不分昼夜,干在工地、吃在工地、睡在工地,每天工作超过12小时。在同志们夜以继日的奋战下,千吨级顺丁橡胶装置按期建成投用。

橡胶装置
(档号:JZSH-S03-A-ZP-318,
存放位置:E6 2.0系统)

装置建成了，还要有熟练的技术工人。为了开好装置，当时车间组织员工蒙目练兵，即将眼睛蒙上，沿着岗位路线检查，并按照操作顺序准确地摸到设备，说出其名称、用途。工人们勤学苦练，脑门不知磕了多少个包，练出了真本领、真功夫，为装置顺利开车提供了可靠保障。1966年9月30日，装置成功工业化生产出第一批合格的顺丁橡胶。1967年产胶139吨，填补了我国合成橡胶工业的空白。

推动橡胶工业化

千吨橡胶装置的成功投产，为橡胶工业在全国"遍地开花"提供了宝贵经验和大量数据，培训了大批人员。1972年北京燕化顺丁橡胶装置开车时，几乎全部主要工段、岗位的青年员工及技术人员都在锦州进行过培训。此后，其他同行企业也陆续派来大批人员实习。

此后，随着技术的不断发展，工业连续生产中遇到的"一堵二挂三污水"等难题也被石油六厂的技术人员一个个攻破，橡胶的全套生产技术基本成熟，国产顺丁橡胶的工艺、产量和质量都达到了一个很高水平，为我国的国防事业和经济建设注入了强大动力。

1985年，在第一届国家科学技术进步奖评奖工作中，"顺丁橡胶工业化生产技术"作为国内石油化工领域第一个自主完成的、具有完全知识产权的生产工艺，从2万个项目中逐级筛选，最终被评为国家科技进步奖特等奖。石油六厂和兰州化物所在获奖名单中并列第一位。

合成顺丁橡胶的生产，凝结了老一辈技术人员的智慧和心血，它是打破壁垒、产研协作的成功典范，是众志成城、创业报国精神的生动体现。经过五十余年的技术沉淀，新一代锦州石化人传承发扬"为国分忧、勇攀高峰"

的"一块胶"精神，依靠自主创新、院企合作，成功开发出了稀土顺丁橡胶新产品，在产业报国的道路上再次走在了前列。

策 划：徐 刚 刘 鹏
作 者：张 达 李 璇 潘 星 费 飞 王 舒

▶ 第一套国产超大型地震数据处理解释一体化软件GeoEast

在东方地球物理勘探有限责任公司（以下简称"东方物探公司"）物探技术研究中心原信息档案站的声像类档案里，珍藏着一张拍摄于2004年12月31日的照片，那是在北京中国国际会展中心，东方物探公司自主研发的GeoEast V1.0地震数据处理解释一体化软件产品发布会的现场照片。该软件的发布，一举打破国外技术封锁，填补了我国大型处理解释软件空白，中国物探企业必须依赖进口软件产品的局面被彻底改变。

东方物探公司是中国石油天然气集团有限公司下属从事地球物理勘探技术服务的专业化公司。地球物理勘探，简称物探，是油气田勘探的基础，而衡量一个国家物探技术水平的高低，地震数据处理、解释软件是重要标志之一。长期以来，我国石油物探技术软件主要依赖国外引进，需要高昂费用不说，处理解释的核心技术掌握在别人手中，也影响着国家的能源安全。

进入21世纪后，东方物探公司国际业务迅猛发展。2002年，国际业务收入首次超过国内业务，作业区域扩展到亚洲、非洲、拉丁美洲和欧洲的18个国家和地区，对国际地震勘探市场的旧有格局造成了巨大冲击，国外公司开始对东方物探公司实施技术封锁，有的停止对东方物探公司购买的软件产品进行升级，有的对软件使用提出种种苛刻条件。

面对这一情况,中国石油决心打造自己的核心物探技术利器,把主动权掌握在自己手中。2003年4月17日,东方物探公司正式启动超大型地震数据处理解释一体化软件GeoEast研发项目。经过19个月的刻苦攻关,2004年12月31日,GeoEast V1.0地震数据处理解释一体化软件产品正式对外发布,成功打破国外技术封锁和垄断,结束了中国石油没有自己的地震数据处理解释一体化软件的历史。

物探市场的竞争,核心是技术的竞争。GeoEast软件的研发成功和不断发展完善,让中国物探企业在与国外主流物探软件的谈判桌上有了话语权和主动权。由于GeoEast软件实用、操作简单并且符合中国油气勘探实际情况,对国外软件形成了一定的竞争优势,国外软件不得不针对中国油气勘探实际特点开发和改进部分功能,以满足国内用户的需求。GeoEast软件还在发展中逐渐突破了低频补偿、OVT、海洋OBN与宽频、高效混采分离等众多关键技术瓶颈,在国际市场上展示了东方物探公司的技术实力,也为东方物探公司开拓海外高端市场、保障国家石油安全增加了至关重要的砝码。

经过近20年的不懈努力,GeoEast软件逐步从小规模试用发展到大规模使用,实现了从无到有、从点到面的创新与发展,已经成为中国石油主流地震资料处理解释平台,在东方物探公司GeoEast软件处理解

GeoEast软件开发工作现场
(档号:BGP.14-S03-0003,存放位置:东方物探公司物探技术研究中心原信息档案站)

释应用率均超过85%，在中国石化、中国海油、煤田矿业、地调系统、科研院所和50多所国内高校以及美国、印度尼西亚等国际知名院校应用，并进入国际高端物探技术服务市场。GeoEast软件从当初具备基本的处理解释功能，已发展成为拥有海洋技术处理、两宽一高处理解释等八大配套技术系列、覆盖处理解释全技术领域、具备从叠后到叠前全技术流程、满足从海洋到山地全地表条件的大型处理解释一体化软件产品，在国际前沿物探技术领域不断取得突破，多项技术为自己独有或处于国际领先水平，广泛应用于科研生产，推动了国内外一系列重大油气勘探部署的发现，有力提升了中国石油的技术影响力和国际竞争力。

如今，GeoEast软件已发展成为全球三大地震资料处理解释软件之一，整体性能达到国际先进水平，实现了对进口软件的全面替代，先后获得埃克森美孚、雪佛龙等国际大石油公司的资质认证，获得国家授权发明专利、登记软件著作权、认定企业技术秘密近400件，实现了从技术跟跑者、并跑者到部分技术领跑者的转变。

GeoEast软件被集团公司评为"十二五"期间"十大工程技术利器"之一，作为国家油气重大专项的标志性成果荣获国家科学技术进步奖二等奖。

策　划：宋强功　刘宽宏　庞泽俊　赵春山　赵　亮
作　者：周向聪　张飞舟　赵珊珊　刘建肖　李铭明

新中国第一所石油工业学校

1950年8月24日,《人民日报》第6版发布了一则特别的招生通告——《中央燃料工业部石油管理总局招训石油技术人员》。这是新中国成立以来,第一次在全国范围内为培训石油技术人才面向社会公开招生。新中国第一所石油学校也将由此诞生。

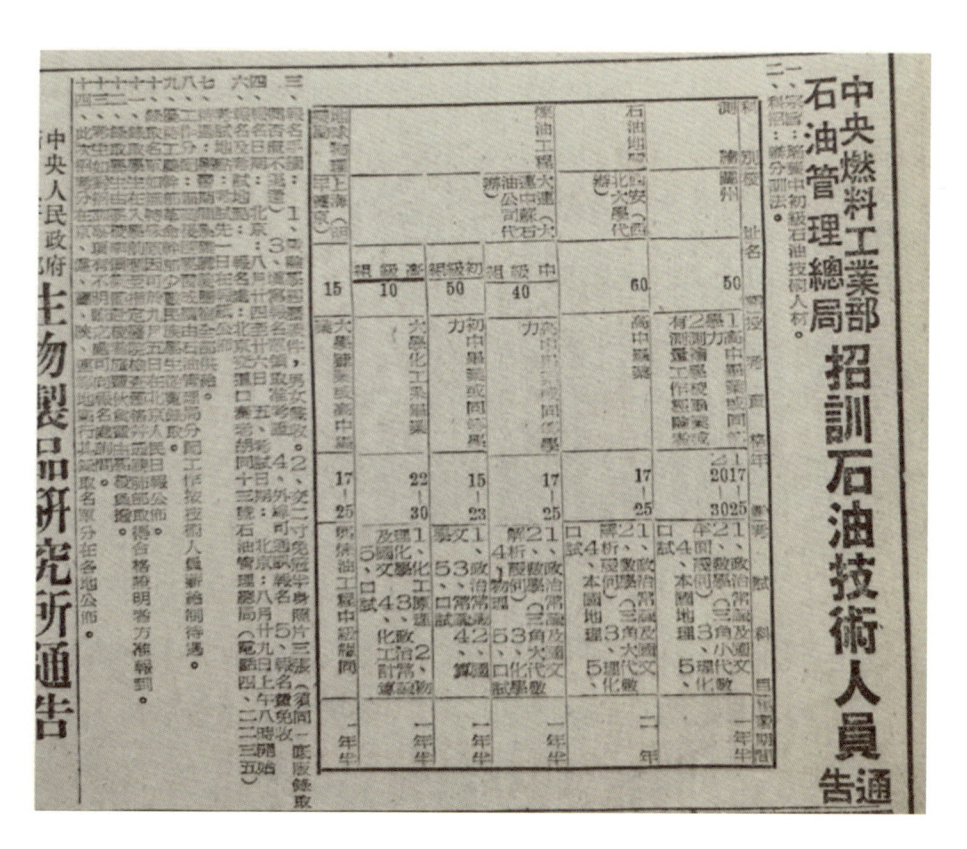

1950年8月24日《人民日报》上的招生简章
(档号:DLSH-S03-DZ-2020-0015,存放位置:大连石化档案中心)

新中国第一所石油学校落户大连

1949年全国解放，此时的中国百废待兴、人才稀缺。当时全国石油职工仅有1.1万人，其中从事石油地质和钻井的技术干部仅有40多人，炼油技术人才更是屈指可数。重新站在起跑线的新中国想要大力发展石油工业，解决人才匮乏的问题成为当务之急。

1950年4月13日至24日，燃料工业部在北京召开全国第一次石油工业会议，商讨确定新中国石油工业的方针与任务。时任燃料工业部部长陈郁在会议中特别指出："为迎接石油工业的迅速发展，大量培养干部是非常重要的事，培养人才是国家百年大计，再困难也要办学。"部长语气中透露出的坚定，激励着与会人员重振石油工业发展的信心与决心。在征求参加会议的大连石油厂厂长汪家宝的意见后，石油管理总局研究决定，委托大连中苏火油精制股份有限公司（以下简称"大连石油厂"）代办新中国第一所石油工业学校——大连石油工业学校。燃料工业部下属的炼油厂不少，老字号的有1907年建厂的延长石油厂，还有1909年建厂的乌鲁木齐（迪化）工艺厂，仅东北地区的炼油厂就有10家。中央为什么会选择在大连建立新中国第一所石油工业学校呢？回顾历史，当时大连石油厂具有两大优势：

一是大连石油厂具有丰富的生产经验和较强的技术实力。大连石油厂的前身是1933年建厂的满洲石油株式会社大连制油所。1945年8月日军战败后，大连石油厂被苏军接管，到1951年1月1日，苏方根据《关于中长铁路、旅顺口及大连的协定》将大连石油厂移交中方独立经营期间，苏方派遣了大量专家指导炼厂恢复生产。当时的大连石油厂不仅拥有先进的技术装备，还拥有较强的技术水平。东北炼厂虽多，但除大连石油厂炼制天然原油外，大多都是以煤炼油为主。在当时全国年实际加工原油量仅12万吨左右的情况下，大连石油厂原油加工量高达4.9万吨，超过全国炼油量的1/3，整体实力在各炼厂中名列前茅。

第二个原因是当时的大连石油厂具有丰富的办学经验。1947年6月1日，大连石油厂成立之初，面临装置损坏严重、技术工人奇缺的难题。为尽快修复装置、补充人力、恢复生产，厂长汪家宝决定公司自己办培训班培养人

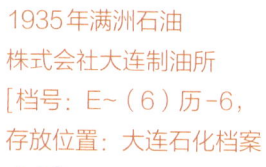

1935年满洲石油
株式会社大连制油所
[档号：E~（6）历-6，存放位置：大连石化档案中心]

大连石油厂干部欢送
苏联专家留影
[档号：E~（6）历-9，存放位置：大连石化档案中心]

才，讲授石油工学、石油化学、石油安全、燃料工学、材料力学等课程。1947年10月12日，第一期炼油技术培训班开班，首批招收23名练习生①，1948年5月10日，第二期炼油技术训练班开班，招收练习生26名，两批学员在中国炼油工业的发展过程中都成为重要的骨干力量。此后，公司又陆续开办了多种形式的业余教育班，截至1949年，共培养了各种专业技术工人97名，其中技师以上共28名，包括4名苏联人，10名中国人，14名日本人；炼油技术技工69名。由汪家宝开创的炼油技术训练班成为中国炼油教育史上的新开端，为之后的炼油技术训练班、石油学校的创办积累了宝贵的经验。

大连石油技术学校师生合影
[档号：E~（6）历-10，存放位置：大连石化档案中心]

筹办学校，全力培养

1950年，大连石油厂接到燃料工业部创办石油学校的指示后，立即开展建校工作。燃料工业部担负所有创办学校的经费，调配经验丰富的技术干部及专员赶赴大连，协助公司落实筹办学校的相关工作，首届招收了共108名学员。10月1日，新中国第一个国庆日，大连石油技术学校举办了隆重的开学典礼。

---

① 练习生：旧时银行、公司、商店等单位中雇用的类似学徒的低级职工。

大连石油技术学校举办开学典礼
[档号：E~（6）历-8，存放位置：大连石化档案中心]

为保证教学质量，第一任校长由厂长汪家宝兼任，副校长由公司党总支书记苏德山兼任，总工程师张芳骞任教务主任。教职员工也大部分由公司干部和技术人员兼任，如当时的生产技术科科长朱吉仁、副科长沙展世、基建科副科长童祖谟等。为了使学习内容贴合实际，帮助学员尽快成才，学校使用的教材也全部由教师结合生产实际亲自编写。

学校设立研究班（高级班）、专科班（中级班）、中专班（初级甲班）、技校班（初级乙班）4个班别，学制为2年。

研究班（高级班）共12名学员，均为国家统一分配的1950年大学毕业生。他们除了学习炼油技术外，同时进行有关石油的合理加工利用、添加剂、溶剂、油品加氢等新工艺的科学研究。

专科班（中级班）共36名学员，主要是从上海、北京、天津等地招收的高中毕业生。主要课程是：炼油工程、化工原理、材料力学、化工材料、燃料与燃烧、热工学、电工学、机械制图、物理化学、石油化工仪表、微积分、油品分析、有机化学等。

中专班（初级甲班）共33名学员，主要是从上海、北京、天津等地招收的初中毕业生。另有其他炼油厂和本厂保送的具有同等学力的工人和干部。课程大致与专科班相同，但教材内容难度低于专科班。

技校班（初级乙班）共27名学员，大部分是从各厂调来的工人骨干，均为小学文化程度。主要课程是：初中文化课、炼油基本知识、电工、仪表常识等。其目的是日后培养炼油厂的工段长、车间主任等基层领导干部。

在此后的两年中，大连石油技术学校不断发展，逐渐完善教学设施，加强师资力量，全力为国家培养石油人才。公司工会还为学校建立了图书馆，提供中文、日文、俄文的技术书籍2250余册，政治书籍300余册。

1952年8月，为了全面提高学校人才培养的层次、质量、水平，提升

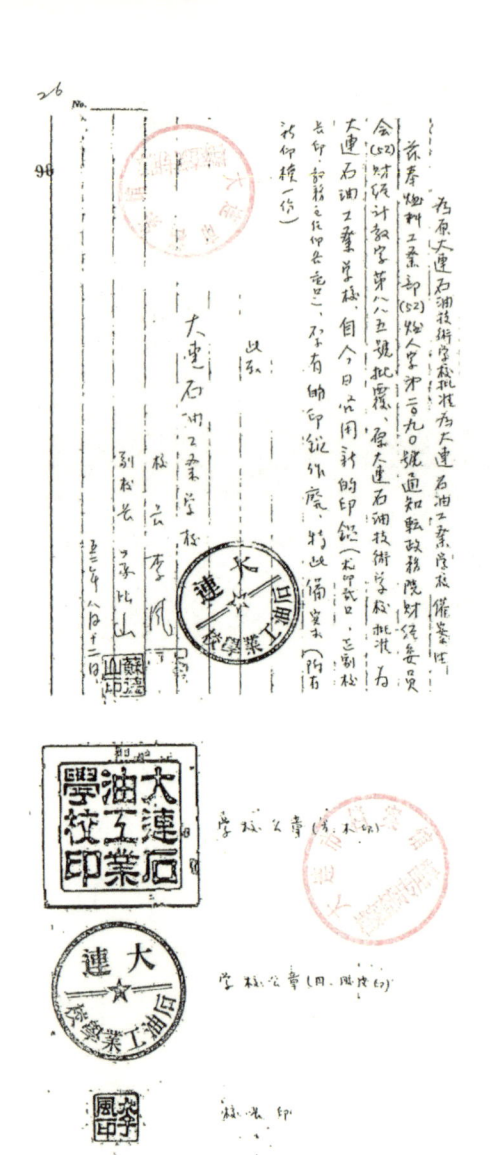

1952年8月大连石油技术学校报备旅大市政府正式更名文件
（档号：39-2-41，
存放位置：大连市档案馆）

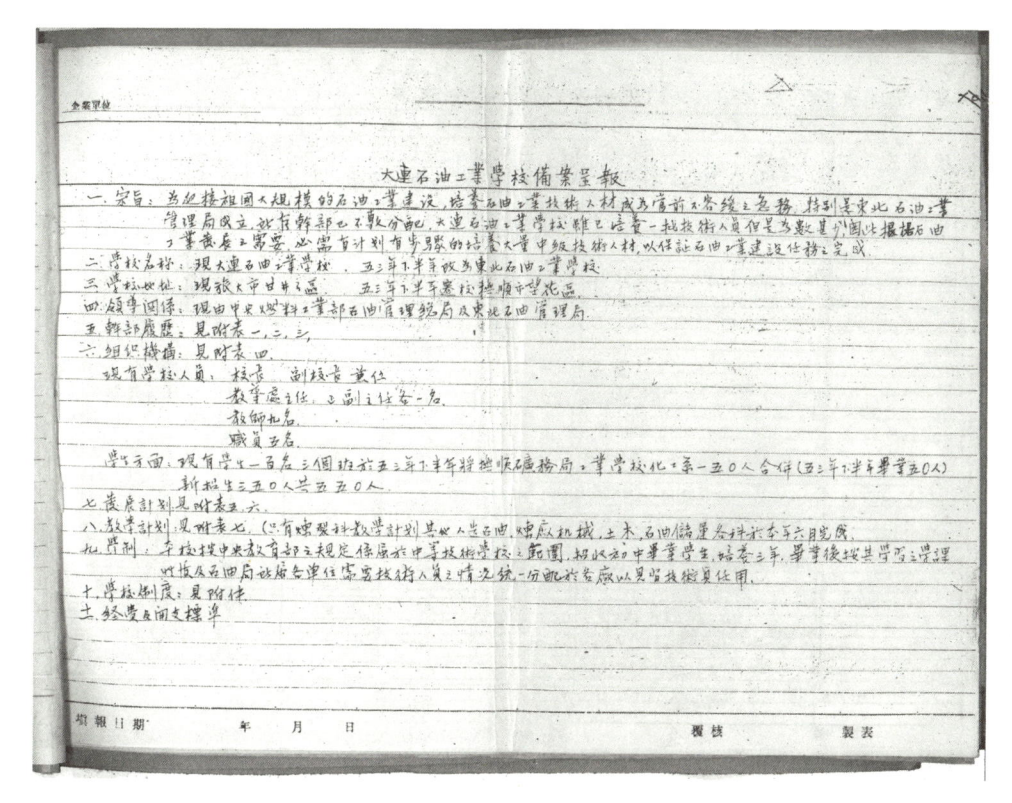

1953年大连石油工业学校备案申报

（档号：DLSH-S03-DZ-2020-0018，存放位置：辽宁石油化工大学档案馆）

学校石油专业各学科建设水平，根据燃料工业部（52）燃人字第2090号通知和政务院财经委员会（52）财经计教字第885号批复，大连石油技术学校更名为大连石油工业学校。

大连石油工业学校的首届毕业生毕业后，被国家分配到全国各地从事石油技术和行政管理工作。其中：金喜春、陈子成、苏永志、隋瑞芝等人留在了大连石油七厂，将自己所学投入到公司的生产建设当中。当时不少教职员工也留了下来，成为公司的技术骨干、炼油专家。

1953年，为满足国家石油工业发展需要，更好地培养石油工业技术人才，国家决定将大连石油工业学校迁往抚顺，更名为东北石油工业学校，后来升格为抚顺石油学院，现在称为辽宁石油化工大学。

历史的车轮滚滚向前，石油人才教育的步伐从未止步。今天石油工业蓬勃发展，石油人才遍地开花。但是我们不能忘记，是大连石油技术学校为新中国培养了第一批石油工业人才，完成了国家赋予她的使命。历史会铭记这段难忘的岁月，记录下大连石油工业学校在培养石油人才的历史上这厚重的一笔。

策　划：孙　敏　李东源

作　者：孟　颖　郭　玮　王　烁

第六部分 其他篇

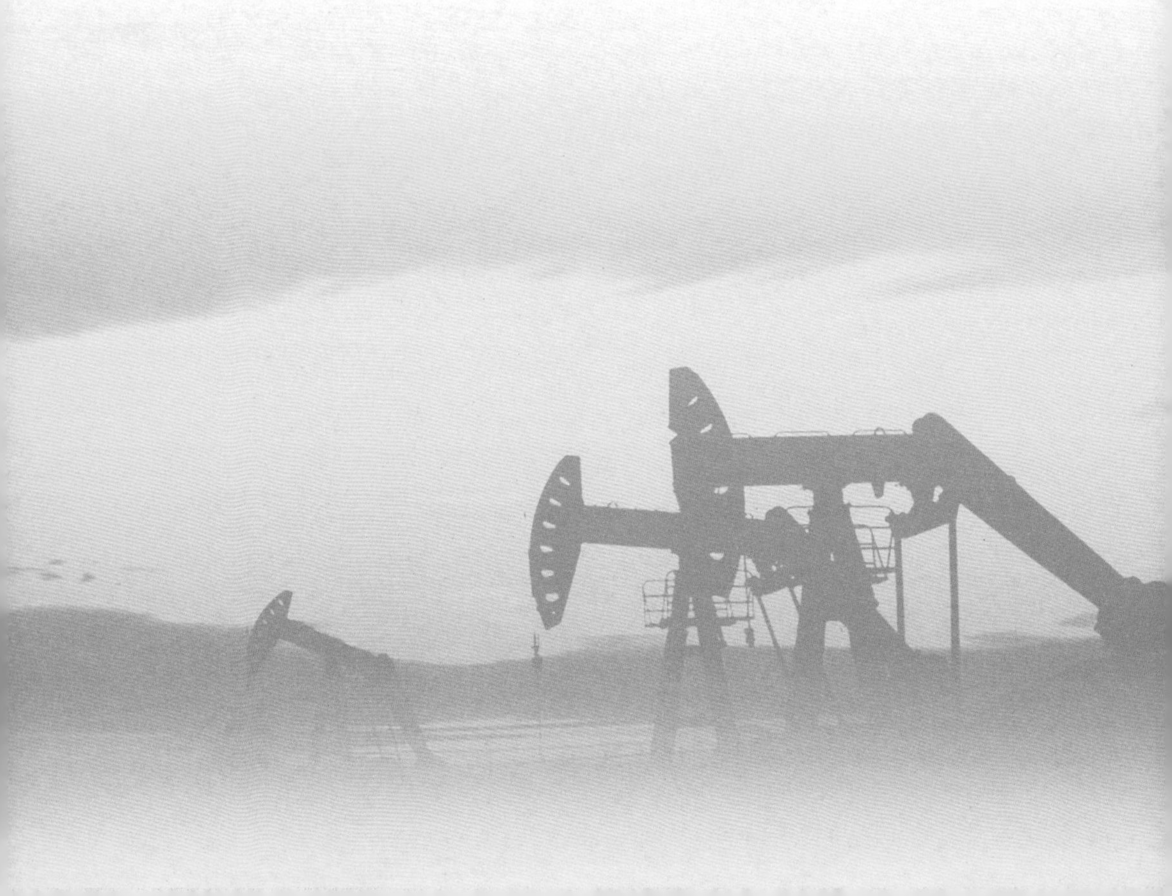

▶ 一个也不能少！

2011年2月，利比亚发生政变，中国政府全力组织华人华侨撤离，中国石油长城钻探工程有限公司（以下简称"长城钻探"）利比亚项目部代表中国石油临危受命，不仅圆满地完成了中国石油员工撤离组织工作，还义务帮助当地中资企业同胞安全撤离。2011年3月2日，央视《今日关注》播出《利比亚大撤离》，受助的中资企业向长城钻探赠送了"锦旗"，驻突尼斯使馆向中国石油发来了驻外使领馆明码发电的表扬信。这些历史印迹，成为长城钻探珍贵的馆藏，记载了当年在利比亚撤离中英雄将士们的功绩，彰显了长城钻探作为国有企业在危急时刻表现出的良好风范和责任担当。

(1)（档号：GWDC.1.1-R01-2011-0008，存放位置：长城钻探档案室）

(2)（档号：GWDC.1.1-R01-2011-0009，存放位置：长城钻探档案室）

在撤离中受助的中资企业向长城钻探赠送的锦旗

中国石油档案故事

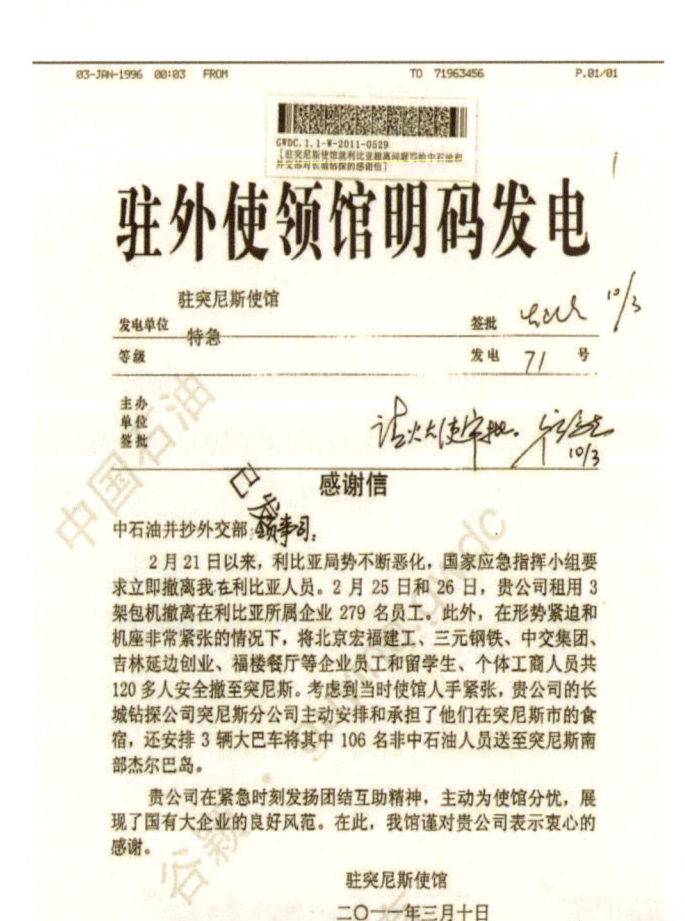

中国驻突尼斯使馆对中石油的感谢信
（档号：GWDC.1.1-W-2011-0530，存放位置：长城钻探档案室）

手捧着驻外使领馆明码发电的感谢信，抚摸着印有"关爱超越国界，真情永存血液""枝叶同根生海外，轩辕血脉存真情"的两面锦旗，翻看着一张张珍贵的现场照片，让我们一起追忆那段惊心动魄又充满温情的利比亚撤侨故事。

战火中有条不紊地集结和撤离

故事发生在2011年。2月13日下午，利比亚项目部召开每周一次的安全例会。时任项目部人力资源副经理阿里木做的安全经验分享，引起了时任项目经理李亚强的注意。阿里木在分享中提到，受突尼斯和埃及局势影响，利比亚将在2月17日发动反政府游行示威。这样的事情宁可信其有，不可信其无，项目部针对这种局势马上制定应急预案，开始通过当地雇员、报纸、网络收集相关信息，储备大米、面粉和食油等生活必备品，做好应急准备，并密切关注事态进展。

紧急情况比预想的来得要更快。2月16日起，利比亚东部城市班加西出现严重骚乱，之后局势迅速恶化和蔓延。2月18日晚上，项目部召开紧急会议，通知近期计划返回项目的7名国内休假人员暂停返回，项目各作业点人员停止流动，紧急储备生活物资。但此时生活物资供应已经变得困难：街上开始出现抢购现象，运输司机不愿意出车去前线送货。

2月19日晚上，班加西出现了大规模暴动，的黎波里出现零星反政府游行。的黎波里绿色广场将会出现大规模反政府游行，雇员纷纷打电话建议中国人不要外出。中国水利电力对外公司在班加西以东阿尔贝达市外一个400名中方人员的营地被武装人员袭击，40多人受伤，十几人重伤，两人危重伤；北京华丰有限公司近千名中国人的施工地被袭击并被赶进沙漠，在沙漠里奔逃了一个晚上……

类似这样的消息在中资公司之间不断传播着，促使我们加紧开展各项应急准备工作：项目部开始联系境内包机，启动将人员从各个作业点集中到两个前线基地，用包机撤回到的黎波里项目驻地的工作准备。这一天，外交部网站上提醒我国公民暂勿赴利比亚；这一天，项目部建立了应急领导小组，成立了通信、交通、生活保障、善后工作几个工作组，分头开始工作；这一天，项目部又一次成功地从银行取到了10万第纳尔，使项目部现金储备达到了25万第纳尔，为成功包租飞机打下了一定基础。

2月20日，的黎波里街上已经没有交通警察执勤，使馆通知禁止人员外出。紧张气氛在扩散，各个职能小组紧急行动，工作在紧张但有条不紊地进行中：继续抓紧储备物资，通过当地雇员外出采购，储备了够项目部人员近20天生活需要的物资；强化紧急情况下的各项安保措施；开始分发饼干、手电筒、紧急联系方式表格等个人应急品，并按紧急撤离时的分组储备紧急疗伤药品；加紧做紧急撤离准备工作，决定第二天要兵分三路前往3个油公司当面讨论停工事宜和继续尝试获得其对撤离工作进行支持的事宜；前线和各个作业点，开始力所能及地对设备、物资、营地进行撤离前的封存、善后工作，等项目部通知后开始人员向基地或营地集结的工作；继续紧急联系境内包机……一切都在紧张地进行着。

2月20日凌晨2时，李亚强看完利比亚新闻后刚躺下休息，项目部门卫就打来电话，惊恐地说，有大约10名歹徒拿着铁棍、砍刀等凶器在撬盗项目部的东西。李亚强当即打电话给当地警察局，结果电话一直无人接听。打几个平时熟识警察的电话，全部关机，再给当地政府安全部门的人打电话，同样关机。后来，找到房东，才算把这群歹徒吓走。

局势一下子变得紧张起来。第二天为了保证项目部人员的安全，项目部把一栋住宿楼的铁门进行了加固，把全部人员集中到一栋楼里办公和住宿，门厅里、过道里、地下会议室的地板上、会议桌上都临时铺上了简单的床垫和被褥，大家毫无怨言。22日晚6点，公司总部下达了包机撤离命令。

当时，公司在利比亚工作的工作人员一共有81人，的黎波里21人，贾卢地区16人，奥巴里地区44人。撤离的计划在项目经理李亚强头脑里更加清晰和紧迫：第一步，所有前线人员集结到基地；第二步，从基地撤回到利比亚首都的黎波里；第三步，撤离利比亚，到突尼斯。

项目部通过电话联系各个油公司，要求油公司的飞机为我们人员撤离提供支持。但得到的消息令人沮丧，各油公司的包机和境内的民航飞机均被停

◎ 第六部分 其他篇

撤离前安排当地员工看护井场
[档号：GWDC-S03（ZP）-2011-0004，存放位置：长城钻探档案室]

项目部对员工进行赴机场前动员
[档号：GWDC-S03（ZP）-2011-0006，存放位置：长城钻探档案室]

飞。终于等到包机基本确定，但担心还是不能消除：人员能否顺利集结和赶往机场？包机公司坐地起价，资金能否够用？空中管制情况下，能否实现飞行？近期一直是风雨天气，是否会影响飞行安全？

经过两天的艰苦努力，前线人员终于在24日凌晨全部撤回到项目部驻地。我们做好了出发的准备，但原定当天下午4点到5点起飞的赴突尼斯包机，一直没有起飞的消息，我全部人员做好了出发准备，租用的两辆送机大巴一直等待在项目部门口。我们一边与航空公司交涉，一边安抚等着急了的大巴车司机不要跑掉。晚上6点，终于等到了航空公司申请被批准，可以飞行的消息。我们可以飞突尼斯了！大家不约而同地欢呼起来。

出发前，项目部召开了简短的动员会，强调了赴机场途中和在机场内的注意事项和纪律。晚上7点大家登上大巴车奔赴机场，一路上大家既紧张又兴奋。

大巴车在离机场约1千米远的地方停了下来，路边和周边的空地上停满了车辆，机场里到处是站着、躺着的候机人员，到处是丢弃的衣服、毯子和行李箱包，到处是荷枪实弹的武装军人和带着各种器械的警察，还有头上缠着国旗色绿布的便衣警察。经过紧张的联络和等待，晚上10点左右，大家拿到了登机卡，在航空公司人员的带领下进入机场。

临危受命，帮助更多人撤离

挥手告别长城钻探公司的80名同志，李亚强终于松了一口气，他又一次返回城里。其实，早在24日下午，李亚强就接到了公司总部的指示：集团公司要求由长城钻探利比亚项目部牵头组成现场紧急撤离领导小组，组织全部中国石油员工的撤离工作，他临危受命为撤离工作现场领导小组组长，带一名同志继续组织东方物探公司和管道局人员的撤离工作。这个时候，多留一

◎ 第六部分　其他篇

项目经理李亚强在东方物探公司的黎波利办公室组织撤离工作
[档号：GWDC-S03(ZP)-2011-0008,
存放位置：长城钻探档案室]

人，就多一分风险。李亚强没有告诉其他人，他决定一个人留下来。

此时，卫星手机不能使用了，国际漫游手机信号被切断，境内手机接通非常困难，城市有线通信也被切断；紧急时刻，"中石油应急小组QQ群"发挥了重要作用。"关键时刻的信息是救命的。"庆幸的是，最重要的信息没有中断，最重要的联络渠道没有中断。

在的黎波里机场停留的26个小时是非常漫长的。在拥挤不堪、混乱嘈杂、军警粗暴地维持秩序的机场内外，那是一种身体与心灵的煎熬。不允许打手机、不允许拍照、不允许上网、不允许随意跑动，一点点的小动作都可能激怒手持器械的警察。为了保持与外界的联络状态，掌握包机到来的消息，只能避开警察的目光，悄悄上网。中国石油员工组成了几道人墙，有人用身体挡着电脑，有人用衣物遮着雨，悄悄使用电脑，登录QQ群。陆陆续续，3台笔记本电脑的电池全部用光！

一个个振奋人心的消息从QQ群里传来：长城钻探80名员工的包机顺利

抵达突尼斯；东方物探公司的63名员工顺利抵达突尼斯；利比亚包机飞到贾卢，接到吉林化建工程有限公司的48人，顺利返回的黎波里机场……最令人兴奋的消息是，突尼斯项目部租用的突尼斯航空公司1架262座飞机终于等到了的黎波里机场的指令，将于2月26日晚上8点抵达的黎波里机场，接运中国石油剩余人员。

在完成中国石油工作任务的同时，我们没有放弃任何一次救助中国同胞的机会。得知包机还空余100多个座位，我们开始艰难地寻找着在利比亚的同胞。大家冒着危险在机场周围警惕地寻找滞留的中国人。通过QQ群发布消息和现场寻找，终于等来了福楼餐厅23人、北京宏福集团55人、三元钢铁有限公司15人、中国交通建设集团有限公司13人、吉林延吉创业有限公司11人以及现场找到的6人，一起飞离利比亚。

突尼斯的温暖接应

在突尼斯，时任项目经理王明星在公司总部确定向突尼斯转移利比亚中方员工后，立即组织人员与当地宾馆联系，提前预订了突尼斯市的1家宾馆，可以提供100个双人间，宾馆提供三餐，可以保证首个包机的所有人员食宿问题；同时，联系好代理公司提供大巴士从机场到宾馆的人员运输服务。一下飞机，时任长城钻探副总经理胡欣峰和副总工程师刘德军早已等候在机场，代表公司迎接大家，大家一下子感到像回到了家一样。

长城钻探80名员工到达突尼斯之后，突尼斯项目部的下一个任务是继续组织突尼斯包机，接回中国石油其他单位的人员。2月26日，除了东方物探公司的56名员工不能从作业区UBARI撤离到的黎波里外，其他所有人员都已汇集到了的黎波里，可以赶上包机。东方物探公司56名员工的撤离问题成为此次撤离工作的最大难题。利比亚的包机表示可以把东方物探公司员工送到突尼斯,但要求支付高额的现金。王明星与东方物探公司的负责人联系:只要能和他们谈成功,把咱们的人带回来,现金我们这边来筹措,中国石油将士的生命是多少钱也换不回来的。最终,东方物探公司的56人成功从作业区UBARI登机,经的黎波里,成功撤到突尼斯。

26日晚,接运中国石油其他单位人员的突尼斯包机A300抵达的黎波里机场后,由于机场太混乱,中国石油的一些员工和华人找不到飞机,不能马上登机。一些突尼斯人看到本国飞机,抢着要登机。随机前往利比亚接应的项目经理王明星马上向机组人员转达意见:在尽量保证中国人登机的情况下,一定会尽量带回突尼斯受困人员。突尼斯机组人员和突尼斯受困人员都很满意。最后,所有中国石油员工都顺利登机,于26日晚9点飞离的黎波里机场,晚上10点20分顺利抵达突尼斯迦太基国际机场。本架包机成功将东方物探公司员工56人、吉林化建37人、长城钻探1人、其他华人119人、突尼斯公民58人转移至突尼斯。由于随中国石油撤离的2名华人没能上机,突尼斯航空公司为感谢中国人主动帮助撤离突尼斯侨民,于是专门派人拿着2名华人名字的牌子找到他们,并安排其他飞机带回。次日凌晨,这2名华人被我们在机场找到,这是中国人员与突尼斯人员团结协作的结果。

在这次撤离中,长城钻探利比亚、突尼斯两个项目部共组织包机3架,飞行8次,运送638人次,对这次安全撤离起到了决定性的作用。

利比亚撤离故事讲完了,正因为这些保存完好的珍贵馆藏资源,才让我们能够经常回顾那段不平凡的历史。

档案不仅见证了历史,

——也见证了集团公司和长城钻探领导对员工切身利益的最大关怀,受助的中资企业和华人华侨在感激中国石油、感谢长城钻探的同时,也对中国石油员工羡慕不已。

中国石油档案故事

TUNISAIR
Chairman and CEO

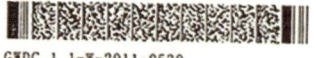

Tunis, 3rd of March 2011

Mr Wang Mingxing
General Manager Great Wall Drilling Company

Dear Sir

I would like to express to you my sincere congratulations for the operation you undertook in evacuating your employees from Libya.

The historical cooperation between our two countries proves again that deep ties relate us. I would like to thank you for your help in rescuing 120 Tunisians at the airport of Tripoli.

I wish you all the best and hope that this cooperation will last for the future.

My best regards

Nabil Chettaoui

突尼斯国家航空公司对长城钻探的感谢信
（档号：GWDC.1.1-W-2011-0529，存放位置：长城钻探档案室）

——也见证了长城钻探开展的HSE体系推进工作卓有成效。平时多流汗，战时少流血；平时加强应急预案的制定、升级完善和演练，关键时刻起到了非常大的作用。

——也见证了党和国家对撤侨工作的高度重视。空前的规模、严密的组织、快捷的行动，令同样撤离的外国人十分羡慕，是祖国令我们感受到了作为中国人的尊严和体面。撤离中，我们对战乱国家和地区的人民的悲惨境遇有了切身的体会和感受，从而更加珍惜我们国家稳定和谐发展的局面。一声声"祖国万岁"，那是从我们心底发出的呼唤！

策　划：纪宏博　王华东　孙启宏
作　者：初　征　杨晓峰

▶ 日侵亲历者档案追踪

抚顺石化分公司石油三厂档案库房，全宗号FSSH.4-W01-1963-649号档案是一本1963年10月石油三厂宣传部组卷的《血泪的控诉》家史、个人史选编读本。翻看这本用红色纸制硬板夹子装订的历史档案，一段描述石油炼制企业员工在新中国成立前家仇国恨的特殊历史呈现眼前。56页泛黄的纸张记录6篇由员工口述的历史，12章节《油厂血泪史》，档案所记载的是油厂员工控诉旧社会侵略者、反动政府如何压榨迫害工人，夺取中国石油资源的血泪历史。

讲述者用新旧社会举例、对比的方式展开叙述，其中表述日侵时期日本工头在制油厂剥削、迫害工人的文字让人不忍直视。档案内所有文字都是采

《工人血泪史选编》
（档号：FSSH.4-W01-1963-649，存放位置：抚顺石化石油三厂档案室）

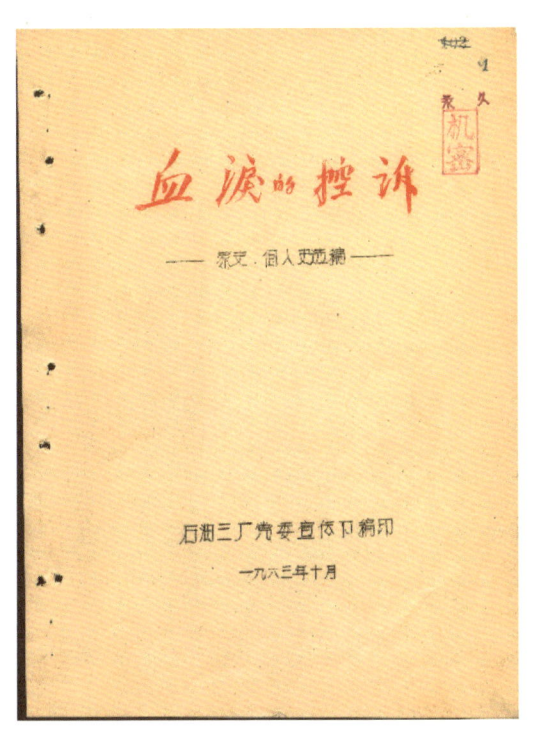

◎ 第六部分　其他篇

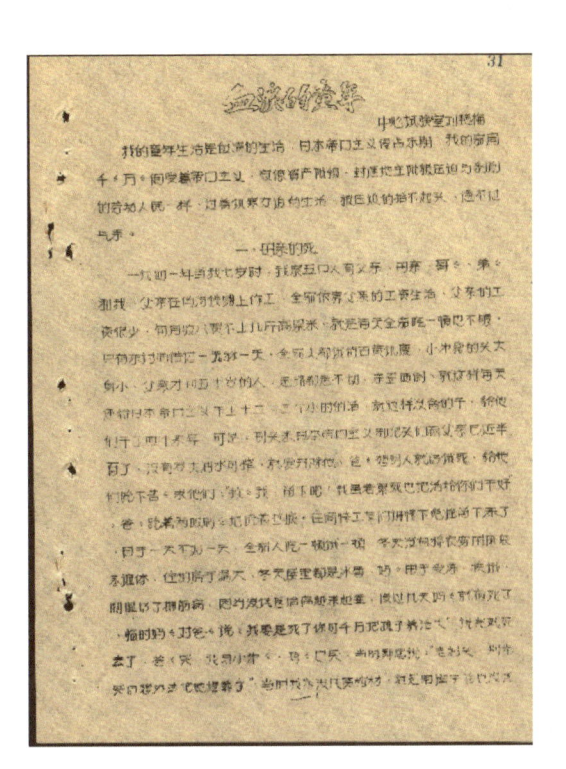

《血泪的控诉》
（档号：FSSH.4-W01-1963-649，存放位置：抚顺石化石油三厂档案室）

用钢板刻录，后又油印上去的，每个字都是笔力深厚，一字一板，可以感受到刻刀刻入木板的力道，每个笔画都融入刻录者的情感，每一笔都是刻入骨髓的痛，都是滴血的回忆。翻看其中的内容，每一章节都有着不同的内心体验，不同的心路历程。刻上去的不仅是文字，是一个个鲜活的生命滴血的控诉和无声的呐喊。这段尘封的滴血往事和不可磨灭的血泪记忆记述中国石油炼制历史从日侵时期起步，到新中国恢复建设，在经历60年代的大发展，这是石油炼制工业的发展的记忆，值得被唤醒，应该公布于众。

依据这份档案，档案人员查阅6名口述者的人事档案，从中提取信息，逐一建立人员追踪信息档案。由于时间久远，没有关联信息，面对口述者近60年的时间跨度，信息遗失、断点众多等现实问题，信息提取工作一度陷入

299

僵局，甚至停止。档案查阅工作"停止"，就意味着这只是一个档案，是没有生命力的"死档"，骷髅一般的空洞无力。通过寻访数位组织者和档案收入者，通过他们的回忆和信息提供，完成了所有人员的身份确认和核准，同时还收获了一份惊喜——6名口述者之一的刘艳梅阿姨还健在，而且就生活在抚顺石油三厂厂前区，石油三厂前身是日侵时期建厂的抚顺炭矿石炭液化工厂。刘阿姨在新中国成立以后在石油三厂工作和学习，直至退休。

刘艳梅青少年时代的经历跌宕起伏，命运多舛。1934年12月6日她出生在辽宁省抚顺市，正如她所描述的"血泪的童年"，全家5口人仅靠父亲在伪满铁路工作的微薄工资过活，父亲在日本人的工厂里卖苦力，每月工资买不上几斤高粱米，就是每天全家吃一顿也不够。只有东讨西借过一天算一天。全家人都饿得面黄肌瘦，小弟瘦得头大身小，父亲经常遭到日本人和汉奸把头的毒打，嘴角常常带着血迹红肿回家。1941年，母亲和年幼的弟弟没能扛得住生活的重压，相继去世。1943年2月，刘艳梅进入抚顺市搭连国民小学校成为一名学生，被迫学习日文，学校和日方教育禁止他们学中国的历史。在刘艳梅的自传里写道："在伪满时代受着十四年的压迫，过着牛马的生活，还强迫我们学生学习日语，禁止我们学中国的历史，企图上就是要灭亡我们伟大的祖国，这都是明显的例子，对中国人民的不利都说不尽了，那时候我还年小，无力量来抵抗。"1946年12月—1947年2月，刘艳梅失学在家。1947年，因生活所迫，父亲将年仅13岁的刘艳梅卖给孟家做童养媳两年。孟家当家的是父亲单位的把头，家里没人干活，看中了刘艳梅，讨她给孟把头儿子当童养媳。起因是刘艳梅父亲为安葬去世的母亲，欠下孟把头的债无法偿还。刘艳梅不愿意去也是无济于事，爸爸有什么办法呢？借了人家钱没办法还，不管同意不同意，就把她送到了孟家，顶了借钱，给了他们家二斗粮。在孟家，刘艳梅的日子并不好过，据抚顺市石油研究院吴扣珍证实，孟家对刘艳梅管教严格，其婆婆和姐姐对她非常严厉，每次找她玩都要背着她婆婆，冬天穿得很单薄，干不好活儿，还经常被婆婆打骂。

1950年，新中国中央人民政府宣布禁止童养媳条例，至此，刘艳梅的人生终于出现了转机，幸福终于关顾了这位不幸的姑娘。刘艳梅向东洲区政府提出申请，经批准户口迁回，重获自由身，与已经退休无劳动能力的父亲共同生活在抚顺市总工会养老院，在这里刘艳梅得到了悉心的照顾。1951年11月，经抚顺市总工会劳保部介绍到石油三厂工作，成为一名石油徒工，后来还从事过保育员、检查员、化验工的工作。在石油三厂工作期间与工友王永凯相识，婚后育有3个儿女，之后一直在石油三厂工作，直到1980年12月刘艳梅在石油三厂研究所退休（以上内容来自石油三厂人事档案，以及本人和家属口述）。目前老人已经87岁高龄，家庭和睦，儿女孝顺，子嗣兴旺，老人身体健康。

在刘艳梅老人家里，她多次对采访人员感慨新中国油厂得到大发展以后，企业发展成就惠及员工及家属，老人说老伴也是油厂技术员，在工程师岗位退休，3个孩子中2个在石油三厂工作，全家人看着企业一步步发展壮大，老人经历了新旧社会的历史两个年代，亲眼见证了石油三厂的变化。

现如今老人还住在企业职工住宅小区，和大儿子住在一起，老伴几年前离世了，以前参加石油三厂退休办举办的各种活动，参加东北秧歌队排练，年龄大了就跳不动了，现在看电视，看风景，每年享受着企业的福利，孩子们也都非常孝顺，生活越来越好啦。现在她不太想过去的事情，老人说往前看，都挺好的。

刘艳梅说工作期间的荣誉证书和奖状等资料都在大女儿家，都是什么有些记不清楚了，得再找找。临行前，应采访人员之邀，老人为此行写下一段话——"口述日侵历史，传承炼油文化，祝抚顺石化基业长青"。老人吃力且

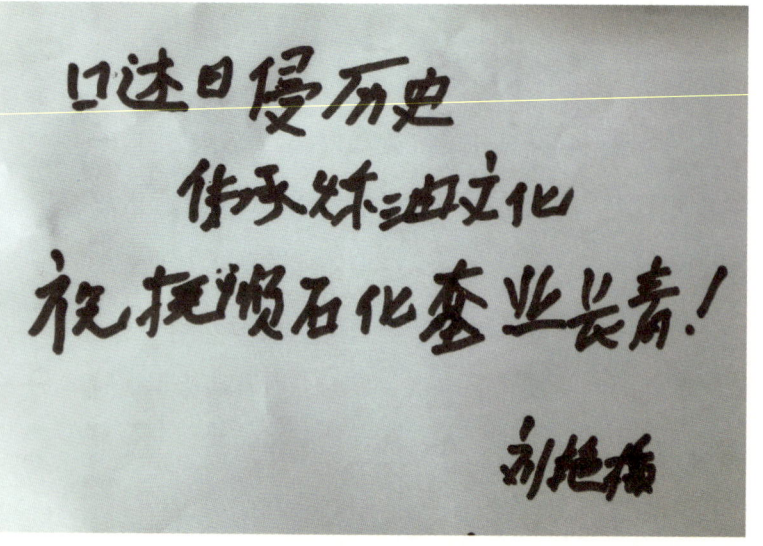

刘艳梅留言"口述日侵历史，传承炼油文化，祝抚顺石化基业长青"（档号：FSSH.1-R03-0036，存放位置：抚顺石化分公司档案中心）

认真书写的样子，再联想到日侵时期她遭受的磨难，让人无限感慨。

每一份档案都是不可复制的，更是不可重造的珍贵资料，它承载着多少不为人知的故事，值得档案人去挖掘和探究。采访人员送给阿姨一本《抚顺石油工业90年》，拥抱相约待到抚顺石油工业100年时再送她一本，她点头应允，在儿子的陪同下，站在四楼阳台一直目送她们离开，幸福写在脸上。

这份档案的整理，以及之后档案背后故事的追踪，让20世纪五六十年代石油三厂现状和石油炼制工业大发展的脉络更加清晰，也为今后档案追踪提供了借鉴。

策　划：马成志　李士刚
作　者：郑　冰　马潇楠

▶ 百年油库界碑往事

徜徉在辽宁销售分公司企业文化展览馆，有一个石碑总是引人注目，石碑一面用汉字阴刻"英商亚细亚"，另一面用英文阴刻"A.P.Co（N.C.）LTD."（"亚细亚火油公司北方公司"的英文缩写），这个石碑就是世界石油巨头亚细亚火油公司在营口建立三家子油库（现为中国石油辽宁销售分公司营口三家子油库）当年所立的界碑，为东北地区近代重要历史遗存，它的背后是一段鲜为人知的历史。

1840年鸦片战争以后，英、美、德、日等资本主义国家开始了对中国的经济侵略，外商在中国大规模设立公司，其中也包括来自美国的美孚石油公

营口三家子油库古迹
"英商亚细亚火油公司"
碑正面
（档号：LNXS-R04-2018-0001，
存放位置：辽宁销售分公司企业文化展览馆）

营口三家子油库古迹"英商亚细亚火油公司"碑背面（档号：LNXS-R04-2018-0001，存放位置：辽宁销售分公司企业文化展览馆）

司、德士古公司、英国的亚细亚火油公司，号称"三大油行"。

当时，营口商业贸易繁荣，水旱码头四通八达，是与关内和世界各地经贸交流的枢纽。1858年英国列强以强硬手段强迫清政府签订不平等的《天津条约》，牛庄等地于1861年被迫向外国开放。后来英国驻牛庄领事托马斯·泰勒·密迪乐乘"斯福因库斯"号军舰到达辽河口勘察，以"牛庄距海口甚远"和"停泊不便为由"强行要求牛庄下游的没沟营（今营口）代替条约上的牛庄。从此营口便成为东北三省的第一个对外通商口岸。西方列强以"自由贸易"的名义纷纷在营口投资兴办企业。

据史料记载，1900年6月，英商亚细亚火油公司为了进一步占领市场，在辽河岸边的营口市郊牛家屯三家子村南购买土地，筹建油库，建设200米长的卸船码头，卸油能力2500吨，占地面积21万平方米，建筑面积7万平方米，以生产油桶、经营油品及蜡制品为主要产品。1908年，英商亚细亚火油公司营口油栈"开办时职工一二百人，设备有大小油罐8个，其中容量在

8000吨的有1个，4000吨的有2个，2700吨的2个，1500吨的1个，150吨的1个，100吨的1个"。这些圆柱立式铆钉皮煤油罐都是先储存从油轮船运来的煤油，然后再分别装入小油桶出售。该公司设立制桶生产车间，制作5加仑（20升）油桶，每日生产小油桶大约上千个。另外还有1个制蜡车间，生产规模比较大，日产蜡烛400箱。经营品种大约有20余种，其中火油有僧帽牌、元宝牌、铁锚牌、狮子牌、石龙牌和壳牌火油，还销售轻亩柴油、毛必鲁油（机油）、蜡油等。油栈附设有抽油泵两台（50马力1台，5马力1台），灌油机两台。有1个办公室和6个仓库及消防设施，还有1个自用码头，护岸石面长150米，铁质平底船2艘。

此前，美孚石油公司早已在营口建油库，两大世界石油巨头在营口展开石油销售的竞争。

清朝末年到民国时期，中国石油市场一直被外国石油公司垄断。最早侵入中国市场的石油产品是煤油，当时在南方叫"火油"，在北方叫"洋油"，火油（煤油）当时主要供应民需，用于照明。

建立在辽河岸边的
亚细亚火油公司营口油栈
[图片来源：营口市史志办公室
编《营口百年图志》
（第一册），2009年10月
第一版第46页]

亚细亚火油商店牌匾
[图片来源：营口市史志办公室编《营口百年图志》（第一册），2009年10月第一版第46页]

日本石油类贩卖组合配给处牌匾
[图片来源：营口市史志办公室编《营口百年图志》（第一册），2009年10月第一版第46页]

英商亚细亚火油公司是营口最早销售油品的公司之一，为了倾销石油及相关商品，亚细亚火油公司以营口为基地和跳板，设立了16个分销处和代理店，石油产品远销东北三省及热河省（今分属内蒙古自治区和河北省）。

1931年"九一八"事变，日本军侵占东北地区，对油品实行统一销售，对此，英国人经营的亚细亚火油公司营口油栈被迫停业。1941年太平洋战争爆发，1942年作为英商资产的亚细亚火油公司被日本关东军879部队接管，并改名为满洲石油株式会社。全厂有职工五六十人，日本人做管理和守卫工作，中国人从事技术工作和体力劳动。当时只经营储油业务。日本人为了战时需要，把所剩的火油大多用于军事上，成为日本侵略中国的石油物质补给站。

1945年"八一五"光复，日本无条件投降。从1946年初开始，英商亚细亚火油公司收回该油库，得美资扶持，恢复营口亚细亚火油公司企业机构，继续营业，但英国人并没有直接管理，由原买办张巨川之子张学顺和大写（指高级职员）王焕勋来接管，共有职工10余人，没有生产油桶，各油罐也没有储油，工人只是干零活和护厂。1946年来过一艘油轮，油轮上装有一万多桶油，后来用火车把这些油运往外地。当时由于国民党统治加上战事经济萧条，亚细亚火油公司营口油栈逐渐衰落。营口解放前夕，张学顺和王焕勋逃往天津。亚细亚火油公司的一切事物由材料负责人王长明负责。

1948年营口解放，1950年6月朝鲜战争爆发，美国对中国封锁禁运。英商亚细亚火油公司被营口政府接管，同年3月又归中国油脂公司东北区，名称为营口分销处。同年7月改为营口油脂厂，至1951年1月又更名为营口石油厂。1951年4月7日，英国政府劫夺中国在香港的永灏号大型油轮。鉴于英国政府追随美国的反华政策，多次制造劫夺中国在海外的油轮、飞机的事件，4月30日，中央人民政府政务院发布《关于征用英国在我国的亚细亚火油公司财产的命令》，亚细亚火油公司的存货和设备被营口石油厂全部征购，从而结束了亚细亚火油公司在营口的经营活动，企业才真正回到人民自己的手中，并更名为"营口制桶厂"。同年，亚细亚火油公司在中国的业务结束，"亚细亚火油公司营口油栈"这个历史名称一去不复返了。

在三家子油库历史上，油库工人曾反抗亚细亚火油公司的压榨剥削。史料记载，三家子许多村民到亚细亚火油公司做工，用力气换口粮。英商亚细亚火油公司营口油栈为了赚取更多的利润，极力剥削生产工人，以廉价的劳动力工资，榨取工人们的血汗。在1925年时，油栈工人为了提高低廉的工资待遇，在以郭连仲、曾广义、张洪昌为首的十多名工人代表组织下举行了长达半年之久的罢工斗争，经过坚持不懈的斗争，迫使油栈答应给工人增加工资，争取了罢工斗争的胜利。

百年风云，百年沧桑。这一个界碑如同一个日记本或者纪念碑，虽不能言，却记载了这样一段历史：一百多年前，欧美列强用坚船利炮，敲开古老又丰饶的东北大地，以营口为跳板，长期垄断东北石油市场，一边倾销商品，一边掠夺财富……

这是一个多世纪前帝国主义对东北进行经济渗透和掠夺的屈辱史，不能被忽略，更不能被遗忘！

策　划： 冀玉军　刘宪华

作　者： 石绍全　张霄汉　张凤春　陈占凤

▶ 一幅苏联油画进馆的传奇故事

在吉林石化分公司（以下简称"吉化"）历史陈列馆的显著位置，珍藏着一幅画工细腻，构图精美，很有年代感的苏联油画。这幅苏联油画怎么会和吉化档案馆扯上关系？这背后到底隐藏着什么样的秘密呢？

20世纪50年代初期，吉化作为共和国"化工长子"投入了国家轰轰烈烈的"一五"建设热潮中。为迅速缩短中国化学工业与国际水平的差距，国家决定邀请苏联专家来帮助吉化建设三大化工厂（染料厂、化肥厂、电石厂）。1953年，大批苏联援建专家和来自全国各地的建设者陆续汇聚到松花江畔——一片平坦而荒芜的处女地。

在援建化肥厂的苏联专家中有一位中年工程师，他胖胖的，个头不高，脸上常常挂着笑容，一点也不像大多数俄罗斯人那样高高大大的身材。每当遇到中方人员，他总是主动地用他那生硬的汉语，拖着长音说"你——好"，大家也半开玩笑地回应"你——好"。

通过聊天，大家知道了他的名字叫萨姆索洛夫，来自苏联高加索地区，负责指导化肥厂空分装置的建设工作，他做起事来特执着，爱较真儿，喜欢循规蹈矩，甚至有些古板……

随着接触的增多，人们渐渐发现，萨姆索洛夫行踪有些诡异，工余时间，别的专家不是三五成群去喝酒、打牌，就是参加工厂为他们组织的舞会，唯独不见他的踪影。

一天工作期间，萨姆索洛夫没话找话地与化肥厂技术员钟吉华搭讪，因为他俩年龄相仿，所以也有的聊，无意中，萨姆索洛夫问了一句："附近哪里有卖画画的油彩？"钟吉华脸上有些疑惑地问："你要那东西干吗？"萨姆索洛夫一脸认真地说："你别问了，你就告诉我哪里有，我自己去买。"钟吉华看他很正经的样子就和他说："哎呀，这里可不比你们苏联，啥都能买到，我给你打听打听吧。"他摇摇头，耸耸肩，满脸失望地去工作了。

过了几天，萨姆索洛夫又悄悄地问钟吉华："到底哪里能买到油彩？"钟吉华告诉他，距离此地二十多里地，有个百货大楼也许可以买到。第二天恰逢周末，天空飘着鹅毛大雪，萨姆索洛夫深一脚浅一脚地来回走了四十多里路，终于买到了可心的油彩。周一一上班，他高兴得像个孩子似的，一把拽过钟吉华的手，连声说："谢谢！谢谢！"从此，萨姆索洛夫和钟吉华成了好朋友。

一天临近下班的时候，萨姆索洛夫拉着钟吉华的手神秘兮兮地说："今晚我想请你到我的住所去参观一下，可以吗？"本来就对萨姆索洛夫有些好奇的钟吉华立马答应了。下班后，钟吉华和萨姆索洛夫一起来到萨姆索洛夫所住的公寓。一进门，钟吉华被眼前的景象惊呆了，只见他原本不大的起居室，中间摆着一个大大的油画板，整个画作已经完成了一半之多，画的是苏联人民的伟大领袖列宁同志。萨姆索洛夫看到钟吉华十分感兴趣，便滔滔不绝地讲起他临摹油画的缘由。原来他所临摹的油画原作者勃罗茨基是苏联功勋艺术家，曾任列宾美术学院院长。作品表现的是1917年十月革命期间，革命导师列宁在圣彼得堡斯莫尔尼宫指挥武装起义时，在办公桌前忘我工作的场景。原作品在苏联享有崇高声誉，曾于1954年入选纪念列宁逝世30周年纪念邮票和1958年纪念苏联美术研究院建院200周年邮票设计之中。一幅作品先后被一个国家两次重复用在自身名片的选材上，实属少见也足见其艺术的精湛和影响的巨大。

苏联援建专家萨姆索洛夫于1953年创作的临摹画《列宁在斯莫尔尼宫》
（档号：JLSH.98-R01-ZS-ZZ-2018-00013，存放位置：吉化历史陈列馆）

透过萨姆索洛夫的倾情讲述，钟吉华看到了他浓浓的爱国情和对苏联伟大领袖列宁的深深爱戴。两个人一直聊到深夜才道别，从此钟吉华和萨姆索洛夫这对跨国朋友彼此友情更加深厚。

萨姆索洛夫像走火入魔一样，只要有时间就"猫"到小屋里潜心绘画，简直快把自己当成职业画家了。一天，在装置施工现场，萨姆索洛夫和苏联专家的一个领队发生了争执，两个人你一句我一句，语速很快，调门很高，高潮时两个人争得脖粗脸红的，旁边的人都以为他俩打起来了。原来苏联专家领队看到萨姆索洛夫每天痴迷于绘画，上班时有些走神儿，便对他提出了警告，可他固执地认为："我画画是利用业余时间，没耽误任何工作啊，凭什么批评我。"

经过半年多的努力，油画终于顺利完成。为了庆祝画作完成，萨姆索洛夫特意邀请钟吉华到他的公寓，两个人把列宁画摆在屋里最显眼的位置，简单做了两个小菜，忘情地对饮起来，不知喝了多少酒，也不知说了多少话，一醉方休。

1960年7月的一天，萨姆索洛夫奉命回国，临行前夜，他辗转反侧，彻夜难眠，几乎在列宁画像前坐了一宿，心里五味杂陈。第二天，他把油画纸包纸裹地捆好带到工厂，眼里噙着泪水找到钟吉华，声音哽咽地说："兄弟，我要回国了，没啥可留给你的，就把这幅画留给你做个纪念吧，留着它一起见证我们两国和我们两人的友谊。"钟吉华接过画拉着他的手说，"我一定会好好珍藏这幅画，让它永久留存下去。"就这样，两人在依依不舍中挥手道别。

在随后的日子里，钟吉华像爱护眼睛一样精心保管着这幅油画。"文化大革命"初期，钟吉华十分担心这幅画会因为"破四旧"运动被没收，他就把画用软纸包了一层又一层，偷偷摸摸带回家，藏在床底下，直到"文革"结束，家人一直都不知道家里还藏着一幅苏联油画。钟吉华始终倔强地认为："不管怎么说，这幅画是有意义的，是不能丢弃的。"

转眼20多年过去了，20世纪70年代末，钟吉华到了退休的年龄。在办理完退休手续后，心里最放不下的就是这幅油画怎么处理，他太珍惜这幅画了，内心一直做着激烈斗争：油画放自己手里，可有事没事地看看，回忆一下那段难忘的友谊，可那毕竟只能一个人欣赏。经过一番思想斗争，钟吉华决定，把这幅画上交工厂，让它作为工厂发展的一个见证。就这样，钟吉华选了个日子回到工厂，郑重其事地把油画交到了当时的厂办主任李威镇手上，还非常严肃地说道："这幅画一定要保管好，千万不能损坏，因为它太有纪念意义了。"于是，李威镇主任丝毫不敢怠慢，赶紧把油画精心收藏起来。

20世纪90年代初，李威镇主任即将退休时，怀着对油画的深厚感情又把它交到了时任化肥厂办公室主任李百尧的手上，再三叮嘱道："资料难得，太珍贵了，一定要保管好它。"李百尧主任本身就是一个喜欢书法且有着很深绘画功底的人，看到这幅画既百感交集又欣喜若狂，像寻到了古董一样兴奋，暗暗发誓一定要千方百计保管好它。

一次，工厂科室办公地点调整，李百尧组织他们科室所有人员搬完物品后，忽然想起："怎么没看到那幅油画放哪了呢？"于是他有些失态地跑到走廊，扯开嗓子大声喊道："谁看到我卷柜上面放的油画了？今天找不到它谁都别想下班！"大家都被李百尧异样的喊声惊呆了，乖乖地回到各自屋里查看是否拿错了东西。最后，几个年轻人壮着胆子，悄悄地来到李百尧的办公室，帮助仔细查找，终于，在一堆书报材料里找到了这个"宝贝"。为了庆祝油画

临摹画《列宁在斯莫尔尼宫》进馆时为捐赠者颁发的证书
（档号：JLSH.98-R01-ZS-ZZ-2018-00013，存放位置：吉化历史陈列馆）

"失"而复得，李百尧自己掏腰包请大家吃了一顿"大餐"。

2017年，吉化面向全公司征集文物史料的时候，李百尧主任敏锐地感觉到，手里收藏的那幅油画有了最好的去处。于是，他主动和吉化档案中心戴志军主任联系，说明情况。戴志军主任如获至宝，高兴地大声说："太好了！太好了！李主任，你千万保管好这幅画，我马上去取！"为体现对这幅油画的尊重和重视，戴志军主任和李百尧主任办公室还专门举行了一个像模像样的交接仪式。当李百尧主任郑重其事地将油画转交到戴志军主任手中时，在场的同志都激动地鼓起掌来。

戴志军主任取到油画后兴奋不已，立即向有关领导进行了汇报，并研究决定把油画放置在吉化历史陈列馆内珍藏，第一时间组织人员研究油画装裱、位置摆放、解说词撰写等一系列后续工作……

就这样，一幅跨越近60年、历经几代人传递的油画，终于找到了它的归宿，在这里，它将永久保存，成为吉化人追思过去、怀念友情的美好画卷。

策　划：戴志军
作　者：班　超　郭玥池　王春生

五十年历史镌刻的新档案

在大港石化分公司（以下简称"大港石化"）档案室有这样一部书，它记录着岁月的变迁，承载着历史的荣光，跨越半个世纪，历经漫漫长路，如今静静地站立在展柜上宠辱不惊。它用无声的语言叩击着每一位历经者、后继者和阅读者的心灵。说它厚重一点也不为过，自1965年风雨兼程的创业开始，它记录了大港石化人每一份辛劳和汗水，每一份磨砺和担当。它是石化人不忘初心，牢记使命，继往开来的见证。

2013年5月6日，对大港石化来说是有着特殊意义的一天，因为《大港石化公司志》启动会经多方筹备终于顺

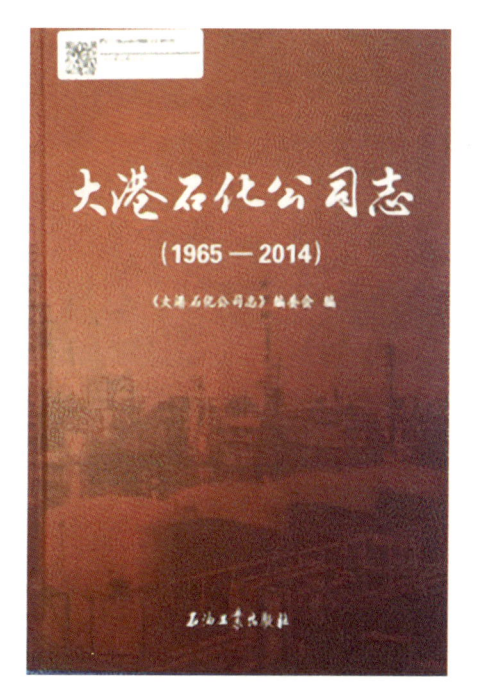

《大港石化公司志》
（档号：DGSH-R04-ZZ-0115，存放位置：大港石化档案室实物库）

利召开了。公司历经近50年的发展壮大，终于要编纂一部书，说说自己的身世，讲讲自己的历史了。党委书记赵益红的一句话至今令人难忘："记录历史是为了更好地铭记历史，这部志书将成为我们留给后人的宝贵财富，同志们，这是载入史册的工作，意义重大啊！"与会人员激动不已，感到自己肩上既是沉甸甸的担子，更是无比自豪的荣耀。公司主要领导挂帅主编，信息管理

部负责组织落实，有关单位协同配合，就此拉开了《大港石化公司志》编纂工作的序幕。

万事开头难，史志编纂工作开大港石化之先河，没有人具备这方面的编写经验，布局谋篇、文本格式都要从头学起。编写组成员们通过查阅相关书目，借鉴资料，组织调研，开会研讨，于2013年5月拟定了公司志的编纂大纲和分工表。按照职责分工，由专人进行资料收集、整理和编纂，各部门领导负责督促审核，形成上下联动，横向互动，整体协调的工作局面。由于时间跨度长，建厂初期档案缺失，亲历者退休、离职、身故等因素，给编纂工作带来了异常的难度。

有人在卷帙浩繁的资料中披沙沥金。为了查找史料，两位编写组成员每天一早准时到大港油田档案馆报到，不论是文件、证书，还是报纸、刊物，只要是和大港石化有关的资料她们都不放过。"蔡工，您那儿有没有新发现？我在报纸上找到了一条新闻！"每当有了新的发现，同志们就欢欣鼓舞，相互勉励。有时候她们一边干活还一边开着玩笑："咱们这些日子可看了别人几辈子都看不了的报纸啊。""是啊，没想到这些老报纸还真有大乾坤，不看不知道，一看心更跳。"功夫不负有心人，两个月的时间，几位编委翻阅了《大港油田志》《大事记》《大港石油报》等各种资料不计其数。她们将有价值的资料进行数字化，制成《公司志》资料集，发放给所有编纂人员，通过协作共享，促进了编纂工作的高效完成。

有人在繁复的文字资料中查找数据，有人走访现已是耄耋老人的亲历者口述笔录。这一天，编写组成员小刘来到原党委书记段恩伦的家里，和老领导攀谈起来，七十多岁的段老聊起当年的事情，那是如数家珍，心潮澎湃。"当年为了抓生产，我把苦肉计都用上了，这事后来还上了《人民日报》呢！""您快讲讲这段儿是怎么回事啊？"小刘听得津津有味，也没忘了做笔记和录音。"这事发生在1972年'文革'期间,施工单位说因为给我们施工影响了抓革命,他们挨批了,所以要停产闹革命,不能配合我们施工了。我和负责生产技术的工程师谢久志商议,想个什么法子解决这事。我冥思苦想,想出一计,当时流行大批判开路,就是给厂领导贴'大字报',领导要听取群众意见,接受批判,就得改进工作。这样即便因抓生产影响了闹革命,也是领导接受群众批判的结果。谢久志按我的计策,找到王德仁厂长,把我们的意图说明后,老王厂长二话没说,甘愿受屈。'大字报'一贴,果然起到了预期的效果,不到2个月,20吨/时锅炉收尾工程就完工了。"小刘听得热血沸腾,不禁又问:"这事后来怎么上的《人民日报》呢?"段老笑着说:"原是《华北石油报》的一个记者写了篇稿,没想到《人民日报》作为重要新闻刊发了,中央人民广播电台也播发了这条新闻。这是对工人阶级顶着政治高压,积极主动解决生产问题的赞许,也体现了广大工人阶级不管处于任何艰难困

战地动员,自力更生做贡献
(档号:DGSH-R04-ZZ-0003,存放位置:大港石化档案室实物库)

苦的条件下，都是最可以信赖、最可以依靠的力量。这件事对咱们的员工来说那是极大的鼓舞，大家干劲更足了。"

访谈结束，段老赋词两首。其中一首写到"渤海之滨，明珠璀璨，独不见，是荒原。风雨兼程荆棘路，几多壮丽化诗篇。徒步新旅，重担双肩，有众志，定争先。前人伟业做积淀，敢在滩涂立座山。"老一辈创业者的奋斗精神和家国情怀令在场的小刘久久不能平静。前面提到的谢久志同志后来当了厂长，也是大港石化居功至伟的人物，没有他就没有96101工程，没有96101工程就没有现在的大港石化。

公司更名后的首任总经理齐庆利接受访谈时显得颇为激动："我们是从大连石油七厂调来筹建华北石油勘探指挥部的，代号是'六四一厂'，是国家一级保密单位。主要为油田生产自用油，满足备战备荒的需要。当时条件非常艰苦，有些女同志来到这儿，刚一下车就哭了，大港跟大连的环境真是没法比，一字之差，天壤之别。可我们是华北地区第一座炼油厂，那时候天津石化、燕山石化、石家庄石化都还没有建呢！"说到此处他脸上洋溢着骄傲。审稿时，齐老完全不顾及自己年事已高，依旧拿出当年审图纸那个认真劲，字斟句酌地推敲，用红笔在字里行间做补充修改，满满当当写了三大页，可见他

建厂初期
（档号：DGSH-R04-ZZ-0003，
存放位置：大港石化档案室实物库）

◎ 第六部分 其他篇

《大港石化公司志》首发式现场
（档号：DGSH-S01-QT-0479，存放位置：大港石化档案室实物库）

对此项工作的重视程度。

每一位受访者都将对大港石化深深的爱倾注于言行之中。他们饱含深情地追忆着历史事件和历史人物，追忆着他们洒下青春热血的青葱岁月。历时半年，编委们走访公司老领导9人，整理员工回忆录23篇。通过亲历者提供、相互佐证的方式，确认了大港石化32位首批创业者名单。在志书中收录这份名单从某种意义上说就是对首批创业者最佳的褒奖。在对历史档案的挖掘和整理中，编委们无数次被感动，被激励，笔下大港石化的历史轮廓越发清晰。

2014年10月《大港石化公司志》完成了初稿的编写。后经4次补充、修改、审核，于2015年8月定稿，9月24日出版发行。这部书客观地记录、再现了大港石化50年艰苦创业、拼搏奋斗历程中的全面工作和丰硕成果，收录图片230余张，文字63万字。

2015年9月28日，正是金秋收获的季节，《大港石化公司志》首发式在万众瞩目中隆重举行。历经两年半的艰辛筹备，饱含编纂人员心血和汗水的这部志书，身披彩绸，庄重地与世人见面了。一段光辉的岁月，一段奋斗的历史终于有了安身之所。这是大港石化成立50年来最厚重的一份档案，也是我们留给历史最坚实的足迹。

策　划：肖尚辰　蔡宇丽
作　者：肖尚辰　刘红梅　高长云　王小平

▶ 档案室里会说话的乌蒙山"幸福公路"

"我今年已经87岁了,这辈子做梦也不敢想水泥路修到家门口,在庭院前,像城里人一样脚不沾泥就能坐公交车去镇里赶场。"2018年3月16日,习水县坭坝乡南天门村七组的罗大爷穿着一身新衣服,高兴得合不拢口,一边与笔者交谈,一边翘首张望灰白水泥路伸向崇山峻岭绿屏里的尽头,等待来接村民去赶场的"农村公交车"。

南天门村七组系贵州乌蒙山区,距离习水县城90千米,距乡政府(场坝)所在地10余千米,属于国家级深度贫困地区。2018年2月,中国石油援建南天门村苏家岩至清溪沟6千米通组公路硬化项目,结束了该村五、六、七组村民没有公路肩扛马驮的历史,每天两班的"农村公交车"定时进村接

通路前的坭坝乡崎岖不平的道路
(档号:GZXS-Z01-2018-002,照片档号:GZXS-S03-300
　　　存放位置:贵州销售分公司机关档案室)

通路前的坭坝乡泥泞不堪的道路
（档号：GZXS-S03-300，存放位置：贵州销售分公司机关档案室）

中国石油帮扶坭坝乡修建道路进行中
（档号：GZXS-S03-301，存放位置：贵州销售分公司机关档案室）

送村民出山、孩子上学，方便了群众运输农特产品和生产资料，拉近了与城镇的距离。村民高兴地称之为中国石油修的"幸福路、致富路、救命路"。

路通前，2016年10月的一天，住在清溪沟里的李正强，一大早就出门了，到附近沟里请了6个村民帮忙，因为他家养的3头育肥猪出栏，要靠人力抬到坝坝街上去卖，从清溪沟到坝坝街上，12千米的山路，6个人来回就是大半天，请人工加上生活耗费近500元，养猪一年，辛辛苦苦赚得的血汗钱就将近花去了一半。谈到这里，李正强一脸的无奈。

2017年2月的一天，住在清溪沟里最远处的苏华，更是愁上加愁，眼看政府规定的移民搬迁最后期限马上就要到了，要把他家从清溪沟里通过这条泥泞的道路搬到坝坝乡街上安置点，可不是一件容易的事，这可愁坏了老苏。沟里大部分青壮劳力都外出务工了，老苏好不容易从周围请了8位均超过60岁的"留守老人"帮忙搬家，家中坛坛罐罐、家具、粮食，十多千米的山路，每天来回只能跑两趟，整整搬了3天，人工费等总共花了近2000元，对于一个贫困户而言，这可是"天文数字"。农民群众是多么渴望哪一天家门口能有一条到坝坝街上的公路啊！

路通后，2018年2月临近春节的一天深夜，家住清溪沟里的郭文祥，他家80多岁的老母亲突发心脏病，病情十分危急，他打电话请来经营客运车辆

通路后坝坝乡平整的公路附图
（档号：GZXS-S03-302，存放位置：贵州销售分公司机关档案室）

的邻居刘兵，十多千米的路程，仅20分钟就将老人送到了圯坝乡卫生院，由于赢得了时间，老人经医务人员全力抢救，终于脱险，后来医生说如果晚来半个小时，情况就难说了。后来郭文祥遇见扶贫干部就动情地说，要是一个月前遇到这样的事情，深夜走山路，请6个人轮流抬担架，将老人送到圯坝医院，少说也要3个小时，那结果就不敢想了，恐怕老人现在就不在世了。

项目实施后大大改善了项目区沿线五、六、七组165户农户生产、生活、交通条件，提升了项目区贫困户发展增收产业，实现项目区农户每年户均生产生活成本人均降低300元，大大提高了贫困群众脱贫增收的致富能力。

这是一条救命之路，也是圯坝乡老百姓的希望之路！

作　者：杨珊珊　邓浩吉
策　划：岑义林　张　羽